"十二五"职业教育国家规划教材
经全国职业教育教材审定委员会审定

21世纪职业教育教材·财务会计系列

# 会计电算化实训教程

(第三版)

主　编　章　清
副主编　李洪春　陈雪芬

## 内 容 简 介

本书是用友会计软件的实训教材,内容分上下两篇,上篇包括:系统管理、基础设置、总账系统的初始化实训、总账系统的日常处理以及子相关系统的初始化和日常业务的会计处理实训;期末业务处理及会计报表业务处理实训。下篇包括供销存的初始化和日常业务的会计业务处理实训。通过本书的学习,可以让学员在实训过程中全方位地接受会计电算化的操作。本书可以作为高等学校会计及相关专业教材,也可以作为在岗财务人员的培训教材。

**图书在版编目(CIP)数据**

会计电算化实训教程/章清主编. —3 版. —北京: 北京大学出版社,2015.8
(全国职业教育规划教材·财务会计系列)
ISBN 978-7-301-25991-7

Ⅰ.①会… Ⅱ.①章… Ⅲ.①会计电算化—高等职业教育—教材 Ⅳ.①F232

中国版本图书馆 CIP 数据核字(2015)第 142970 号

| | |
|---|---|
| 书　　　名 | 会计电算化实训教程(第三版) |
| 著作责任者 | 章　清　主编 |
| 策划编辑 | 李　玥 |
| 责任编辑 | 李　玥 |
| 标准书号 | ISBN 978-7-301-25991-7 |
| 出版发行 | 北京大学出版社 |
| 地　　　址 | 北京市海淀区成府路 205 号　100871 |
| 网　　　址 | http://www.pup.cn |
| 电子信箱 | zyjy@pup.cn　新浪微博:@北京大学出版社 |
| 电　　　话 | 邮购部 62752015　发行部 62750672　编辑部 62704142 |
| 印刷者 | 北京虎彩文化传播有限公司 |
| 经销者 | 新华书店 |
| | 787 毫米×1092 毫米　16 开本　18.5 印张　450 千字 |
| | 2008 年 4 月第 1 版　2012 年 1 月第 2 版 |
| | 2015 年 8 月第 3 版　2021 年 9 月第 6 次印刷(总第 15 次印刷) |
| 定　　　价 | 36.00 元 |

未经许可,不得以任何方式复制或抄袭本书之部分或全部内容。
**版权所有,侵权必究**
举报电话:010-62752024　电子信箱:fd@pup.pku.edu.cn
图书如有印装质量问题,请与出版部联系,电话:010-62756370

# 第三版前言

《会计电算化实训教程》第三版根据"用友 ERP-U872"软件的版本进行了全面的升级。依据高职高专教育教学的特点，贯彻"以就业为导向，以服务为宗旨，以职业能力为本位，以职业实践为主线"的现代职业教育理念，尝试按财务业务一体化岗位的工作流程编排教学内容。采取项目驱动、任务导向、工学交替的教学模式，将理论教学与"财务业务一体化实训"融合进行；并采用情景再现、现场教学的方式开展综合项目实训及校外实习，形成了"任务导向下的教、学、做"与"全过程体验"的立体化教学模式。

第三版的不同之处主要体现在以下三个方面：

一、突出参与式教学方法，形成了"教、学、做一体"的"全过程体验"教学模式。

在教学中，实施"任务驱动"教学模式，将所要学习的新知识隐含在一个或几个任务之中，让学生通过对任务进行分析、讨论，明确完成任务所涉及的相关知识、能力，在老师的指导、帮助下找出解决问题的方法，最后通过任务的完成实现掌握所学知识。如在总账系统日常处理的教学中，采用了"任务驱动"教学模式，流程如下：创设情景—提出任务—自主学习—分组讨论—解决问题—总结巩固。

二、体现"课堂教学、校内实训、校外实习三位一体"的特点。

在教学中，按财务业务一体化岗位的工作流程重新序化教学内容，将其整合、分解成相关的教学项目。将理论与实践教学有机地结合起来，设计了四层递进式的实践教学环节，即设计见习财务业务一体化的工作环境、单项技能实训、综合模拟实训、企业顶岗实习等四个环节递进的实训实习内容，实现本课程实践教学系列化、过程化。

三、采用情景化教学，将实践教学基地引入课堂教学。

教室与校内实训室一体化，同时，校外实习点实习也纳入课堂教学，教师定期到实习地点指导学生的实务操作，现场教授学生财务业务一体化工作的技能、与人沟通的能力、企业管理的理念。

本书可作为高等学校会计及相关专业教材，也可作为在岗财务人员的培训教材。

本书由江西财经职业学院章清担任主编，李洪春、陈雪芬担任副主编。编写分工如下：实训1～6由章清编写，实训7～10由李梦芸编写，实训11～16由张卉编写，实训17～21由王乾光编写，实训22～25由饶竹芸编写，实训案例由陈雪芬编写。最后由章清、李洪春对全书进行统稿和修改。

本书的编写得到了用友公司的专家的大力支持，在此一并表示诚挚的谢意。由于水平所限，本书不足之处在所难免，欢迎读者来函批评、指正。作者电子信箱：zhangq@jx-vc.jx.cn。

编　者

2015 年 6 月

# 目 录

## 上篇 用友 ERP 财务系统实训部分

实训 1 系统管理 ………………………… 2
  1.1 实训目的 …………………………… 2
  1.2 实训资料 …………………………… 2
    一、账套管理 …………………………… 2
    二、操作员管理——角色管理、
        用户管理、权限管理 ………… 3
    三、账套维护（系统数据管理
        或年度账管理）……………… 4
  1.3 实训内容及步骤 …………………… 5
    一、账套管理 …………………………… 5
    二、操作员管理——角色管理、
        用户管理、权限管理 ………… 9
    三、账套维护 ………………………… 12

实训 2 基础设置 ………………………… 15
  2.1 实训目的 …………………………… 15
  2.2 实训资料 …………………………… 15
    一、定义企业机构 …………………… 15
    二、往来单位设置 …………………… 16
    三、存货设置 ………………………… 16
    四、财务 ……………………………… 17
  2.3 实训内容及步骤 …………………… 20
    一、定义企业机构 …………………… 20
    二、往来单位管理 …………………… 23
    三、存货档案管理 …………………… 25
    四、财务 ……………………………… 27

实训 3 总账系统的初始化 ……………… 34
  3.1 实训目的 …………………………… 34
  3.2 实训资料 …………………………… 34
    一、启用总账及总账系统
        参数设置 …………………… 34
    二、录入期初余额（见实训 2
        的资料）…………………… 34
  3.3 实训内容及步骤 …………………… 35
    一、启用总账系统及定义
        总账其他的参数 …………… 35
    二、录入余额：输入总账
        系统期初数据 ……………… 36

实训 4 总账系统的日常处理 …………… 42
  4.1 实训目的 …………………………… 42
  4.2 实训资料 …………………………… 42
    一、填制凭证 ………………………… 42
    二、修改凭证 ………………………… 46
    三、审核凭证 ………………………… 46
    四、查询凭证 ………………………… 46
    五、记账及恢复记账前状态 ……… 46
  4.3 实训内容及步骤 …………………… 46
    一、填制凭证 ………………………… 46
    二、凭证修改 ………………………… 51
    三、审核凭证 ………………………… 52
    四、查询凭证 ………………………… 54
    五、记账 ……………………………… 54

实训 5 出纳管理 ………………………… 56
  5.1 实训目的 …………………………… 56
  5.2 实训资料 …………………………… 56
    一、支票管理 ………………………… 56
    二、现金和银行存款日记账 ……… 56
    三、资金日报表 ……………………… 56
  5.3 实训内容及步骤 …………………… 56
    一、支票管理 ………………………… 56
    二、现金和银行存款日记账 ……… 57
    三、资金日报表 ……………………… 58

实训 6 固定资产初始化 ………………… 60
  6.1 实训目的 …………………………… 60

6.2 实训资料 …………………… 60
　一、设置业务控制参数 ………… 60
　二、核算规则设置 ……………… 60
　三、录入固定资产系统
　　　期初数据 …………………… 61
6.3 实训内容及步骤 …………… 62
　一、启用固定资产系统及
　　　设置业务控制参数 ………… 62
　二、核算规则设置 ……………… 66
　三、录入固定资产系统期初
　　　数据（定义固定资产
　　　卡片及录入卡片）………… 68

## 实训 7　固定资产日常业务处理 ……… 70
7.1 实训目的 …………………… 70
7.2 实训资料 …………………… 70
　一、固定资产的增加 …………… 70
　二、固定资产的减少 …………… 71
　三、本月工作量统计数 ………… 71
　四、固定资产的折旧 …………… 71
　五、凭证的生成 ………………… 71
　六、查询本月数据 ……………… 71
7.3 实训内容及步骤 …………… 71
　一、固定资产增加核算 ………… 71
　二、固定资产减少核算 ………… 72
　三、固定资产折旧处理 ………… 73
　四、凭证生成 …………………… 74

## 实训 8　工资初始化 …………………… 75
8.1 实训目的 …………………… 75
8.2 实训资料 …………………… 75
　一、启用工资系统并设置
　　　业务控制参数 ……………… 75
　二、基础设置（核算规则
　　　设置）……………………… 75
8.3 实训内容及步骤 …………… 77
　一、启用工资系统 ……………… 77
　二、设置业务控制参数 ………… 77
　三、核算规则设置 ……………… 79

## 实训 9　工资业务处理 ………………… 83
9.1 实训目的 …………………… 83

9.2 实训资料 …………………… 83
　一、工资变动 …………………… 83
　二、个人所得税的计算与
　　　申报 ………………………… 83
　三、工资数据的计算与汇总 …… 83
　四、工资的分摊 ………………… 83
　五、凭证生成、审核和
　　　记账 ………………………… 84
9.3 实训内容及步骤 …………… 84
　一、工资变动 …………………… 84
　二、计算与申报个人所得税 …… 86
　三、工资数据计算与汇总 ……… 86
　四、工资分摊 …………………… 87

## 实训 10　应收款初始化 ……………… 89
10.1 实训目的 …………………… 89
10.2 实训资料 …………………… 89
　一、应收系统的启用和
　　　业务控制参数的设置 ……… 89
　二、核算规则设置 ……………… 89
　三、录入期初数据 ……………… 90
10.3 实训内容及步骤 …………… 91
　一、启用应收账款系统及业务
　　　处理控制参数设置 ………… 91
　二、核算规则设置 ……………… 93
　三、输入应收期初数据 ………… 95

## 实训 11　应收款日常处理 …………… 98
11.1 实训目的 …………………… 98
11.2 实训资料 …………………… 98
　一、销售业务核算 ……………… 98
　二、收款业务核算 ……………… 99
　三、审核 ……………………… 100
　四、制单处理 ………………… 100
　五、核销 ……………………… 101
　六、计提 2014 年 7 月坏账
　　　准备 ……………………… 101
11.3 实训内容及步骤 ………… 101
　一、销售业务核算 …………… 101
　二、收款业务核算 …………… 103
　三、核销处理 ………………… 103
　四、制单处理 ………………… 104

五、坏账准备的计提 …………… 104

**实训 12　应付款初始化** ………… 105
　12.1　实训目的 ………………………… 105
　12.2　实训资料 ………………………… 105
　　一、应付系统的启用和业务
　　　　控制参数的设置 …………… 105
　　二、核算规则设置 ………………… 105
　　三、录入期初数据 ………………… 106
　12.3　实训内容及步骤 ………………… 107
　　一、启用应付账款系统及业务
　　　　处理控制参数设置 ………… 107
　　二、核算规则设置 ………………… 109
　　三、录入期初余额 ………………… 110

**实训 13　应付款日常处理** ………… 113
　13.1　实训目的 ………………………… 113
　13.2　实训资料 ………………………… 113
　　一、采购业务核算 ………………… 113
　　二、付款业务核算 ………………… 114
　　三、制单处理 ……………………… 115
　　四、核销 …………………………… 115
　13.3　实训内容及步骤 ………………… 115
　　一、采购业务核算 ………………… 115
　　二、付款业务核算 ………………… 116
　　三、核销处理 ……………………… 117
　　四、制单处理 ……………………… 117

**实训 14　期末会计事项处理** ……… 119
　14.1　实训目的 ………………………… 119
　14.2　实训资料 ………………………… 119
　　一、总账系统的月末处理 ……… 119
　　二、工资、固定资产、应收系统、
　　　　应付系统月末结账 ………… 120
　　三、试算平衡与对账 …………… 120
　　四、结账 …………………………… 120

　14.3　实训内容及步骤 ………………… 120
　　一、总账系统的月末处理 ……… 120
　　二、工资、固定资产、应收系统、
　　　　应付系统月末处理 ………… 131
　　三、月末处理 ……………………… 133

**实训 15　报表格式设置及报表模板
　　　　的使用** ……………………… 136
　15.1　实训目的 ………………………… 136
　15.2　实训资料 ………………………… 136
　15.3　实训内容及步骤 ………………… 136
　　一、报表格式设计 ………………… 136
　　二、编辑报表公式 ………………… 140
　　三、编制报表和图形 …………… 141
　　四、利用报表模板生成报表 … 143

**实训 16　现金流量表的编制** ……… 145
　16.1　实训目的 ………………………… 145
　16.2　实训资料 ………………………… 145
　16.3　实训内容及步骤 ………………… 149
　　一、启用现金流量表 …………… 149
　　二、现金流量表初始化 ………… 149
　　三、现金流量表的生成 ………… 150

**综合实训案例资料** ………………… 151
　　一、系统管理 ……………………… 151
　　二、基础设置 ……………………… 152
　　三、总账系统初始化 …………… 157
　　四、总账系统日常业务 ………… 157
　　五、出纳管理 ……………………… 158
　　六、固定资产系统初始化 ……… 159
　　七、固定资产系统日常业务 … 160
　　八、工资初始化 ………………… 161
　　九、工资系统日常业务 ………… 163
　　十、期末会计事项 ……………… 163
　　十一、报表 ………………………… 164

## 下篇　用友ERP财务供销存管理系统实训部分

**实训 17　系统管理** ………………… 166
　17.1　实训目的 ………………………… 166
　17.2　实训资料 ………………………… 166

　　一、账套管理 ……………………… 166
　　二、操作员管理（角色管理、
　　　　用户管理、权限管理）… 166

三、账套维护（系统数据管理
　　或年度账管理）………… 167
17.3　实训内容及步骤 ………… 167
一、账套管理 …………………… 167
二、操作员管理（角色管理、
　　用户管理、权限管理）… 171
三、账套维护 …………………… 174

### 实训18　财务、业务基础设置 ……… 177
18.1　实训目的 ………………… 177
18.2　实训资料 ………………… 177
一、定义企业机构 ……………… 177
二、往来单位设置 ……………… 178
三、存货设置 …………………… 179
四、财务 ………………………… 181
五、业务基础设置 ……………… 183
18.3　实训内容及步骤 ………… 185
一、定义企业机构 ……………… 185
二、往来单位管理 ……………… 188
三、存货设置 …………………… 191
四、财务 ………………………… 193
五、业务基础设置 ……………… 199

### 实训19　采购系统初始化 ………… 203
19.1　实训目的 ………………… 203
19.2　实训资料 ………………… 203
一、设置系统参数 ……………… 203
二、录入期初数据 ……………… 205
19.3　实训内容及步骤 ………… 206
一、设置系统参数 ……………… 206
二、录入期初数据 ……………… 210

### 实训20　采购管理系统日常
　　　　　业务处理 …………………… 215
20.1　实训目的 ………………… 215
20.2　实训资料 ………………… 215
20.3　实训内容及步骤 ………… 216

### 实训21　销售管理系统初始化 ……… 234
21.1　实训目的 ………………… 234

21.2　实训资料 ………………… 234
一、设置系统参数 ……………… 234
二、录入期初数据 ……………… 235
21.3　实训内容及步骤 ………… 236
一、设置系统参数 ……………… 236
二、录入期初数据 ……………… 237

### 实训22　销售管理系统日常
　　　　　业务处理 …………………… 240
22.1　实训目的 ………………… 240
22.2　实训资料 ………………… 240
22.3　实训内容及步骤 ………… 241

### 实训23　库存管理系统日常
　　　　　业务处理 …………………… 250
23.1　实训目的 ………………… 250
23.2　实训资料 ………………… 250
23.3　实训内容及步骤 ………… 250

### 实训24　存货核算系统日常
　　　　　业务处理 …………………… 257
24.1　实训目的 ………………… 257
24.2　实训资料 ………………… 257
24.3　实训内容及步骤 ………… 257

### 实训25　期末处理 …………………… 260
25.1　实训目的 ………………… 260
25.2　实训资料 ………………… 260
25.3　实训内容及步骤 ………… 261

### 附录　综合实训案例资料 …………… 266
一、系统管理与基础
　　设置 ………………………… 266
二、期初余额录入 ……………… 269
三、采购业务 …………………… 271
四、销售业务 …………………… 273
五、库存管理 …………………… 276
六、往来业务 …………………… 277
七、出入库成本管理 …………… 279

### 参考文献 ……………………………… 281

# 上 篇

# 用友 ERP 财务系统实训部分

# 实训1 系统管理

（岗位设置：系统管理员）

## 1.1 实训目的

系统管理是企业管理软件各个子系统的使用基础，是用友会计管理软件设置在系统服务下的一个重要组成部分，其他任何子系统的独立运行都必须以此为基础。通过实训了解并掌握用友会计管理软件的各个子系统进行统一的操作管理和数据维护，具体包括账套管理、操作员管理、年度账管理、系统数据安全的管理等方面。

## 1.2 实训资料

### 一、账套管理

账套号：888。
账套名称：武汉长兴药业有限公司。
账套启用日期：2014年7月1日。
账套存储路径：系统默认路径。
单位信息：武汉长兴药业有限公司简称长兴药业，地址：武汉市武昌区武珞路100号，法人代表：张郝，联系电话：98988888，传真：98989999，电子信箱：zhanghao9988@163.com，税号：100122356789550。由于公司业务日益增多，手工核算已经不能满足公司目前的管理要求，因此于2014年7月1日与用友软件公司签订合作协议，使用用友ERP-U872管理软件进行信息化管理。第一阶段实施财务会计部分管理系统（见上篇），即"总账""报表""工资管理""固定资产""应收"及"应付"模块。第二阶段实施供、销、存管理系统（见下篇）。
本　　币：人民币。
企业类型：工业。
行业性质：2014年新会计制度科目。
基础信息：对客户、存货进行分类，有外币核算。
分类编码方案：科目编码级次42222，其他按系统默认值。

## 二、操作员管理——角色管理、用户管理、权限管理

| 编号 | 姓名 | 口令 | 角色 | 权限 |
|------|------|------|------|------|
| 01 | 李娜 | 01 | 账套主管 | 888账套全部权限 |
| 02 | 周洲 | 02 | 总账会计、资产管理、薪酬经理、应收应付会计 | 公共单据；公共目录设置；固定资产；薪资管理；总账系统的全部权限，但不包括出纳签字、审核、记账 |
| 03 | 王红 | 03 | 出纳 | 公共单据；公共目录设置；总账系统中的出纳权限，但不包括银行对账和长期未达账审计；总账系统中的凭证权限中的出纳签字和查询凭证 |

　　根据《会计电算化管理办法》的有关规定，软件应具有防止非指定人员擅自使用和对指定操作人员实行使用权限控制的功能。在实际工作中，除在会计核算软件技术上加密外，还应在管理上进行分工，分别要对系统管理员、数据录入员、审核记账员、会计报表编制人员、会计账簿打印输出操作员、各专项功能模块操作员和其他会计业务操作员的操作权限给予界定，防止越权操作所引起的数据丢失、紊乱和泄密现象出现。

1. 账套主管

账套主管可由会计主管兼任。采用中小型计算机和计算机网络会计软件的单位，应设立此岗位。主要责任是：

（1）领导本单位会计电算化工作，拟定会计电算化中长期发展规划，制定会计电算化日常管理制度。

（2）根据所用软件的特点和本单位会计核算的实际情况来建立本单位的会计电算化体系和核算方式。

（3）总体负责会计电算化系统的日常管理工作，包括计算机硬件、软件的运行工作。

（4）负责界定上机人员的使用权限，协调系统内各类人员之间的工作关系。

（5）负责组织监督系统运行环境的建立和完善，以及系统建立时的各项初始化工作，并负责整个会计电算化系统操作的安全性、正确性和及时性的检查，做好上机记录的整理工作，按规定及时归档。做好系统运行情况的总结，提出更新软件或修改软件的需求报告。

2. 系统操作员

操作员岗位职责可根据企业规模大小、企业业务量多少、会计电算化发展状况（应用程度）等具体事宜确定。具体地说，操作员可以一人一岗，也可以一岗多人。系统操作员岗位可以细分为：

（1）数据录入员。负责检查专职会计人员提供的记账凭证是否合法、合理与正确，对于违规记账凭证拒绝录入。在数据录入过程中如发现有疑问或错误时，应及时询问有关人员，不得擅自修改或作废。严格按要求录入数据，录入完毕后自查核对，校对无误后转审核人员进行审核。录入数据应做到日清月结。

（2）账务系统输出操作员。负责打印机制记账凭证和会计账簿，根据情况可以由原专业会计各会计岗位责任者担任，也可以指定一人负责。输出操作员应认真按本汇总、打

印、输出机制凭证和汇总表，并与对应的原始凭证粘贴在一起，保证手工凭证和机制凭证在内容、编号和金额上完全一致。

（3）专项模块操作员。负责会计专门核算的操作工作，根据情况可以由原专门进行材料核算、工资核算、成本核算、利润核算等会计岗位责任者担任专项模块操作员。

（4）报表系统操作员。负责会计报表的计算和打印工作。根据情况可以由原专门负责会计总账报表会计岗位责任者担任报表系统操作员，也可以分别由成本核算、利润核算、总账报表等会计岗位责任者担任报表系统操作员。上报会计主管部门的会计报表应根据会计主管部门统一设计和布置的格式编制上报。内部管理会计报表应根据会计主管领导统一要求决定。报表的初始化和编制输出一经确定，不得随意变动。打印输出的会计报表必须经有关领导审阅签字或盖章。每月报表必须以移动存储介质（双份）和书面两种形式保存，并填写"备份数据登记簿"。

（5）数据分析员。负责对机内的会计数据进行分析，要求具备计算机和会计知识，达到会计电算化中级知识培训的水平。采用大、中、小型计算机和计算机网络会计软件的单位，需设立此岗位，由会计主管兼任。主要负责会计预测、计划、分析以及其他会计业务的操作工作。

3. 数据审核记账员

数据审核记账员负责对输入计算机的会计数据（记账凭证和原始凭证等）进行审核，操作会计核算软件登记机内账簿，对打印输出的账簿、报表进行确认。此岗位要求具备会计和计算机知识，达到会计电算化初级知识培训的水平，可由会计主管兼任。数据审核员的主要责任是：

（1）具体负责各种会计数据的审核工作。可以由原负责审核的专业稽核员担任。

（2）审核员的工作范围既包括审核会计凭证，又包括审核会计账簿、会计报表；既包括审核会计内部数据，又包括审核会计外来数据及网络数据；既包括审核各类代码的合法性、正确性，又包括审核摘要的规范性等。

### 三、账套维护（系统数据管理或年度账管理）

1. 修改账套

修改账套名称为：武汉长兴药业有限公司 + 自己学号的最后三位数。

修改分类信息为：对客户、存货进行分类，有外币核算，不须对供应商进行分类。

2. 备份账套数据

将 888 账套的数据备份到指定文件夹中，并查看备份文件。

3. 删除账套数据

将 888 账套的数据删除。

4. 恢复账套数据

将备份在指定文件夹中的 888 账套数据恢复到系统中。

5. 年度账

每个账套可以存放不同年度的会计数据，不同年度的数据存放在不同的数据表中，称为年度账。只有账套主管才有权限进行有关年度账的管理。年度账管理包括建立年度账、引入和输出年度账、结转上年数据、清空年度数据等。

启用新建的年度账时，必须将上年度中相关账户的余额及其他信息先结转到新年度账中。为了保证各个子系统之间的数据联系，结转上年数据时，应首先结转购销存系统的上年余额，再结转应收系统和应付系统的上年余额，最后结转总账系统的上年余额。

年度账管理中的引入和输出与账套操作中的引入和输出的含义基本一致，所不同的是年度账操作中的引入和输出不是针对某个账套，而是针对账套中的某一年度的年度账进行的。

## 1.3 实训内容及步骤

### 一、账套管理

1. 注册系统管理

**操作步骤**

（1）执行"开始"/"程序"/"用友 ERP-U872"/"系统服务"/"系统管理"命令，打开"用友 ERP-U872【系统管理】"窗口。见用友 ERP-U872 管理系统，如图 1-1 所示。

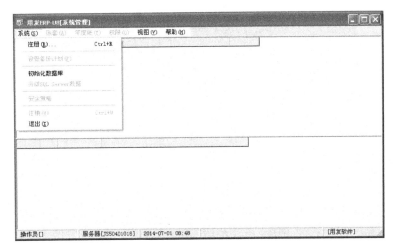

图 1-1

（2）在"用友 ERP-U872【系统管理】"窗口中，执行"系统"/"注册"命令，打开"注册【系统管理】"对话框。见用友 ERP-U872 管理系统，如图 1-2 所示。

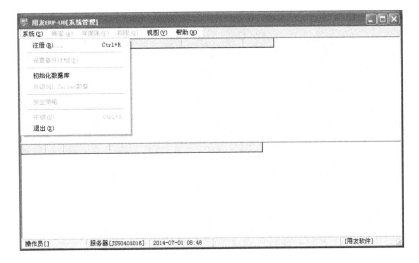

图 1-2

（3）在"注册【系统管理】"对话框，单击"服务器"文本框后，单击按钮，打开"网络计算机浏览"对话框。如果在客户端登录，则选择服务端的服务器名称；如果本身就在服务端或是单机用户，则选择本地服务器名称。单击"操作员"文本框，输入系统管理员"admin"（系统默认管理员密码），单击"确定"按钮，打开"注册【系统管理】"对话框。见用友 ERP-U872 管理系统，如图 1-3 所示。

图　1-3

2. 输入账套信息

**操作步骤**

（1）以系统管理员身份登录"系统管理"。执行"账套"/"建立"命令，打开"创建账套——账套信息"对话框。见用友 ERP-U872 管理系统，如图 1-4 所示。

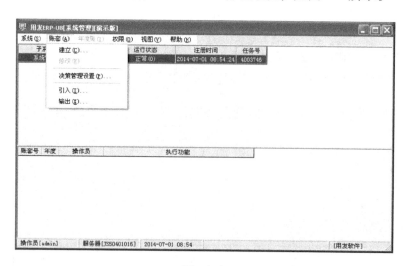

图　1-4

（2）在"创建账套——账套信息"对话框中，依次输入新建的账套号、账套名称及启用会计期。见用友 ERP-U872 管理系统，如图 1-5 所示。

（3）单击"下一步"按钮，打开"创建账套——单位信息"对话框。

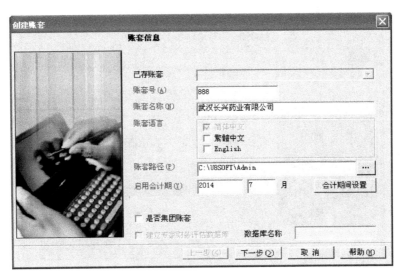

图 1-5

3. 输入单位信息

**操作步骤**

（1）在"创建账套——单位信息"对话框中，依次输入单位有关信息。见用友 ERP-U872 管理系统，如图 1-6 所示。

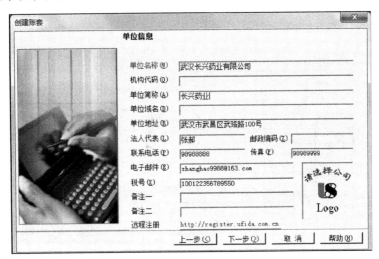

图 1-6

（2）单击"下一步"，打开"创建账套——核算类型"对话框。

4. 核算类型设置

**操作步骤**

（1）在"创建账套——核算类型"对话框中，输入本币代码、本币名称；选择"企业类型""行业性质""账套主管"；选中"按行业性质预置科目"复选框。见用友 ERP-U872 管理系统，如图 1-7 所示。

（2）单击"下一步"按钮，打开"创建账套——基础信息"对话框。

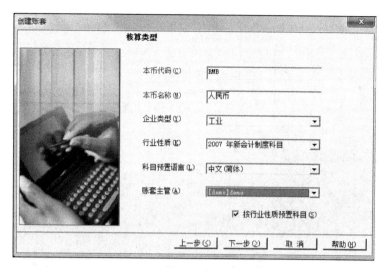

图 1-7

5. 基础信息设置

操作步骤

（1）在"创建账套——基础信息"对话框中，根据需要选中"存货是否分类""客户是否分类""供应商是否分类""有无外币核算"复选框；单击"完成"按钮，打开"创建账套"对话框。见用友 ERP-U872 管理系统，如图 1-8 所示。

图 1-8

（2）在"创建账套"对话框中，单击"是"按钮，打开"分类编码方案"对话框。

6. 分类编码方案设置

操作步骤

（1）"分类编码方案"对话框中，根据需要，分别会计科目编码级次、客户权限组级次、客户分类编码级次、部门编码级次、地区分类编码级次、存货权限组级次、存货分类编码级次、货位编码级次、收发类别编码级次、结算方式编码级次、供应商权限组级次、供应商分类编码级次等。

(2)"确认"按钮,打开"数据精度定义"对话框。

7. 数据精度定义

**操作步骤**

(1)在"数据精度"对话框中,根据单位资料,确定所有小数位。见用友ERP-U872管理系统,如图1-9所示。

(2)单击"确认"按钮,打开"现在进行系统启用的设置"提示框,单击"否"按钮,结束建账,返回系统管理窗口;若按"是",则在"企业门户"中启用系统。

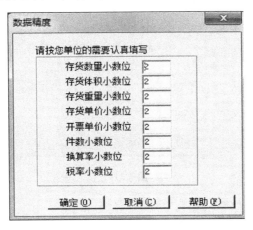

图 1-9

## 二、操作员管理——角色管理、用户管理、权限管理

1. 角色管理

**操作步骤**

(1)以系统管理员的身份注册进入系统管理窗口。执行"权限"/"角色"命令,打开"角色管理"窗口。见用友 ERP-U872 管理系统,如图1-10所示。

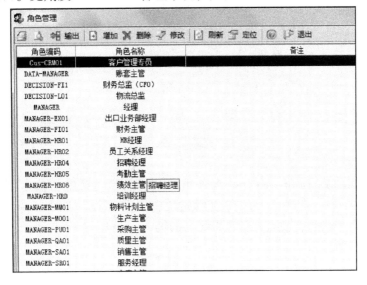

图 1-10

（2）单击"增加"按钮，打开"角色详细情况"对话框，输入角色编号和角色名称。单击"增加"按钮，保存新设置。见用友 ERP-U872 管理系统，如图 1-11 所示。

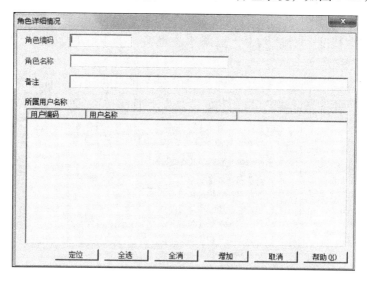

图　1-11

2．用户管理

**操作步骤**

（1）以系统管理员的身份注册进入系统管理窗口。执行"权限"/"用户"命令，打开"用户管理"窗口。见用友 ERP-U872 管理系统，如图 1-12 所示。

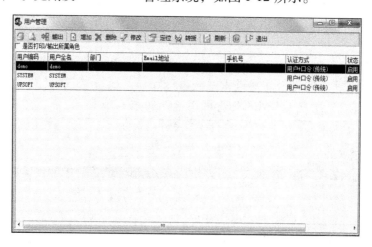

图　1-12

（2）单击"增加"按钮，打开"操作员详细情况"对话框，输入用户编号、名称、口令以及所属部门等有关信息。并在"所属角色"列表框中选中该新增用户所属的角色。单击"增加"按钮，完成一条增加记录的输入。见用友 ERP-U872 管理系统，如图 1-13 所示。

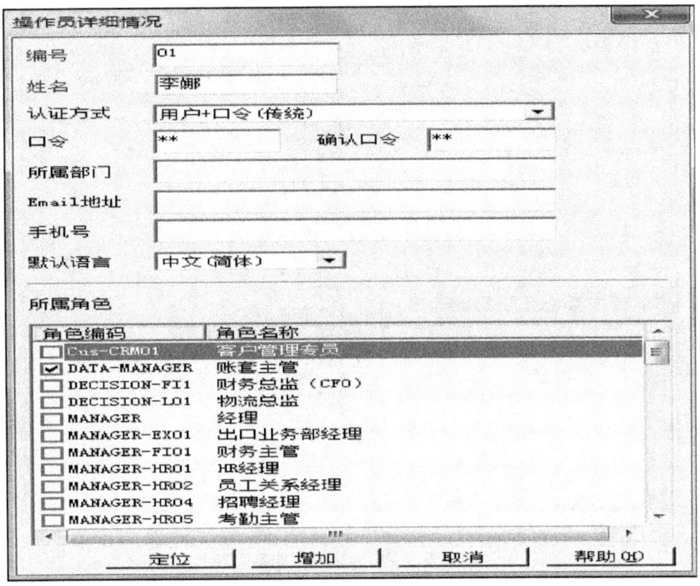

图 1-13

### 3. 权限管理

**操作步骤**

（1）以系统管理员的身份注册进入系统管理窗口。执行"权限"/"权限"命令，打开"操作员权限"窗口，见用友 ERP-U872 管理系统，如图 1-14 所示。

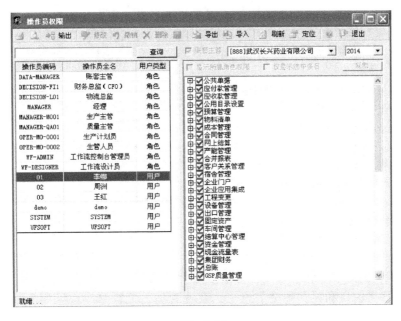

图 1-14

（2）从左侧的操作员列表框中选择操作员，单击"修改"按钮，选中相应的复选框，将该权限分给当前用户，单击"保存"完成设置。见用友 ERP-U872 管理系统，如图 1-15 所示。

图 1-15

## 三、账套维护

1. 账套修改

**操作步骤**

（1）以账套主管的身份注册，选择相应的账套，进入系统管理窗口，见用友 ERP-U872 管理系统，如图 1-16 所示。

图 1-16

（2）执行"修改"命令，即可进行修改账套。可以修改的信息主要有账套信息、单位信息、账套分类信息和数据精度信息等，系统管理员无权修改。见用友 ERP-U872 管理系统，如图 1-17 所示。

2. 引入账套

**操作步骤**

（1）以系统管理员的身份注册进入系统管理窗口。执行"账套"/"引入"命令，打开"引入账套数据"对话框。见用友 ERP-U872 管理系统，如图 1-18 所示。

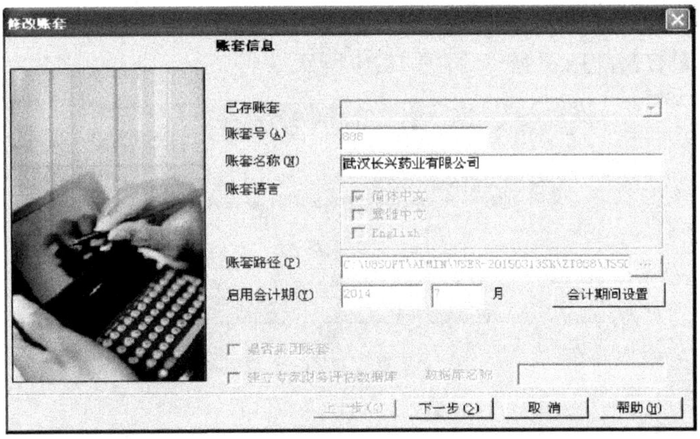

图 1-17

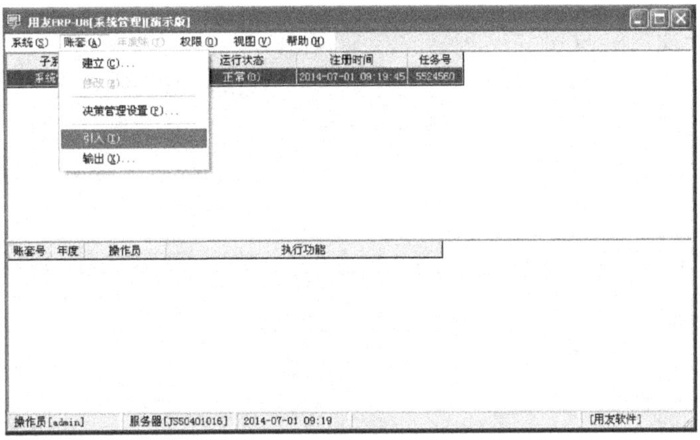

图 1-18

（2）选择所要引入的账套数据备份文件，单击"打开"按钮，当系统弹出提示对话框时，单击"是"按钮；系统进入"恢复过程"中。见用友 ERP-U872 管理系统，如图 1-19 所示。

图 1-19

（3）经过一段恢复过程，系统弹出"账套引入成功"信息提示对话框，单击"确定"。见用友 ERP-U872 管理系统，如图 1-20 所示。

图　1-20

3．输出账套功能

**操作步骤**

（1）以系统管理员的身份注册进入系统管理窗口。执行"账套"/"输出"命令，打开"账套输出"对话框。见用友 ERP-U872 管理系统，如图 1-21 所示。

（2）选择要输出的账套，单击"确认"按钮，经过压缩进程，打开"选择备份目标"对话框，打开存放备份数据的文件夹，单击"确认"按钮。见用友 ERP-U872 管理系统，如图 1-22 所示。

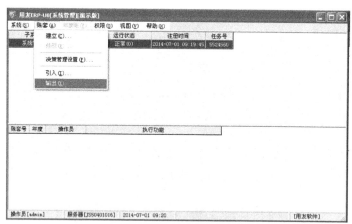

图　1-21

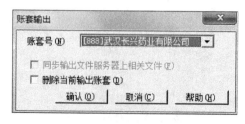

图　1-22

**想一想**

选择自己较为熟悉的一个企业，思考如何进行会计电算化岗位的设置。

# 实训2 基础设置

（岗位设置：系统管理员或账套主管）

## 2.1 实训目的

通过实训了解会计信息系统基础信息设置、会计科目及凭证类别设置、项目管理设置、客户档案与应收款管理设置、供应商档案与应付款管理设置。

## 2.2 实训资料

### 一、定义企业机构

（1）设置部门档案，数据见表2-1、表2-2。

表 2-1

| 部门编码 | 部门名称 | 负责人 |
| --- | --- | --- |
| 1 | 企划部 | 张 郝 |
| 2 | 财务部 | 李 娜 |
| 3 | 生产部 | 刘 贵 |
| 4 | 采购部 | 王国栋 |
| 5 | 销售部 | 孙云峰 |

表 2-2

| 档案编码 | 档案名称 |
| --- | --- |
| 101 | 经理人员 |
| 102 | 普通人员 |
| 103 | 生产人员 |
| 104 | 销售人员 |

（2）设置职员档案，数据见表2-3。

表 2-3

| 编号 | 姓名 | 所属部门 | 人员类别 | 性别 | 编号 | 姓名 | 所属部门 | 人员类别 | 性别 |
|---|---|---|---|---|---|---|---|---|---|
| 101 | 张郝 | 企划部 | 经理人员 | 男 | 302 | 陈玉梅 | 生产部 | 生产人员 | 女 |
| 102 | 许倩 | 企划部 | 普通人员 | 女 | 401 | 王国栋 | 采购部 | 经理人员 | 男 |
| 201 | 李娜 | 财务部 | 经理人员 | 女 | 402 | 万和 | 采购部 | 普通人员 | 男 |
| 202 | 周洲 | 财务部 | 普通人员 | 男 | 501 | 孙云峰 | 销售部 | 经理人员 | 男 |
| 203 | 王红 | 财务部 | 普通人员 | 女 | 502 | 李尚 | 销售部 | 销售人员 | 男 |
| 301 | 刘贵 | 生产部 | 经理人员 | 男 | 503 | 吴响 | 销售部 | 销售人员 | 男 |

## 二、往来单位设置

(1) 设置客户分类,分类如下:

01 华北区

02 华中区

03 华东区

(2) 设置行业分类。

1 商业

2 工业

(3) 设置客户档案,数据见表2-4。

表 2-4

| 编码 | 客户名称 | 简称 | 所属分类 | 所属行业 | 开户银行 | 账号 |
|---|---|---|---|---|---|---|
| 001 | 北京新业医药公司 | 新业 | 01 | 商业 | 建行北京分行 | 88811 |
| 002 | 武汉凯旋大药房 | 凯旋 | 02 | 商业 | 建行武汉分行 | 88822 |
| 003 | 上海思远医院 | 思远 | 03 | 商业 | 建行上海分行 | 88833 |

(4) 设置供应商档案,数据见表2-5。

表 2-5

| 编码 | 供应商名称 | 简称 | 所属行业 | 开户银行 | 账号 |
|---|---|---|---|---|---|
| 001 | 武汉曙光公司 | 曙光 | 工业 | 建行武汉分行 | 99955 |
| 002 | 武汉飞扬有限公司 | 飞扬 | 工业 | 建行武汉分行 | 99966 |
| 003 | 武汉长平公司 | 长平 | 工业 | 建行武汉分行 | 99977 |

## 三、存货设置

(1) 设置存货分类,数据如下:

01 产成品

02 原材料

(2) 设置计量单位组及其下属计量单位,数据见表2-6。

表 2-6

| 计量单位组编码 | 计量单位组名称 | 计量单位组类别 | 计量单位编码 | 计量单位名称 |
|---|---|---|---|---|
| 1 | 无换算 | 无换算 | 101 | 件 |
| | | | 102 | 吨 |
| | | | 103 | 瓶 |

（3）设置存货档案，数据见表2-7。

表 2-7

| 存货编码 | 存货名称 | 计量单位 | 所属类别编码 | 存货属性 |
|---|---|---|---|---|
| 001 | 5%葡萄糖注射液 | 件 | 01 | 自制、销售 |
| 002 | 10%葡萄糖注射液 | 件 | 01 | 自制、销售 |
| 003 | 0.9%氯化钠注射液 | 件 | 01 | 自制、销售 |
| 004 | 医用葡萄糖粉 | 吨 | 02 | 外购、生产耗用 |
| 005 | 药用盐 | 吨 | 02 | 外购、生产耗用 |

## 四、财务

（1）根据资料设置公司的会计科目体系，数据见表2-8。

表 2-8

| 科目名称 | 账类 | 方向 | 币别/计量 | 期初余额/元 |
|---|---|---|---|---|
| 库存现金（1001） | 日记 | 借 | | 7 525 |
| 银行存款（1002） | | 借 | | 330 800 |
| 建行存款（100201） | | | | 252 800 |
| 人民币户（10020101） | 银行日记 | 借 | | 252 800 |
| 招行存款（100202） | | | | 78 000 |
| 美元户（10020201） | 银行日记 | 借 | | 78 000 |
| | | 借 | 美元 | 10 000 |
| 应收票据（1121） | 客户往来 | 借 | | 0 |
| 应收账款（1122） | 客户往来 | 借 | | 35 100 |
| 坏账准备（1231） | | 贷 | | 175.50 |
| 其他应收款（1221） | | 借 | | 3 000 |
| 备用金（122101） | 部门核算 | 借 | | 2 000 |
| 应收个人款（122102） | 个人往来 | 借 | | 1 000 |
| 预付账款（1123） | 供应商往来 | 借 | | 0 |
| 原材料（1403） | | 借 | | 19 600 |
| 医用葡萄糖粉（140301） | 数量金额 | 借 | | 14 000 |
| | | | 吨 | 4 |
| 药用盐（140302） | 数量金额 | 借 | | 5 600 |
| | | | 吨 | 2 |
| 库存商品（1405） | | 借 | | 94 000 |

续表

| 科目名称 | 账 类 | 方 向 | 币别/计量 | 期初余额/元 |
|---|---|---|---|---|
| 5%葡萄糖注射液（140501） | 数量金额 | 借 | | 40 000 |
| | | | 件 | 1 600 |
| 10%葡萄糖注射液（140502） | 数量金额 | 借 | | 21 600 |
| | | | 件 | 800 |
| 0.9%氯化钠注射液（140503） | 数量金额 | 借 | | 32 400 |
| | | | 件 | 1 200 |
| 固定资产（1601） | | 借 | | 2 045 000 |
| 累计折旧（1602） | | 贷 | | 400 925 |
| 固定资产清理（1606） | | 借 | | 0 |
| 短期借款（2001） | | 贷 | | 0 |
| 应付账款（2202） | 供应商往来 | 贷 | | 16 380 |
| 预收账款（2203） | 客户往来 | 贷 | | 0 |
| 应付职工薪酬（2211） | | 贷 | | 46 400 |
| 应付工资（221101） | | 贷 | | 46 400 |
| 应付福利费（221102） | | 贷 | | 0 |
| 工会经费（221103） | | 贷 | | 0 |
| 职工教育经费（221104） | | 贷 | | 0 |
| 应交税费（2221） | | 贷 | | 4 144.50 |
| 应交增值税（222101） | | 贷 | | 0 |
| 进项税额（22210101） | | 贷 | | 0 |
| 销项税额（22210102） | | 贷 | | 0 |
| 转出未交增值税（22210103） | | 贷 | | 0 |
| 转出多交增值税（22210104） | | 贷 | | 0 |
| 未交增值税（222102） | | 贷 | | 4 144.50 |
| 应交营业税（222103） | | 贷 | | 0 |
| 应交所得税（222104） | | 贷 | | 0 |
| 应交城市维护建设税（222105） | | 贷 | | 0 |
| 应交教育费附加（222106） | | 贷 | | 0 |
| 应付利息（2231） | | 贷 | | 0 |
| 实收资本（4001） | | 贷 | | 1 000 000 |
| 本年利润（4103） | | 贷 | | 1 067 000 |
| 生产成本（5001） | | 借 | | 0 |
| 直接工资（500101） | | 借 | | 0 |
| 直接材料（500102） | | 借 | | 0 |
| 制造费用转入（500103） | | 借 | | 0 |
| 生产成本转出（500199） | | 借 | | 0 |
| 制造费用（5101） | | 借 | | 0 |
| 工资费用（510101） | | 借 | | 0 |
| 折旧费用（510102） | | 借 | | 0 |
| 主营业务收入（6001） | | 贷 | | 0 |

续表

| 科目名称 | 账 类 | 方 向 | 币别/计量 | 期初余额/元 |
|---|---|---|---|---|
| 5%葡萄糖注射液（600101） | 数量金额 | 贷 | 件 | 0 |
| 10%葡萄糖注射液（600102） | 数量金额 | 贷 | 件 | 0 |
| 0.9%氯化钠注射液（600103） | 数量金额 | 贷 | 件 | 0 |
| 主营业务成本（6401） | | 借 | | 0 |
| 5%葡萄糖注射液（640101） | 数量金额 | 借 | 件 | 0 |
| 10%葡萄糖注射液（640102） | 数量金额 | 借 | 件 | 0 |
| 0.9%氯化钠注射液（640103） | 数量金额 | 借 | 件 | 0 |
| 销售费用（6601） | | 借 | | 0 |
| 工资费用（660101） | | 借 | | 0 |
| 折旧费用（660102） | | 借 | | 0 |
| 运输费用（660103） | | 借 | | 0 |
| 广告费用（660104） | | 借 | | 0 |
| 其他费用（660105） | | 借 | | 0 |
| 管理费用（6602） | 部门核算 | 借 | | 0 |
| 工资费用（660201） | 部门核算 | 借 | | 0 |
| 折旧费用（660202） | 部门核算 | 借 | | 0 |
| 办公费用（660203） | 部门核算 | 借 | | 0 |
| 差旅费用（660204） | 部门核算 | 借 | | 0 |
| 其他费用（660205） | 部门核算 | 借 | | 0 |
| 财务费用（6603） | | 借 | | 0 |
| 利息支出（660301） | | 借 | | 0 |
| 汇兑损益（660302） | | 借 | | 0 |
| 手续费（660303） | | 借 | | 0 |

（2）指定现金总账科目和银行总账科目。

现金总账科目为"库存现金1001"

银行总账科目为"银行存款1002"

（3）在账套中设置凭证类别为"记账凭证"。

（4）在账套中设置一外币类别，设置内容如下：

币符：USD

币名：美元

汇率小数位：5

汇率方式：固定汇率（2007年7月的记账汇率为7.8）

（5）收付结算。

设置结算方式，见数据表2-9。

表 2-9

| 结算方式编码 | 结算方式名称 | 票据管理 |
| --- | --- | --- |
| 1 | 现金 | 否 |
| 2 | 支票 | 否 |
| 201 | 现金支票 | 是 |
| 202 | 转账支票 | 是 |
| 3 | 其他 | 否 |

(6) 设置开户银行,数据如下:

客户编号:1

机构号:1

联行号:1

开户银行编码:1

开户银行名称:中国建设银行武汉阅马场支行

银行账号:436742287271

暂封标识:否

## 2.3 实训内容及步骤

### 一、定义企业机构

1. 部门档案

**操作步骤**

(1) 注册进入"企业应用平台"窗口,打开"基础设置"选项卡,见用友 ERP-U872 管理系统,如图 2-1 所示。

(2) 执行"基础设置"/"基础档案"/"部门档案"命令,打开"部门档案"窗口。单击"增加"按钮。根据单位资料,输入部门编码、部门名称、负责人、部门属性、信用信息等信息,单击"保存"按钮,见用友 ERP-U872 管理系统,如图 2-2、图 2-3、图 2-4 所示。

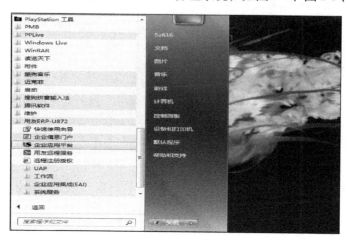

图 2-1

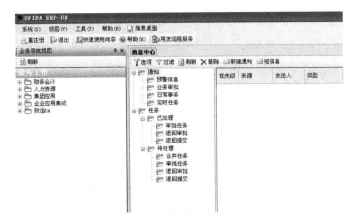

图 2-2

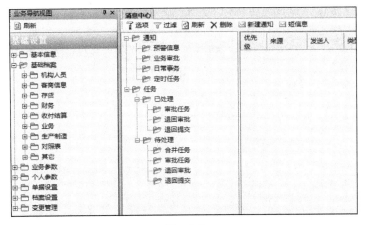

图 2-3

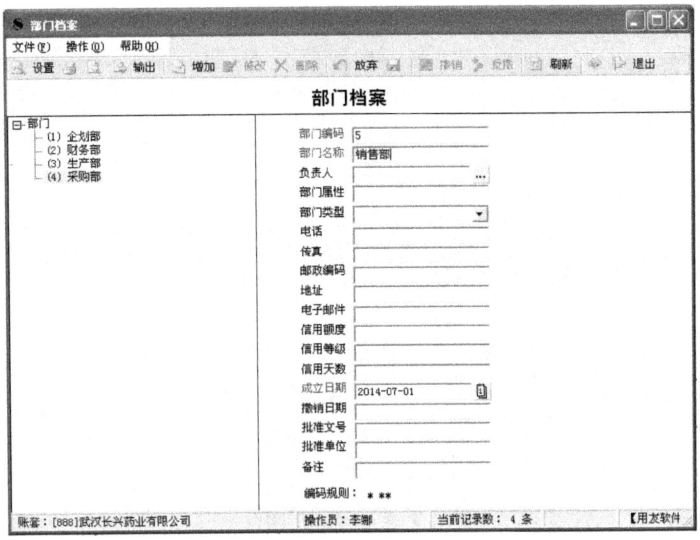

图 2-4

2. 人员类别

**操作步骤**

(1) 在"企业应用平台"中,打开"基础设置"选项卡。

(2)执行"基础档案"/"机构人员"/"人员类别"命令,打开"人员类别"窗口。
(3)单击"在职人员"选项。
(4)单击右侧人员类别档案。
(5)单击"增加"按钮。
(6)按照单位资料,输入档案编码和档案名称,单击"确定"按钮。
(7)全部输入完毕后,单击"退出"按钮。

3. 职员档案

**操作步骤**

(1)注册进入"企业应用平台"窗口,打开"基础设置"选项卡。

(2)执行"基础设置"/"基础档案"/"人员档案"命令,打开"人员档案"窗口。单击"增加"按钮。根据单位资料,输入人员编码、人员姓名、所属部门及职员属性等信息,单击"保存"按钮,见用友 ERP-U872 管理系统,如图 2-5、图 2-6 所示。

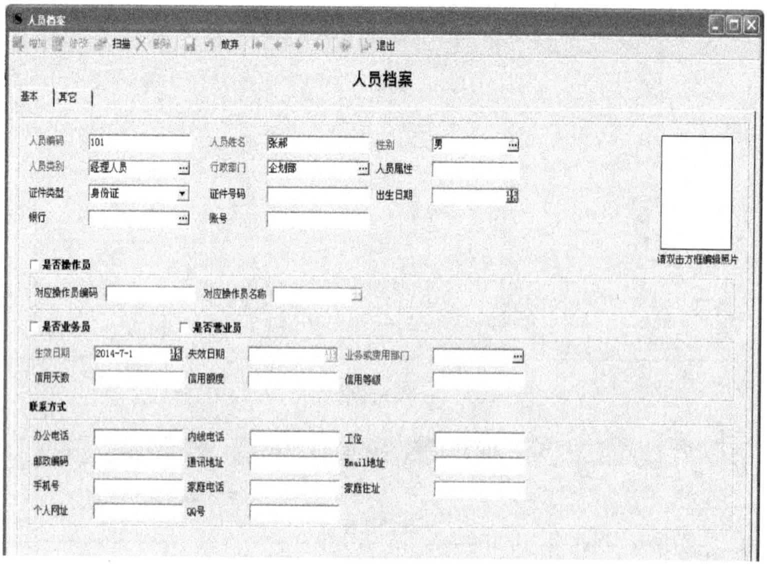

图 2-5

图 2-6

## 二、往来单位管理

1. 定义客户分类

当往来客户较多时，可以先对客户进行分类，以便对客户进行分类统计和汇总，从而达到进行分类管理的目的，也就是说，客户的类别可以分级次，按事先定义的规则进行分类。例如，对客户进行分类可以将客户根据时间分为长期客户、中期客户和短期客户，也可以根据客户的信用将客户分为优质客户、良性客户、一般客户和信用较差的客户，还可以按行业、地区或者与企业紧密程度等进行分类等。

**操作步骤**

（1）进入"企业应用平台"窗口。执行"基础设置"/"基础档案"/"客户分类"命令，打开"客户分类"窗口，单击"增加"按钮，依次输入客户类别编码及类别名称等有关信息。

（2）单击"保存"按钮，见用友ERP-U872管理系统，如图2-7、图2-8所示。

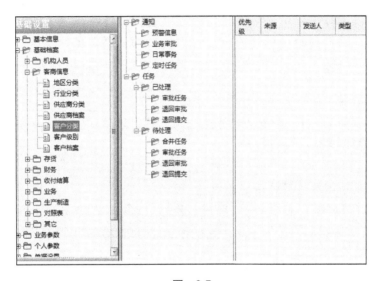

图 2-7

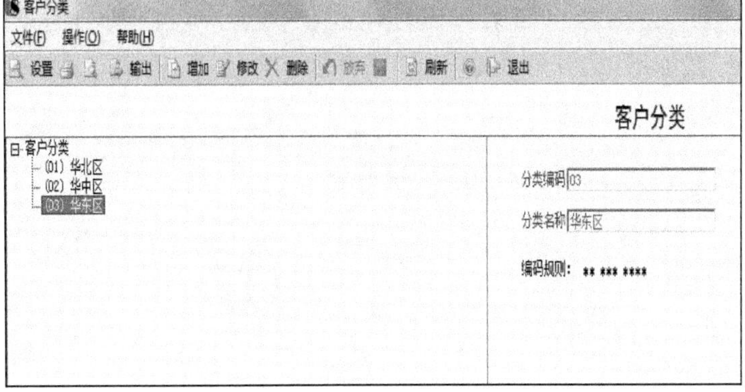

图 2-8

## 2. 定义地区分类

如果需要对客户或供应商按地区进行统计，就应该建立地区分类体系。地区分类可以按大区、省、市进行分类，也可以按省、市、县进行分类，例如，将客户分为华东、华南、东北等地区。

**操作步骤**

（1）进入"企业应用平台"窗口。执行"基础设置"/"基础档案"/"地区分类"命令，打开"地区分类"窗口，单击"增加"按钮，依次输入地区类别编码及地区类别名称等有关信息。

（2）单击"保存"按钮，见用友 ERP-U872 管理系统，如图 2-9 所示。

图　2-9

## 3. 设置客户档案

客户档案列表反映的是已建客户档案的内容。其客户信息的主要内容及说明如下：

（1）客户编码和名称。

（2）类别。

（3）性质（可根据单位具体情况选取）。

此外还有开户行名称、账号、信誉额度、税号、本单位的业务员、联系人、电话、地址、邮编、传真、E-mail、网址等信息。这些信息越详细越好，以便查询或系统调用。

**操作步骤**

（1）进入"企业应用平台"窗口。执行"基础设置"/"基础档案"/"客户档案"命令，打开"客户档案"窗口。

（2）在"客户档案"中，将光标移动到左侧列表框中的最末级客户分类上，单击"增加"按钮，打开"增加客户档案"选项卡，依次输入客户基本信息；继续打开"联系"选项卡，依次输入客户联系信息，输入各项内容后，单击"保存"按钮，见用友 ERP-U872 管理系统，如图 2-10 所示。

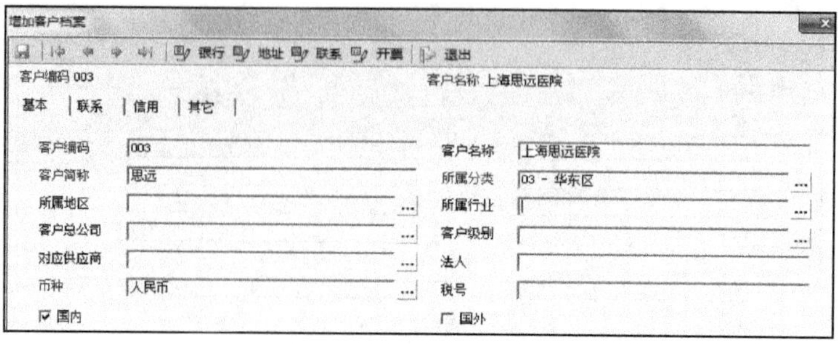

图　2-10

4. 供应商档案管理

**操作步骤**

（1）进入"企业应用平台"窗口。执行"基础设置"/"基础档案"/"供应商档案"命令，打开"供应商档案"窗口。

（2）在"供应商档案"窗口中，将光标移动到左侧列表框中的最末级供应商分类上，单击"增加"按钮，打开"增加供应商档案"对话框。见用友 ERP-U872 管理系统，如图 2-11、图 2-12 所示。

图 2-11

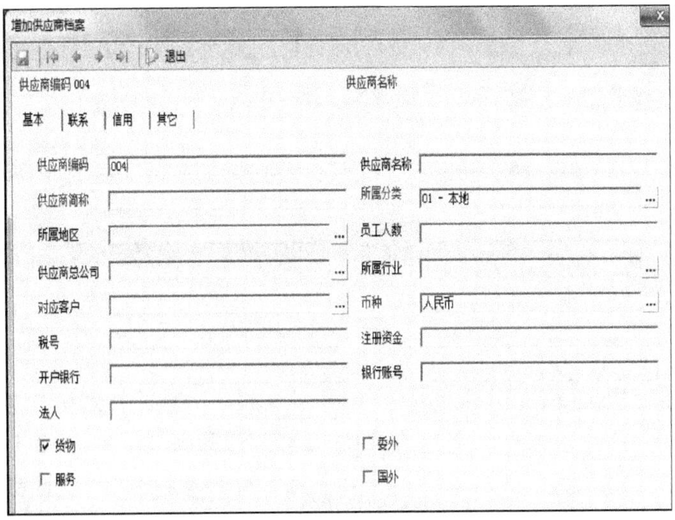

图 2-12

（3）在"增加供应商档案"对话框中，打开"基本"选项卡，依次输入供应商编码、供应商名称，选择所属分类信息。

（4）输入各项内容后，单击"保存"按钮。

（5）重复以上操作，完成其他设置。

（6）单击"退出"按钮，退出。

### 三、存货档案管理

**操作步骤**

（1）进入"企业应用平台"窗口。执行"基础设置"/"基础档案"/"存货"命令，打开"存货档案"窗口。见用友 ERP-U872 管理系统，如图 2-13 所示。

（2）在"存货档案"窗口中，将光标移动到左侧列表框中的最末级存货分类上，单击"增加"按钮,打开"增加存货档案"对话框,见用友 ERP-U872 管理系统,如图2-14所示。

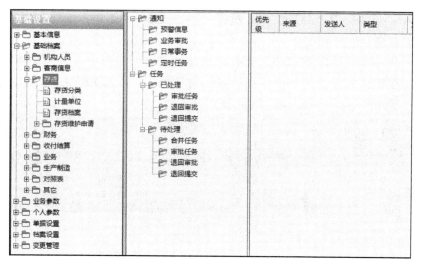

图 2-13

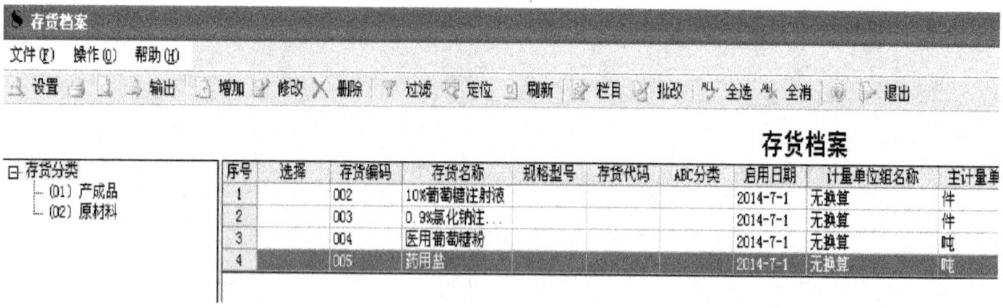

图 2-14

(3) 在"增加存货档案"对话框中,打开"基本"选项卡,依次输入存货编码、存货名称;选择计量单位组等信息,见用友 ERP-U872 管理系统,如图 2-15 所示。

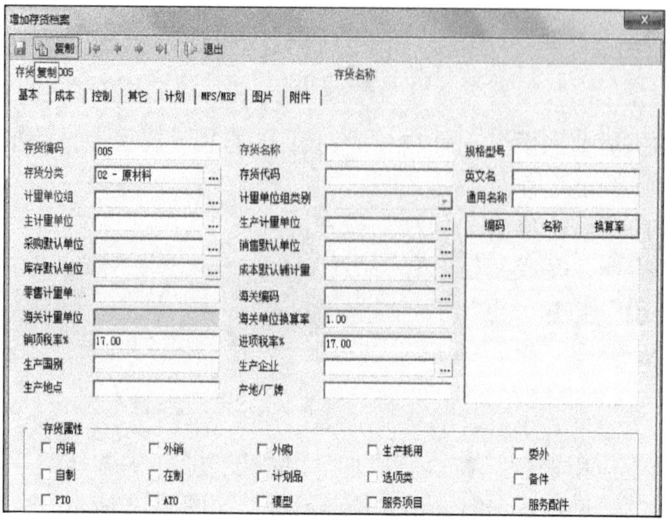

图 2-15

(4) 然后，打开"成本"选项卡，依次输入存货成本信息，输入各项内容后，单击"保存"按钮，见用友 ERP-U872 管理系统，如图 2-16 所示。

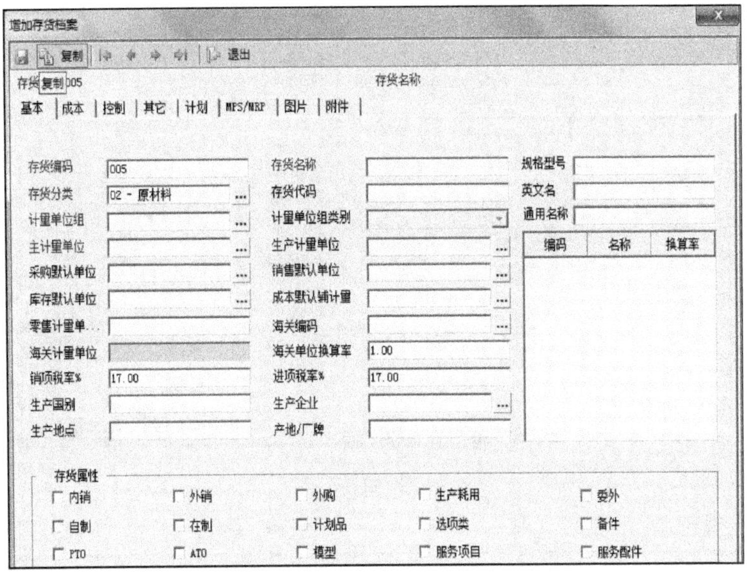

图 2-16

(5) 重复以上操作，完成其他设置。
(6) 单击"退出"按钮，退出。

## 四、财务

1. 设置会计科目
(1) 增加会计科目。

**操作步骤**

进入"企业应用平台"窗口，执行"基础设置"/"基础档案"/"财务"命令，双击"会计科目"选项，打开"会计科目"窗口。单击"增加"按钮，打开"新增会计科目"对话框，依次输入科目编码、科目中文名称等内容。单击"确定"按钮保存，见用友 ERP-U872 管理系统，如图 2-17 所示。

(2) 修改会计科目。

**操作步骤**

在"会计科目"窗口中，将光标移动到需修改的科目上，单击"修改"按钮，或者双击该科目行，打开"会计科目_修改"对话框，单击"修改"按钮进入修改状态，修改完毕后单击"确定"按钮保存。见用友 ERP-U872 管理系统，如图 2-18 所示。

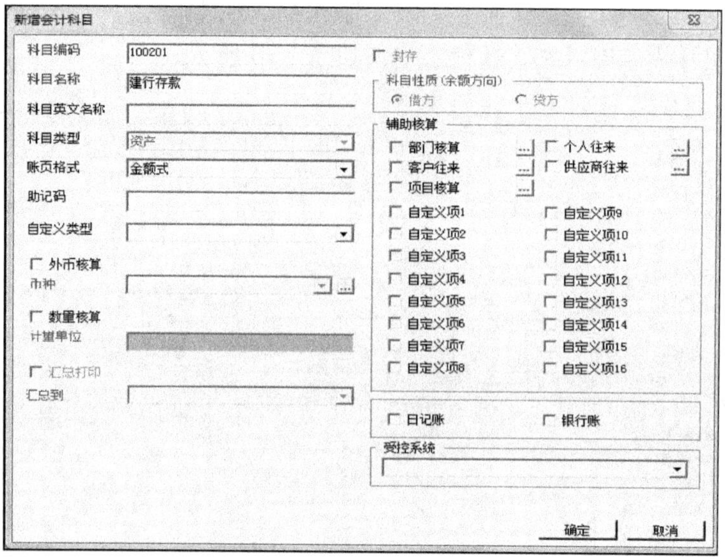

图　2-17

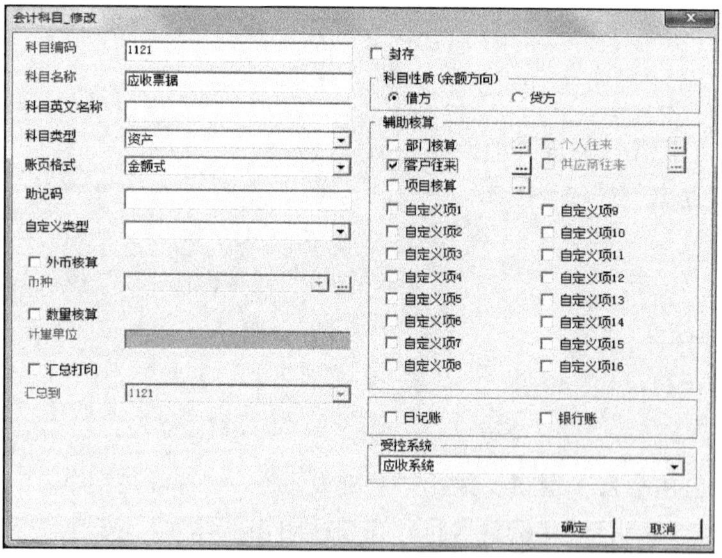

图　2-18

（3）删除会计科目。

**操作步骤**

在"会计科目"窗口中，将光标移动到需删除的科目上，单击"删除"按钮，打开"删除记录"对话框，单击"确定"按钮将该科目删除。见用友 ERP-U872 管理系统，如图 2-19 所示。

2．指定现金、银行及现金流量会计科目

**操作步骤**

（1）在"会计科目"窗口中，执行"编辑"/"指定科目"命令，打开"指定科目"对话框。见用友 ERP-U872 管理系统，如图 2-20 所示。

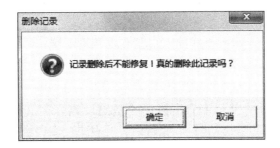

图 2-19

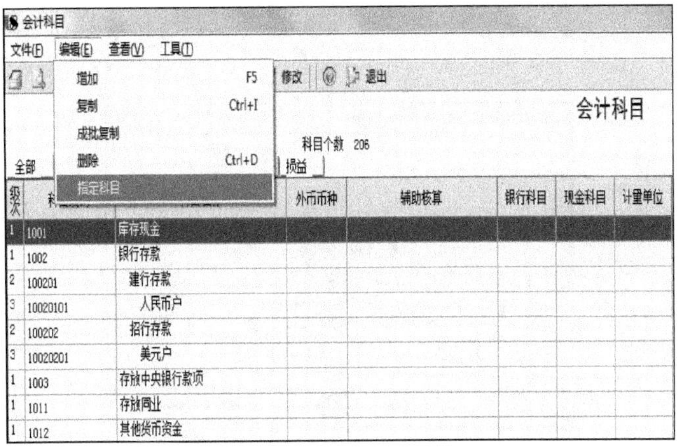

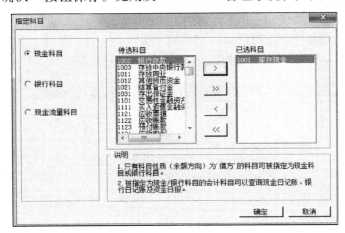

图 2-20

（2）选择"现金科目"单选按钮。

（3）在"待选科目"列表框中，选择"1001 库存现金"科目。单击" > "按钮，将"1001 库存现金"科目添加到"已选科目"列表框中。

（4）单击"确认"按钮保存。见用友 ERP-U872 管理系统，如图 2-21 所示。

图 2-21

3. 设置凭证类型
（1）记账凭证。
（2）收款凭证、付款凭证、转账凭证。

（3）现金凭证、银行凭证、转账凭证。
（4）现金收款凭证、现金付款凭证、银行收款凭证、银行付款凭证、转账凭证。
（5）自定义凭证。

**操作步骤**

（1）进入"企业应用平台"窗口，执行"基础设置"/"基础档案"/"财务"/"凭证类别"命令，打开"凭证类别预置"对话框。见用友 ERP-U872 管理系统，如图 2-22 所示。

（2）选择"记账凭证"单选按钮。

（3）单击"确定"按钮，打开"凭证类别"限制条件设置窗口。

（4）单击"退出"按钮，返回。

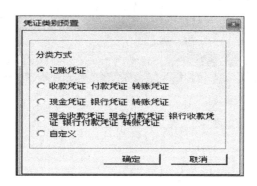

图 2-22

4．定义外币种类

外币种类功能仅提供录入的固定汇率与浮动汇率，并不决定在制单时使用的是固定汇率还是浮动汇率，需要在总账系统的凭证参数中加以设置。

**操作步骤**

（1）进入"企业应用平台"窗口，执行"基础设置"/"基础档案"/"财务"/"外币设置"命令，打开"外币设置"对话框。见用友 ERP-U872 管理系统，如图 2-23 所示。

（2）选择"固定汇率"单选按钮。

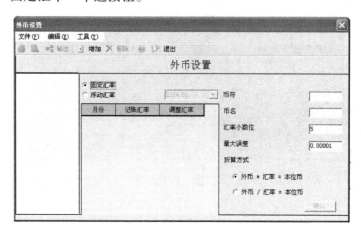

图 2-23

（3）在"外币设置"对话框中，单击"增加"按钮，依次输入币符及币名。默认系统提供的汇率小数位、外币最大误差和折算方式等参数。

（4）单击"确认"按钮后，输入记账汇率 7.800，按 Enter 键。

（5）单击"退出"按钮，返回。

见用友 ERP-U872 管理系统，如图 2-24 所示。

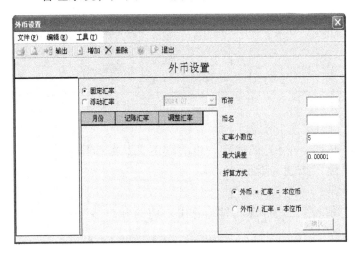

图 2-24

5．定义结算方式

结算方式设置的主要内容包括：结算方式编码、结算方式名称、票据管理标志等。

**操作步骤**

（1）单击"基础设置"选项，执行"设置档案"/"收付结算"/"结算方式"命令，打开"结算方式"对话框。见用友 ERP-U872 管理系统，如图 2-25 所示。

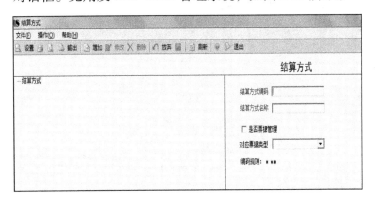

图 2-25

（2）在"结算方式"对话框中，单击"增加"按钮，依次输入结算方式编码及结算方式名称。如有票据管理，则选择"是否票据管理"复选框。

（3）单击"保存"按钮，该结算方式即在左侧列表框中列示。见用友 ERP-U872 管理系统，如图 2-26 所示。

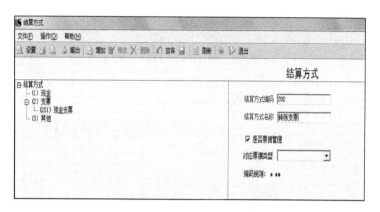

图 2-26

(4) 重复步骤(1)~(3)的操作,可继续定义其他结算方式。
(5) 单击"退出"按钮,返回。

6. 开户银行

启用应收应付系统后,企业在收付结算中对应的开户银行信息。

**操作步骤**

(1) 进入"企业应用平台"窗口。执行"基础设置"/"基础档案"/"收付结算"命令,打开"本单位开户银行"窗口。见用友 ERP-U872 管理系统,如图 2-27 所示。

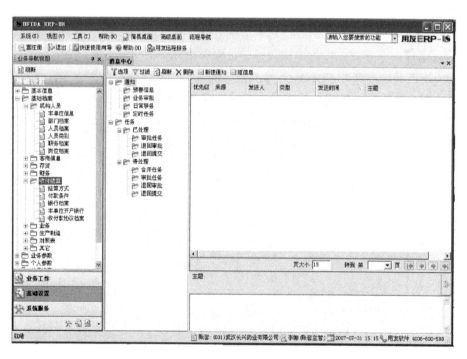

图 2-27

(2) 在"本单位开户银行"窗口中,单击"增加"按钮,依次输入开户银行编码、开户银行名称及银行账号等。见用友 ERP-U872 管理系统,如图 2-28 所示。
(3) 单击"保存"按钮,该银行信息即在列表框中列示。

图 2-28

（4）重复步骤（1）～（3）的操作，可继续定义其他开户银行。

（5）单击"退出"按钮，返回。

想一想

思考一下会计科目体系设置的主要项目及其要求，对于不同的行业（核算要求）有什么不同？

# 实训 3　总账系统的初始化

（岗位设置：账套主管、会计主管、总账会计）

## 3.1　实训目的

通过实训掌握总账系统参数的定义、凭证参数设置、账簿参数设置、其他参数设置及期初余额的录入。

## 3.2　实训资料

### 一、启用总账及总账系统参数设置

1. 启用总账

账套启用日期：2014 年 7 月 1 日

2. 总账系统参数设置

凭证制单时，采用序时控制（不能倒流），进行支票管理与资金及往来赤字控制，可使用其他系统受控科目，制单权限不控制到科目，不可修改他人填制的凭证，打印凭证页脚姓名，凭证审核时控制到操作员，由出纳填制的凭证必须经出纳签字，预算控制方式按系统默认设置。

账簿打印位数、每页打印行数按软件标准设定，明细账打印按年排页。

数量和单价小数位两位，部门、个人、项目按编码方式排序，会计日历为 1 月 1 日—12 月 31 日。

### 二、录入期初余额（见实训 2 的资料）

录入期初余额，辅助核算科目的数据，见表 3-1、3-2、3-3、3-4。

表 3-1　应收账款期初余额

| 单据类型 | 日期 | 客户 | 摘要 | 方向 | 金额 | 部门 | 业务员 |
|---|---|---|---|---|---|---|---|
| 专用发票 | 2014.06.25 | 思远 | 销售0.9%氯化钠注射液1 000件 | 借 | 35 100 | 销售部 | 李尚 |

表 3-2 其他应收款（部门核算）期初余额      单位：元

| 部门名称 | 方向 | 金额 |
|---|---|---|
| 企划部 | 借 | 400 |
| 财务部 | 借 | 400 |
| 生产部 | 借 | 400 |
| 采购部 | 借 | 400 |
| 销售部 | 借 | 400 |

表 3-3 其他应收款（个人核算）期初余额

| 日期 | 部门 | 个人名称 | 摘要 | 方向 | 金额 |
|---|---|---|---|---|---|
| 2014.06.30 | 财务部 | 李娜 | 出差借款 | 借 | 1 000 元 |

表 3-4 应付账款期初余额

| 单据类型 | 日期 | 供应商 | 摘要 | 方向 | 金额 | 部门 | 业务员 |
|---|---|---|---|---|---|---|---|
| 专用发票 | 2014.06.18 | 飞扬 | 购买药用盐 5 吨 | 贷 | 16 380 元 | 采购部 | 万和 |

## 3.3 实训内容及步骤

### 一、启用总账系统及定义总账其他的参数

**操作步骤**

（1）注册进入"企业应用平台"窗口，打开"基础设置"选项卡。

（2）执行"基础设置"/"基本信息"/"系统启用"命令，见用友 ERP-U872 管理系统，如图 3-1 所示，打开"系统启用"对话框。

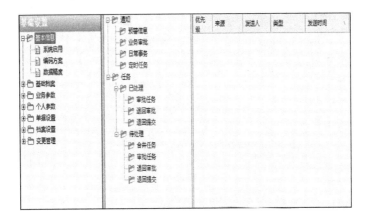

图 3-1

(3) 在"系统启用"对话框中,选中"GL 总账"复选框,打开"日历"对话框,确定总账系统的启用日期,单击"确定"按钮,弹出信息提示对话框,单击"是"按钮,完成总账系统的启用。见用友 ERP-U872 管理系统,如图 3-2 所示。

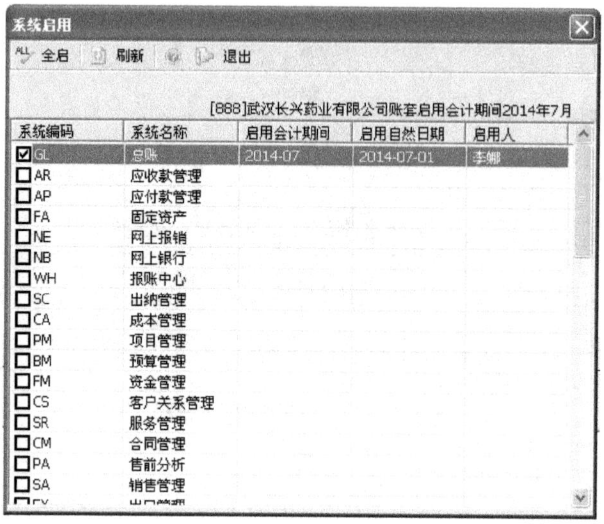

图 3-2

(4) 执行"基础设置"/"业务参数"/"财务会计"/"总账",打开"选项"对话框,见用友 ERP-U872 管理系统,如图 3-3 所示。

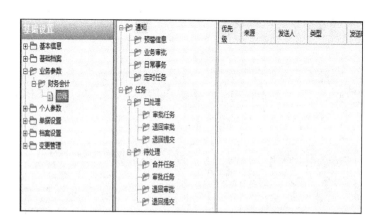

图 3-3

(5) 单击"编辑"按钮,进行总账参数的设置,然后单击"确定"按钮完成设置。见用友 ERP-U872 管理系统,如图 3-4 所示。

## 二、录入余额:输入总账系统期初数据

"期初余额"功能包括两个方面:一方面输入科目期初余额,即用于年初输入余额或调整余额;另一方面核对期初余额,并进行试算平衡。

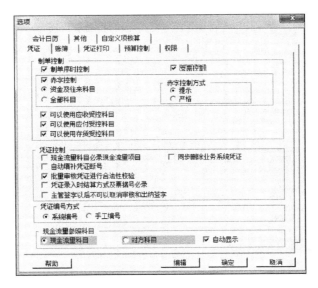

图 3-4

确定方向输入余额：当第一次使用总账系统时，首先应将原系统的账户余额整理好，编制科目余额表，然后通过键盘输入到系统中。输入的内容主要包括余额方向和余额，其主要要求如下。

（1）输入余额时必须注意调整有关科目余额的方向。如果借贷标志不能改变，则余额可用"－"符号表示。

（2）只需要录入一级和最低级科目的余额，中间级科目的余额系统自动计算，以便于检查上下级科目余额是否相符。

（3）如果年中某月开始建账，需要输入年初余额或启用月份的月初余额，以及年初到该月的各月借贷方发生额或累计发生额。例如，假设为 7 月份建账，需录入 7 月初的期初余额以及 1 月至 6 月的借方、贷方累计发生额，系统自动计算年初余额。

（4）在录入期初余额时，如果某科目涉及辅助核算，则必须输入辅助账的期初余额。如部门核算科目应录入期初部门核算余额。又如，某科目为数量核算，系统会自动要求录入期初数量余额。

但是，在输入余额和方向时，不能对科目进行增加、删除、更改的操作。如果要增加、删除、更改科目，则必须在设置会计科目功能中进行。

期初余额输入后，必须进行上下级科目间余额的试算平衡和一级科目余额试算平衡，以保证初始数据的正确性，检验过程由计算机自动进行。

**操作步骤**

1．输入期初数据

（1）进入"总账"系统，执行"财务会计"/"总账"/"设置"/"期初余额"命令，打开"期初余额录入"窗口。见用友 ERP-U872 管理系统，如图 3-5 所示。

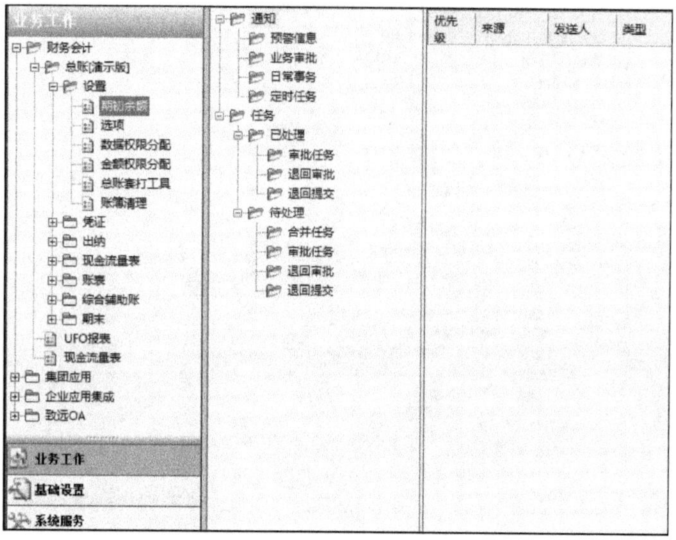

图 3-5

（2）在"期初余额录入"窗口中，将光标移动到"现金"科目上，输入期初余额。见用友 ERP-U872 管理系统，如图 3-6 所示。

图 3-6

（3）双击"其他应收款——备用金"部门核算科目的"期初余额"栏，打开"部门核算期初"窗口。

（4）在"辅助期初余额"窗口中，单击"增加"按钮。见用友 ERP-U872 管理系统，如图 3-7 所示。

（5）双击"部门"所在单元格，弹出"参照"按钮；单击"参照"按钮，打开"部门基本参照"对话框。

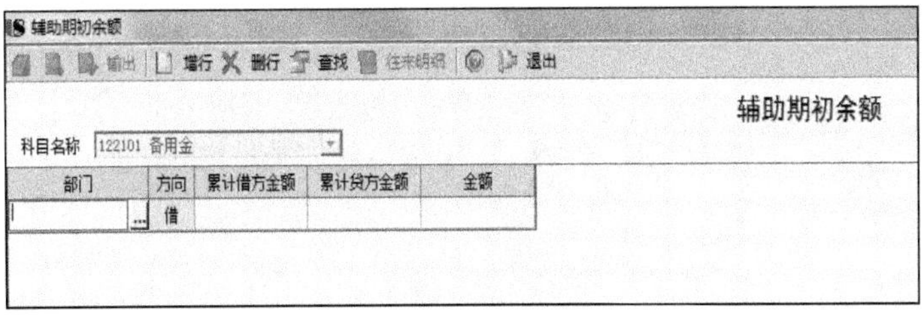

图 3-7

（6）在"部门参照"对话框中，选择"企划部"复选框。见用友 ERP-U872 管理系统，如图 3-8 所示。

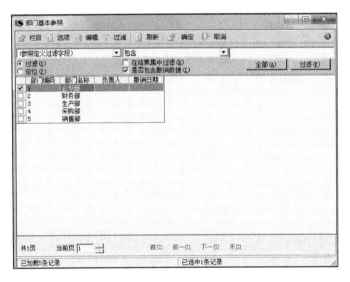

图 3-8

（7）选择金额方向为"借"，并输入期初金额。见用友 ERP-U872 管理系统，如图 3-9 所示。

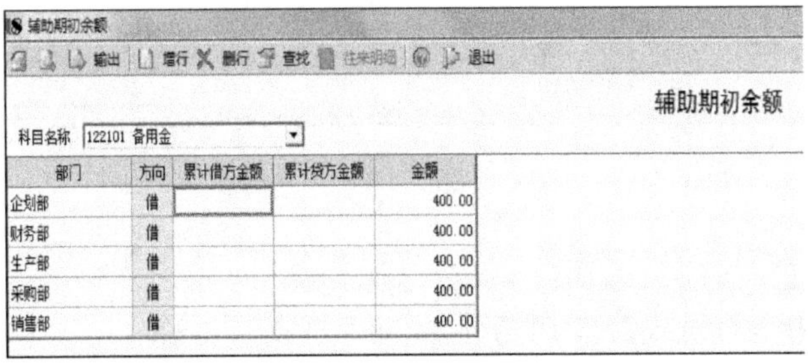

图 3-9

（8）单击"退出"按钮，返回"期初余额录入"窗口。见用友 ERP-U872 管理系统，如图 3-10 所示。

（9）重复步骤（2）～（7）的操作，继续输入其他期初余额信息。

图 3-10

2. 期初数据试算平衡

**操作步骤**

(1) 所有余额输入完毕后,单击"试算"按钮,可查看期初余额试算平衡表,检查余额是否平衡。见用友 ERP-U872 管理系统,如图 3-11 所示。

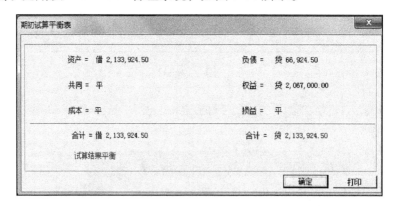

图 3-11

(2) 单击"确定"按钮,返回。
(3) 返回"期初余额录入"窗口后,单击"对账"按钮。
(4) 在弹出的"期初对账"对话框中,单击"开始"按钮,对当前期初余额进行对账。见用友 ERP-U872 管理系统,如图 3-12 所示。

图 3-12

（5）如果对账后发现有错误，可单击"对账错误"按钮，系统将对账中发现的问题显示出来。

**想一想**

思考一下不同的总账系统参数设置对于以后的总账系统日常处理及期末处理有什么不同？

# 实训 4  总账系统的日常处理

（岗位设置：账套主管、会计主管、总账会计）

## 4.1 实训目的

通过实训掌握总账系统的初始设置的内容及操作方法，掌握总账系统日常业务处理的流程及操作方法。

## 4.2 实训资料

### 一、填制凭证

根据武汉长兴药业有限公司 2014 年 7 月份发生的经济业务填制凭证。

**业务** 01：2 日，财务部周洲开出转账支票 1 张支付广告费 8 000 元，支票号 1001。对方已于本月 5 日通过银行支取。

表 4-1

| 中国建设银行转账支票存根 | |
|---|---|
| 支票号码 1001 | |
| 科目 | |
| 对方科目 | |
| 签发日期 2014 年 7 月 2 日 | |
| 收款人 创意无限广告公司 | |
| 金额 8000.00 | |
| 用途 产品广告牌 | |
| 备注 | |
| 单位主管 | 会计 |
| 复核 | 记账 |

**业务** 02：4 日，财务部李娜出差回来，报销差旅费 1 300 元，不足的部分以现金支付。

表 4-2

## 差旅费报销凭证

部门：财务部　　　　　　　　　　2014 年 7 月 4 日　　　　　　　　　　单位：元

| 姓名 | 李娜 | 出差地点 | 上海 | 出差事由 | 外派学习新企业会计准则 | | |
|---|---|---|---|---|---|---|---|
| 起点 | 终点 | 张数 | 金额 | 报销项目 | 单据张数 | 金额 | 备注 |
| | | | | 火车票 | 2 | 252 | |
| 武汉 | 上海 | 1 | 126 | 长途汽车车票 | | | |
| 上海 | 武汉 | 1 | 126 | 市内汽车车票 | | | |
| | | | | 船票 | | | |
| | | | | 住宿费 | 3 | 600 | |
| | | | | 其他 | 9 | 248 | 的士费 |
| | | | | 补助 | | 200 | |
| 合计 | | | | 合计 | | 1300 | |
| 总计总额（大写） | | 壹仟叁佰零拾零元零角零分 | | | | | |

负责人：张郝　　　财务：李娜　　　单位负责人：　　　报销人：李娜

表 4-3

| 借款结算联 | |
|---|---|
| 借款人 | 李娜 |
| 日期 | 2014 年 6 月 30 日 |
| 借款金额 | 1000.00 元 |
| 报销金额 | 1300.00 元 |
| 交回金额 | 0 |
| 结付金额 | 300.00 元 |
| 借款人签章 | 李娜 |
| 借款结清后，将"借款结算联"撕下，留会计处作转账依据。 | |

**业务 03**：8 日，财务科王红从银行提取现金 2 000 元，支票号 1002。

表 4-4

| 中国建设银行现金支票存根 | | 中国建设银行现金支票 | 支票号码 1002 |
|---|---|---|---|
| 支票号码 1002 | | 签发日期 2014 年 7 月 8 日 | 开户行名称 中国建设银行武汉阅马场支行 |
| 科目 | | | 签发人账号：436742287210129850 |
| 对方科目 | | 收款人 | |
| 签发日期 2014 年 7 月 8 日 | | 人民币（大写）贰仟零佰零拾零角零分　千百十万千百十元角分　￥200000 | |
| 收款人 | 本单位 | 用途　备用 | 科目（借） |
| 金额 | ￥2 000.00 | | 科目（贷） |
| | | | 付讫日期 年 月 日 |
| 用途 | 备用 | 上列款项从我账户内支付 | 出纳　记账 |
| 备注 | | | |
| 单位主管　会计 | | 签发人盖章　复核　复核 | |

业务04：10日，企划部报销日常办公用品费260元。（附单据1张）

表 4-5

## 九江市商业零售普通发票

发票联发票代码12345678

客户名称：武汉长兴药业有限公司　　2014年7月10日　　发票号码00000001

| 货号 | 品名及规格 | 单位 | 数量 | 单价 | 金额 | | | | | | |
|---|---|---|---|---|---|---|---|---|---|---|---|
| | | | | | | 万 | 千 | 百 | 十 | 元 | 角 | 分 |
| | 多功能用纸A4 | 包 | 5 | 20 | 超十万元无效 | | | 1 | 0 | 0 | 0 | 0 |
| | 文件夹 | 个 | 5 | 8 | | | | | 4 | 0 | 0 | 0 |
| | 装订机 | 个 | 2 | 10 | | | | | 2 | 0 | 0 | 0 |
| | 计算器 | 个 | 2 | 50 | | | | 1 | 0 | 0 | 0 | 0 |
| 合计金额 | （大写）：×万×仟贰佰陆拾零元零角零分 | | | | | | ¥ | 2 | 6 | 0 | 0 | 0 |
| 付款方式 | 现金 | 开户银行及账号 | | | | | | | | | | |

收款企业（盖章有效）　　　　收款人：　　　　　　　　开票人：孙霞

业务05：10日，发放职工工资46 400元，银行代发。

业务06：10日，缴纳上月未交增值税4 144.50元，银行代发。

业务07：15日，从银行借入期限为3个月的短期借款40 000元。（附单据2张）

单据1：

表 4-6

## 贷款凭证（3）（收账通知）

2014年7月15日　　总字第8010号　　字第120号

| 贷款单位名称 | 武汉长兴药业有限公司 | 种类 | 流动资金贷款 | 贷款户账号 | 4367422872710139560 | | | | | | |
|---|---|---|---|---|---|---|---|---|---|---|---|
| 金额 | 人民币（大写）：肆万元整 | | | | 十 | 万 | 千 | 百 | 十 | 元 | 角 | 分 |
| | | | | | | ¥ | 4 | 0 | 0 | 0 | 0 | 0 |
| 用途 | 生产周转 | 单位申请期限 | 自2007年7月15日起至2007年10月15日止 | | 利率 | | 6.0% | | | | |
| | | 银行核定期限 | 自2007年7月15日起至2007年10月15日止 | | | | | | | | |
| 上列贷款已核准发放流动资金贷款。并已转收到你单位4367422872710137766账号 银行签章2014年7月15日 | | 单位会计分录： 收入 付出 复核记账 主管会计 | | | | | | | | | |

单据2：流动资金借款申请书（略）

业务08：15日，办理借款发生手续费40元。（附单据1张）

表 4-7

## 中国建设银行滨江办事处贷款手续费凭证
2014 年 7 月 15 日

| 收款人 | 账号 | 4367422872710132457 | 付款人 | 全称 | 武汉长兴药业有限公司 | 付款凭证 |
|---|---|---|---|---|---|---|
| | 户名 | 营业收入 | | 账号 | 4367422872710137766 | |
| | 开户银行 | 滨江办事处 | | 开户银行 | 中国建设银行 武汉跑马场支行 | |
| 贷款金额：400,000.00 元 | | | 手续费率：0.1% | | 手续费：40 元整 | |
| 上列款项已从你单位账号 4367422872710137766 转出。 | | | 科目 对方科目 | | | |
| 银行签章 2014 年 7 月 15 日 | | | 复核员： | | 记账员： | |

业务 09：28 日，收到康耐公司投资 200 000 美元（汇率 7.8），款项已存入招商银行。

表 4-8

## 中国招商银行进账单（收账通知）
2014 年 7 月 28 日 第 003 号

| 收款人 | 全称 | 武汉长兴药业有限公司 | 付款人 | 全称 | 康耐公司 | | | | | | | | |
|---|---|---|---|---|---|---|---|---|---|---|---|---|---|
| | 账号 | 4367422872710137766 | | 账号 | 4367422872710129860 | | | | | | | | |
| | 开户银行 | 中国建设银行 武汉跑马场支行 | | 开户银行 | 中国建设银行 北京海淀区支行 | | | | | | | | |
| 人民币（大写） | | 壹拾伍万陆仟零佰零拾零元零角零分 | | | 千 | 百 | 十 | 万 | 千 | 百 | 十 | 元 | 角 | 分 |
| | | | | | | ¥ | 1 | 5 | 6 | 0 | 0 | 0 | 0 | 0 |
| 票据种类 | | | | | | | | | | | | | |
| 票据张数 | | | | | | | | | | | | | |
| 单位主管会计复核记账 | | | 收款人开户行盖章 | | | | | | | | | | |

表 4-9

## 中国招商银行转账支票

签发日期 2014 年 7 月 28 日　　支票号码 1003

收款人：武汉长兴药业有限公司　　开户银行名称：中国建设银行
　　　　　　　　　　　　　　　　　　　　　　　　北京海淀区支行

　　　　　　　　　　　　　　　　　签发人账号：4367422872710129860

| 人民币（大写） | 壹拾伍万陆仟元整 | 千 | 百 | 十 | 万 | 千 | 百 | 十 | 元 | 角 | 分 |
|---|---|---|---|---|---|---|---|---|---|---|---|
| | | | ¥ | 1 | 5 | 6 | 0 | 0 | 0 | 0 | 0 |
| 上列款项请从我账户内支付 | 用途 投资 | | | | | | | | | | |
| | 科目（借） 对方科目（贷） 付讫日期年月日 出纳复核记账验印 | | | | | | | | | | |
| | 贴对号单处 | 出纳 | | | | | | 0444444 | | | |
| | | 对号单 | | | | | | | | | |

## 二、修改凭证

在上题的"业务09"当中,实际收到投资2万美元,请分别在审核前、审核后和记账后三种情况下修改这张凭证。

## 三、审核凭证

对武汉长兴药业有限公司7月份已填制的凭证进行出纳签字。
对武汉长兴药业有限公司7月份已填制的凭证进行审核签字。

## 四、查询凭证

查询第0007号记账凭证。

## 五、记账及恢复记账前状态

1. 将长兴公司7月所有已通过审核的凭证进行记账处理。
2. 将记账之后的账套恢复到记账前状态。

# 4.3 实训内容及步骤

## 一、填制凭证

1. 输入主体凭证

**操作步骤**

(1)进入"总账"系统。执行"财务会计"/"总账"/"凭证"/"填制凭证"命令,打开"填制凭证"对话框,见用友ERP-U872管理系统,如图4-1所示。

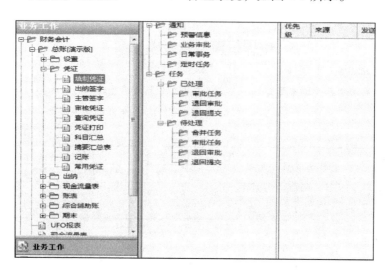

图 4-1

(2)单击"增加"按钮,增加一张凭证。

（3）在"凭证类别"下拉列表框中选择"记账凭证"选项，见用友 ERP-U872 管理系统，如图 4-2 所示。

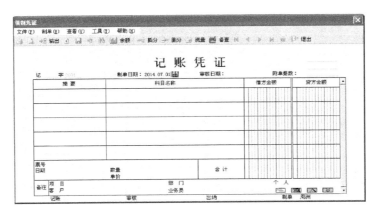

图 4-2

（4）在"制单日期"位置输入"制单日期"。
（5）在"附单据数"位置处输入单据的张数。
（6）依次输入摘要，科目名称及借方金额。
（7）按 Enter 键，继续输入下一行。见用友 ERP-U872 管理系统，如图 4-3 所示。
（8）如果借贷方均无辅助账科目，则输入贷方内容后，单击"保存"按钮。
（9）在弹出的"凭证"信息提示对话框中，单击"确定"按钮即可。见用友 ERP-U872 管理系统，如图 4-4 所示。

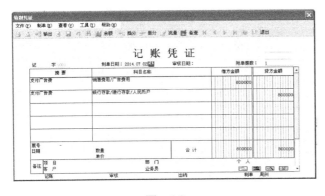

图 4-3　　　　　　　　　　　　　　　图 4-4

2．输入辅助账业务凭证
输入有关部门核算要求的凭证。

**操作步骤**

（1）输入有关部门核算的科目后按 Enter 键。该科目为部门辅助科目，打开"辅助项"对话框，见用友 ERP-U872 管理系统，如图 4-5 所示。

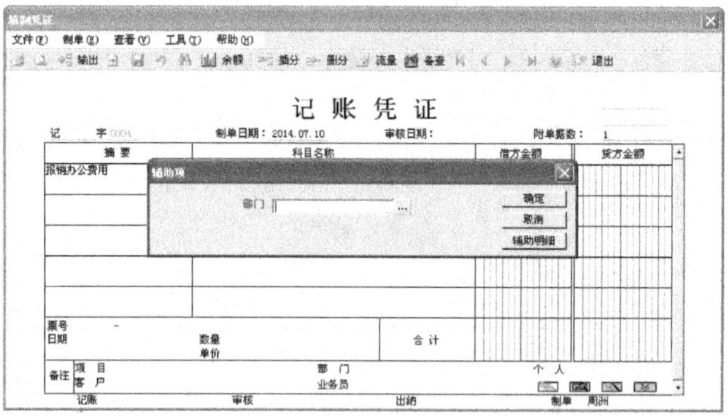

图 4-5

（2）在"辅助项"对话框中入辅助信息，单击"部门"框右侧的参照按钮，在列表框中选择"相关的部门"选项。见用友 ERP-U872 管理系统，如图 4-6 所示。

（3）单击"确定"按钮，返回。继续完成其他操作。

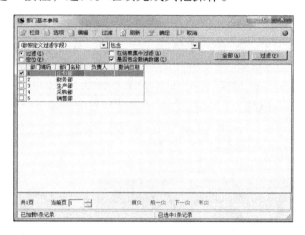

图 4-6

3．输入需待核银行账的凭证

**操作步骤**

（1）在凭证体第二行输入 100201 科目代码后按 Enter 键，100201 科目为银行科目。打开"辅助项"对话框，见用友 ERP-U872 管理系统，如图 4-7 所示。

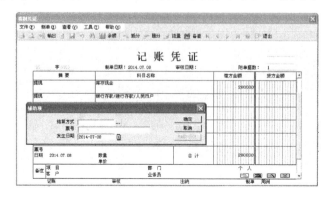

图 4-7

(2)在"辅助项"对话框中,依次输入结算方式、票号和发生日期。见用友 ERP-U872管理系统,如图4-8所示。

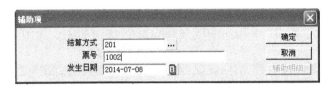

图 4-8

(3)单击"确认"按钮,输入贷方金额后,单击"保存"按钮,弹出"此支票尚未登记,是否登记"信息提示对话框,单击"是"按钮,打开"票号登记"对话框,见用友 ERP-U872 管理系统,如图4-9所示。

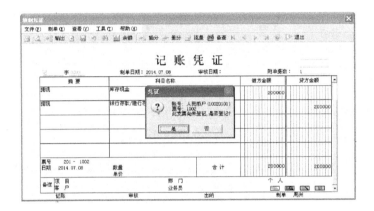

图 4-9

(4)在"票号登记"对话框中,依次输入领用日期、领用部门、姓名、限额、用途等内容。见用友 ERP-U872 管理系统,如图4-10所示。

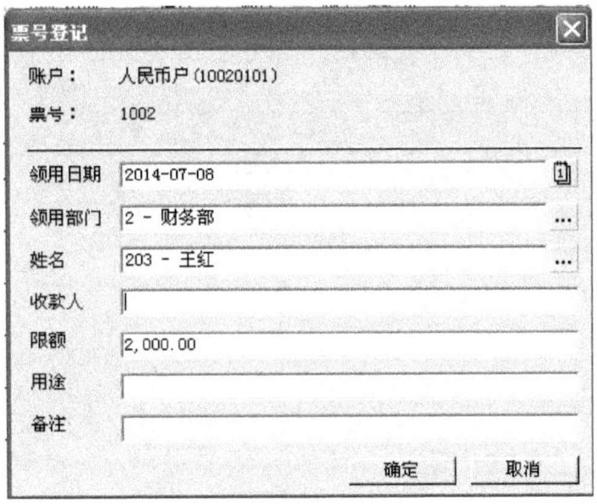

图 4-10

(5)单击"确定"按钮,返回。继续完成其他操作。

4. 输入有外币核算要求的凭证

**操作步骤**

（1）输入会计科目 100202 的科目代码后按 Enter 键，100202 科目为外币核算科目，凭证自动会增加一列"外币"栏，见用友 ERP-U872 管理系统，如图 4-11 所示。

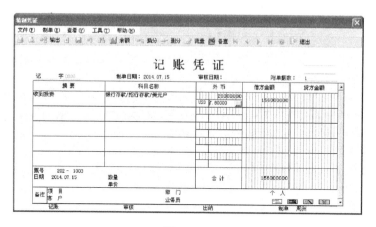

图　4-11

（2）在"外币"栏中，输入外币金额，系统自动根据汇率换算成本币金额。继续完成其他操作。见用友 ERP-U872 管理系统，如图 4-12 所示。

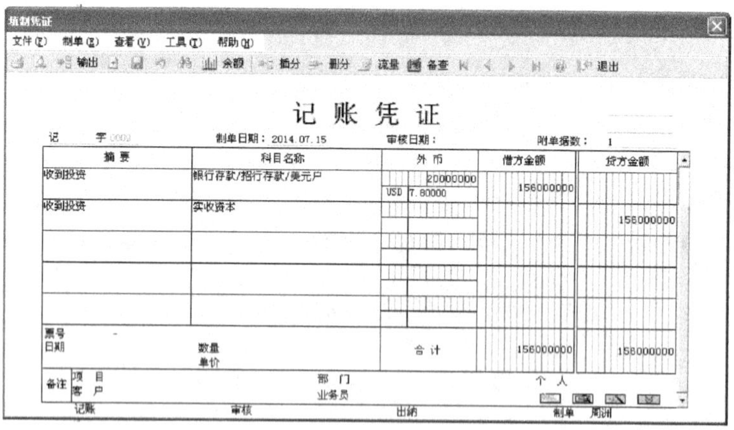

图　4-12

5. 有个人往来账核算要求的凭证

**操作步骤**

（1）输入有往来核算的会计科目后按 Enter 键，打开"辅助项"对话框，见用友 ERP-U872 管理系统，如图 4-13 所示。

（2）在"辅助项"对话框中，依次输入部门、个人、票号和发生日期。见用友 ERP-U872 管理系统，如图 4-14 所示。

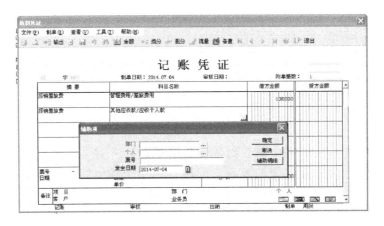

图 4-13

图 4-14

(3) 单击"确定"按钮,返回。

## 二、凭证修改

(1) 对已经输入但未审核的机内记账凭证,可随时找到错误凭证,在填制状态下直接进行修改(只有操作员本人或者具有修改权限的操作员才能修改凭证,凭证编号不能修改)。

**操作步骤**

① 执行"财务会计"/"总账"/"凭证"/"填制凭证"对话框。
② "填制凭证"对话框中,单击"查询"按钮,找到需修改的凭证。
③ 光标移动到需修改的地方,进行修改。
④ 单击"保存"按钮,保存当前修改。
⑤ 已通过审核但还未记账的凭证不能直接修改,可以先通过凭证审核功能取消审核后,再通过填制凭证功能进行直接修改。

(2) 若已记账的凭证发现有错,不能直接修改,针对此类凭证的处理,会计制度要求留下审计线索,可以采用"红字凭证冲销法"或者"补充凭证法"进行更正。

**操作步骤**

① 执行"财务会计"/"总账"/"制单"/"冲销凭证"命令,打开"冲销凭证"对话框。
② 在"冲销凭证"对话框中,依次输入月份、凭证类别和凭证号。
③ 单击"确定"按钮,系统自动生成一张红字冲销凭证。
④ 保存该红字冲销凭证后,再输入一张正确的蓝字凭证即可。

## 三、审核凭证

审核是指由具有审核权限的操作员按照会计制度规定，对制单人填制的记账凭证进行合法性检查。主要审核记账凭证是否与原始凭证相符，会计分录是否正确等。审核凭证包括出纳签字、审核员审核签字和主管签字三方面工作。

1. 出纳签字

在系统中需要进行出纳签字的收付款凭证有两种，一是未进行出纳签字的收付款凭证；二是经出纳签字，但在记账前发现有问题，利用出纳签字功能将其出纳标志改为未签字。

**操作步骤**

（1）以出纳身份进入总账系统。执行"财务会计"/"总账"/"凭证"/"出纳签字"命令，打开"出纳签字"对话框，见用友 ERP-U872 管理系统，如图 4-15 所示。

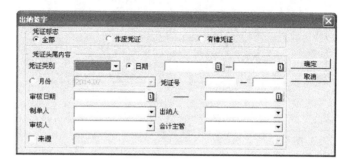

图 4-15

（2）单击"确定"按钮。打开"出纳签字一览表"对话框。

（3）单击"确定"按钮，打开"出纳签字"对话框，见用友 ERP-U872 管理系统，如图 4-16 所示。

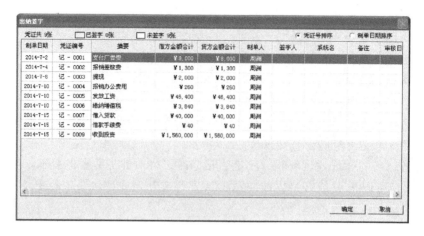

图 4-16

（4）检查后，单击"签字"按钮，系统自动在出纳位置签上王红的名字。见用友 ERP-U872 管理系统，如图 4-17 所示。

（5）全部出纳凭证签字完毕后，单击"退出"按钮。

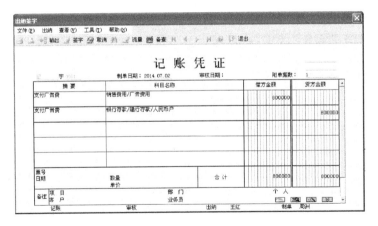

图 4-17

2. 审核员审核凭证

审核人和制单人不能是同一个人,取消审核只能由审核人进行。

**操作步骤**

(1) 以主管身份(或审核人员身份)进入总账系统。执行"财务会计"/"总账"/"凭证"/"审核凭证"命令,打开"凭证审核"对话框,见用友 ERP-U872 管理系统,如图 4-18 所示。

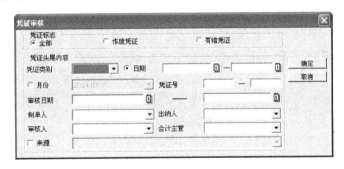

图 4-18

(2) 单击"确定"按钮,打开"凭证审核"对话框。

(3) 单击"确定"按钮,打开"凭证审核"对话框,见用友 ERP-U872 管理系统,如图 4-19 所示。

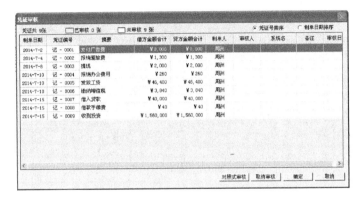

图 4-19

（4）检查后，单击"审核"按钮，系统自动在审核位置签上审核人员李娜的名字。见用友 ERP-U872 管理系统，如图 4-20 所示。

（5）全部凭证审核完毕后，单击"退出"按钮。

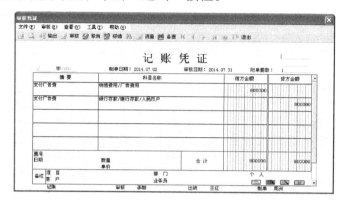

图 4-20

3. 主管签字

为了加强对会计人员制单的管理，系统提供"主管签字"功能，会计人员填制的凭证必须经主管签字才能记账。

### 四、查询凭证

进入"总账"系统，执行"财务会计"/"总账"/"凭证"/"查询凭证"命令，打开"查询凭证"对话框，进行查询凭证。

### 五、记账

**操作步骤**

（1）以账套主管身份（或主管会计身份）进入总账系统。执行"财务会计"/"总账"/"凭证"/"记账"命令，打开"记账—选择本次记账范围"对话框。输入要进行记账的凭证范围。记账的范围可以输入数字，如果不选项，系统自动默认为所有的凭证。见用友 ERP-U872 管理系统，如图 4-21 所示。

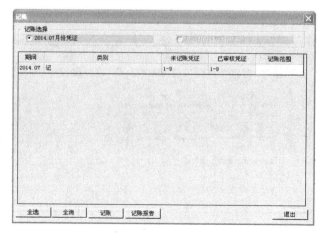

图 4-21

（2）单击"下一步"按钮，打开"记账—记账报告"对话框。见用友 ERP-U872 管理系统，如图 4-22 所示。

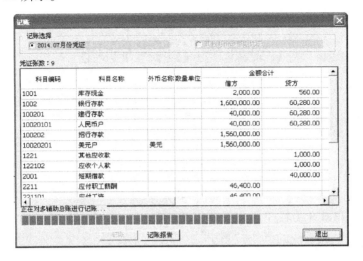

图 4-22

（3）单击"下一步"按钮，单击"记账"按钮，打开"期初试算平衡表"对话框。
（4）单击"确定"按钮。
（5）记账完毕后出现"记账完毕"提示框。见用友 ERP-U872 管理系统，如图 4-23 所示。

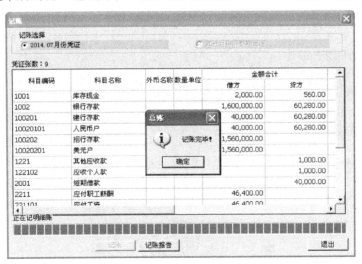

图 4-23

想一想

归纳总账系统日常业务处理的主要流程。

# 实训 5　出纳管理

（岗位设置：出纳）

## 5.1　实训目的

通过实训了解电算化方式下出纳管理系统的特点，掌握支票管理、现金和银行存款日记账、资金日报表管理系统的操作技巧。

## 5.2　实训资料

### 一、支票管理

根据实训四的资料进行支票登记。

### 二、现金和银行存款日记账

查询武汉长兴药业有限公司 7 月份现金与银行日记账。

### 三、资金日报表

查询武汉长兴药业有限公司 7 月 15 日的资金日报表。

在输入查询条件时，如果选择多级查询，可以在一张资金日报表上看到所有资金发生的明细情况。

## 5.3　实训内容及步骤

### 一、支票管理

**操作步骤**

（1）启动"总账"系统。执行"财务会计"/"总账"/"出纳"/"支票登记簿"命令，打开"银行科目选择"对话框，见用友 ERP-U872 管理系统，如图 5-1 所示。

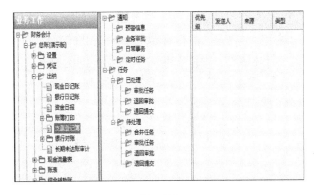

图 5-1

（2）选择“人民币户（100201）”科目，单击“确定”按钮，打开“支票登记簿”窗口。

（3）在“支票登记簿”窗口中，单击“增加”按钮，增加一空白行，见用友 ERP-U872 管理系统，如图 5-2 所示。

支票登记簿

科目：人民币户(10020101)　　　　支票张数：2(其中

| 领用日期 | 领用部门 | 领用人 | 支票号 | 预计金额 | 用途 | 收款人 | 对方科目 | 付款银行名称 | 银行账号 |
|---|---|---|---|---|---|---|---|---|---|
| 2014.07.02 | 2 | 202 | 1001 | 8,000.00 | | | | | |
| 2014.07.08 | 2 | 203 | 1002 | 2,000.00 | | | | | |
| 2014.07.31 | | | | | | | | | |

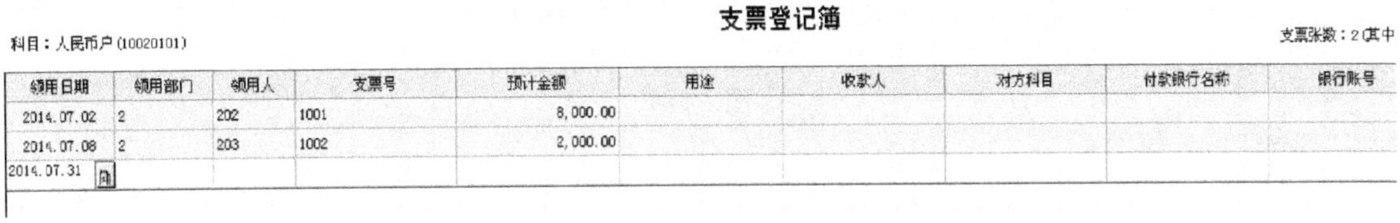

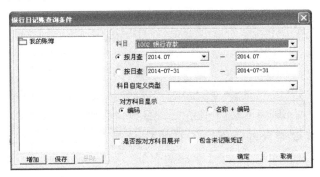

图 5-2

（4）输入领用日期、领用人、支票号预计金额用途等信息。新增记录为未报销记录。

（5）单击“保存”按钮，保存记录。

## 二、现金和银行存款日记账

查询日记账

### 操作步骤

（1）执行“财务会计”/“总账”/“出纳”/“银行存款日记账”命令，打开“银行存款日记账查询条件”对话框，见用友 ERP-U872 管理系统，如图 5-3 所示。

图 5-3

（2）单击“科目”下拉列表框的下三角按钮，在下拉列表中选择科目“1002 银行存款”，其他条件不变。

（3）单击“确定”按钮，打开“银行存款日记账”窗口。

（4）在“账页格式”下拉列表框中，可选择需要查询的格式。

（5）双击某行或将光标移动到某行，再单击“凭证”按钮，可查看相应的凭证。见用友 ERP-U872 管理系统，如图 5-4 所示。

银行日记账

科目 1002 银行存款

| 2014年 月 | 日 | 凭证号数 | 摘要 | 结算号 | 对方科目 | 借方 | 贷方 | 方向 | 余额 |
|---|---|---|---|---|---|---|---|---|---|
| | | | 月初余额 | | | | | 借 | 330,800.00 |
| 07 | 02 | 记-0001 | 支付广告费_202_1001_2014.07.02 | 转账支票-1001 | 660104 | | 8,000.00 | 借 | 322,800.00 |
| 07 | 02 | | 本日合计 | | | | 8,000.00 | 借 | 322,800.00 |
| 07 | 08 | 记-0003 | 提现_201_1002_2014.07.08 | 现金支票-1002 | 1001 | | 2,000.00 | 借 | 320,800.00 |
| 07 | 08 | | 本日合计 | | | | 2,000.00 | 借 | 320,800.00 |
| 07 | 10 | 记-0005 | 发放工资_3_2014.07.10 | 其他 | 221101 | | 46,400.00 | 借 | 274,400.00 |
| 07 | 10 | 记-0006 | 缴纳增值税_3_2014.07.10 | 其他 | 222102 | | 3,840.00 | 借 | 270,560.00 |
| 07 | 10 | | 本日合计 | | | | 50,240.00 | 借 | 270,560.00 |
| 07 | 15 | 记-0007 | 借入贷款_3_2014.07.15 | 其他 | 2001 | 40,000.00 | | 借 | 310,560.00 |
| 07 | 15 | 记-0008 | 借款手续费_3_2014.07.15 | 其他 | 660303 | | 40.00 | 借 | 310,520.00 |
| 07 | 15 | 记-0009 | 收到投资_202_1003_2014.07.15 | 转账支票-1003 | 4001 | 1,560,000.00 | | 借 | 1,870,520.00 |
| 07 | 15 | | 本日合计 | | | 1,600,000.00 | 40.00 | 借 | 1,870,520.00 |
| 07 | | | 当前合计 | | | 1,600,000.00 | 60,280.00 | 借 | 1,870,520.00 |
| 07 | | | 当前累计 | | | 1,600,000.00 | 60,280.00 | 借 | 1,870,520.00 |

图 5-4

（6）单击“总账”按钮，查看此科目的三栏式总账，见用友 ERP-U872 管理系统，如图 5-5 所示。

消息中心 总账

银行存款总账

科目 1002 银行存款

| 2014年 月 | 日 | 凭证号数 | 摘要 | 借方 | 贷方 | 方向 | 余额 |
|---|---|---|---|---|---|---|---|
| | | | 期初余额 | | | 借 | 330,800.00 |
| 07 | | | 当前合计 | 1,600,000.00 | 60,280.00 | 借 | 1,870,520.00 |
| 07 | | | 当前累计 | 1,600,000.00 | 60,280.00 | | |

图 5-5

## 三、资金日报表

### 操作步骤

（1）执行“财务会计”/“总账”/“出纳”/“资金日报”命令，打开“资金日报表查询条件”对话框，见用友 ERP-U872 管理系统，如图 5-6 所示。

（2）在“资金日报表查询条件”对话框中，单击“日期”框中的方框按钮，打开“日历”对话框。

（3）在“日历”对话框中，选择“2014.07.15”选项，单击“确定”按钮。

（4）单击“确认”按钮，打开“资金日报表”窗口，见用友 ERP-U872 管理系统，如图 5-7 所示。

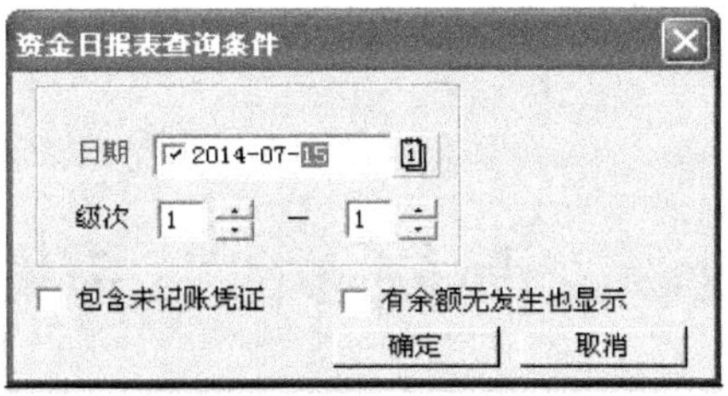


图　5-6

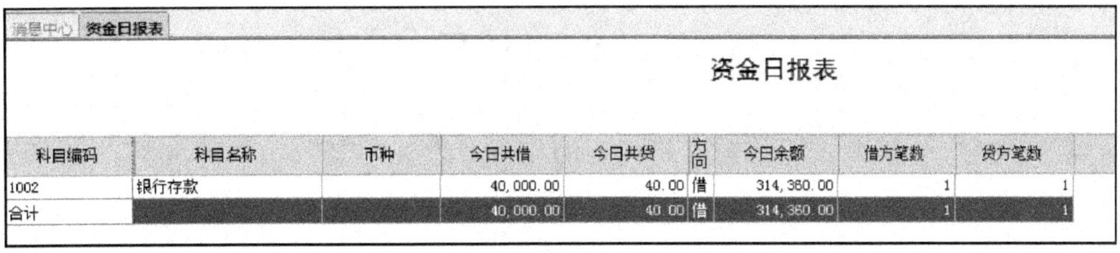


| 科目编码 | 科目名称 | 币种 | 今日共借 | 今日共贷 | 方向 | 今日余额 | 借方笔数 | 贷方笔数 |
|---|---|---|---|---|---|---|---|---|
| 1002 | 银行存款 | | 40,000.00 | 40.00 | 借 | 314,360.00 | 1 | 1 |
| 合计 | | | 40,000.00 | 40.00 | 借 | 314,360.00 | 1 | 1 |

图　5-7

（5）查看完毕，单击“退出”按钮。

## 想一想

出纳管理系统支票管理、现金和银行存款日记账、资金日报表管理系统的主要操作技巧。

# 实训 6　固定资产初始化

（岗位设置：账套主管、会计主管）

## 6.1　实训目的

通过实训掌握固定资产的初始设置，包括设置业务控制参数、核算规则设置及初始余额的录入。

## 6.2　实训资料

### 一、设置业务控制参数

根据资料设置固定资产系统的业务控制参数：

启用月份为 2014 年 7 月 1 日。

用平均年限法（一）按月计提折旧；当（月初已计提月份 = 可使用月份 − 1）时，要求将剩余折旧全部提足。

固定资产类别编码方式：2-1-1-2；固定资产编码方式：按"类别编码 + 序号"自动编码；卡片序号长度为 3；已发生资产减少卡片可删除时限为 5 年。

要求与总账系统进行对账，固定资产对账科目："1601 固定资产"；累计折旧对账科目"1602 累计折旧"；固定资产缺省入账科目："1601 固定资产"；累计折旧缺省入账科目："1602 累计折旧"；对账不平衡的情况下不允许月末结账。

### 二、核算规则设置

根据资料设置部门对应折旧科目：

企划部、财务部、采购部 660202；

生产部 510102；

销售部 660102。

根据资料设置固定资产类别，见表 6-1。

表 6-1

| 编　码 | 类别名称 | 编　码 | 类别名称 |
|---|---|---|---|
| 01 | 交通运输及生产设备 | 02 | 电子通信设备 |
| 011 | 经营用 | 021 | 经营用 |
| 012 | 非经营用 | 022 | 非经营用 |

说明：净残值率为"5%"，计提属性为"正常计提"，折旧方法为"平均年限法（一）"，卡片式样为"通用式样"。

根据资料设置固定资产增减方式所对应的科目（增减方式按默认值取数），见表6-2。

表 6-2

| 增减方式 | 对应入账科目 |
|---|---|
| 增加方式： | |
| 直接购入 | 10020101 |
| 在建工程转入 | 1604 |
| 减少方式： | |
| 出售 | 1606 |
| 报废 | 1606 |

## 三、录入固定资产系统期初数据

根据资料录入固定资产原始卡片，见表6-3。

表 6-3　　　　　　　　　　　　　　　　　　　　　单位：元

| 固定资产名称 | 类别编号 | 折旧方法 | 使用年限（工作量） | 开始使用时间 | 使用部门 | 原　值 | 累计折旧 |
|---|---|---|---|---|---|---|---|
| 货运卡车 | 011 | 平均年限法（一） | 8 | 2005.6.1 | 采购部+销售部 | 400 000 | 95 000 |
| 轿车 | 011 | 双倍余额法 | 8 | 2005.6.1 | 企划部 | 240 000 | 105 000 |
| 厂房 | 011 | 平均年限法（一） | 20 | 2005.6.1 | 生产部 | 1 000 000 | 95 000 |
| 设备1 | 011 | 工作量法 | 10（25 000） | 2005.6.1 | 生产部 | 200 000 | 38 000 |
| 设备2 | 011 | 平均年限法（一） | 6 | 2005.6.1 | 生产部 | 180 000 | 57 000 |
| 电脑1 | 021 | 平均年限法（一） | 5 | 2005.6.1 | 企划部 | 4 000 | 1 520 |
| 电脑2 | 021 | 平均年限法（一） | 5 | 2005.6.1 | 企划部 | 4 000 | 1 520 |
| 电脑3 | 021 | 平均年限法（一） | 5 | 2005.6.1 | 财务部 | 4 000 | 1 520 |
| 电脑4 | 021 | 平均年限法（一） | 5 | 2005.6.1 | 财务部 | 4 000 | 1 520 |
| 电脑5 | 021 | 平均年限法（一） | 5 | 2005.6.1 | 销售部 | 4 000 | 1 520 |
| 传真机 | 021 | 年数总和法 | 4 | 2005.6.1 | 企划部 | 5 000 | 3 325 |

注：设备1的工作量单位为15时。

货运卡车的使用部门为两个部门，每个部门各分摊折旧50%。

厂房的增加方式为"在建工程转入"，其余为"直接购入"，使用状况均为"在用"。

# 6.3 实训内容及步骤

## 一、启用固定资产系统及设置业务控制参数

### 1. 启用固定资产系统

**操作步骤**

（1）以账套主管的身份注册进入"企业应用平台"窗口，打开"基础设置"选项卡。见用友 ERP-U872 管理系统，如图 6-1 所示。

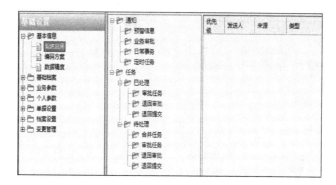

图 6-1

（2）执行"基础设置"/"基本信息"/"系统启用"命令，打开"系统启用"对话框。见用友 ERP-U872 管理系统，如图 6-2 所示。

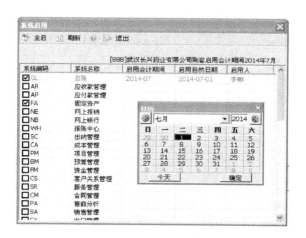

图 6-2

（3）在"系统启用"对话框中，选中"FA 固定资产"复选框，打开"日历"对话框，确定固定资产系统的启用日期，单击"确定"按钮，弹出"信息提示"对话框，单击"是"按钮，完成固定资产系统的启用。见用友 ERP-U872 管理系统，如图 6-3 所示。

图 6-3

2．设置业务控制参数

**操作步骤**

（1）启动固定资产系统，系统提示"是否进行初始化"时，单击"是"按钮，打开"初始化账套向导—约定及说明"对话框。见用友 ERP-U872 管理系统，如图 6-4 所示。

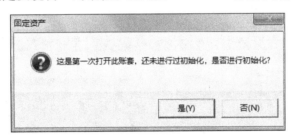

图 6-4

（2）在"初始化账套向导—约定及说明"对话框中，显示固定资产账套的基本信息。见用友 ERP-U872 管理系统，如图 6-5 所示。

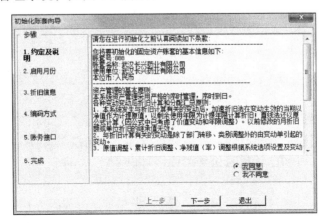

图 6-5

（3）单击"下一步"按钮，打开"初始化账套向导—启用月份"对话框。见用友 ERP-U872 管理系统，如图 6-6 所示。

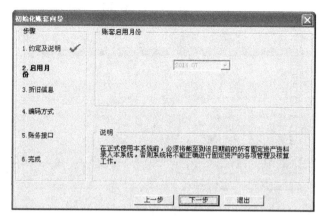

图 6-6

（4）在"初始化账套向导—启用月份"对话框中，单击"账套启用月份"下拉列表框的下三角按钮，在下拉列表中选择。

（5）单击"下一步"按钮，打开"初始化账套向导—折旧信息"对话框。见用友 ERP-U872 管理系统，如图 6-7 所示。

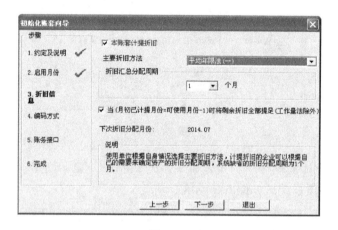

图 6-7

（6）在"初始化账套向导—折旧信息"对话框中，选中"本账套计提折旧"复选框。

（7）单击"主要折旧方法"下拉列表框的下三角按钮，在下拉列表中选择。

（8）单击"折旧汇总分配周期"下拉列表框的下三角按钮，在下拉列表中选择。

（9）选中"当（月初已计提月份＝可使用月份－1）时将剩余折旧全部提足（工作量法除外）"复选框。

（10）单击"下一步"按钮，打开"初始化账套向导—编码方式"对话框。

（11）在"初始化账套向导—编码方式"对话框中，确定资产类别编码长度。

（12）在"固定资产编码方式"选项区域，选择"自动编码"单选按钮，单击右侧下拉列表框的下三角按钮，选择"类别编号+序号"，单击"序号长度"框的微调按钮进行选择。见用友 ERP-U872 管理系统，如图 6-8 所示。

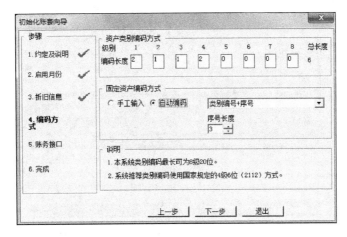

图 6-8

（13）单击"下一步"按钮，打开"初始化账套向导—账务接口"对话框。

（14）在"初始化账套向导—账务接口"对话框中，选中"与账务系统进行对账"复选框。见用友 ERP-U872 管理系统，如图 6-9 所示。

（15）在"固定资产对账科目"文本框、"累计折旧对账科目"文本框中输入相关科目。

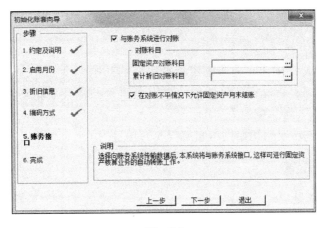

图 6-9

取消选中"在对账不平情况下允许固定资产月末结账"复选框。见用友 ERP-U872 管理系统，如图 6-10 所示。

（16）单击"下一步"按钮，打开"初始化账套向导—完成"对话框。见用友 ERP-U872 管理系统，如图 6-11 所示。

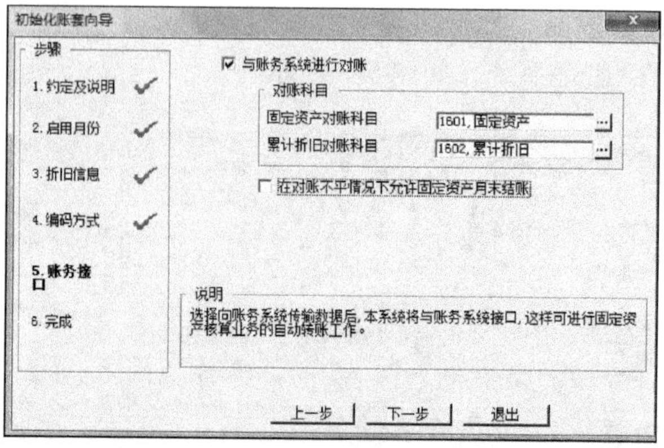

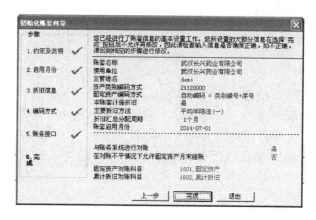

图 6-10

图 6-11

（17）单击"完成"按钮，完成固定资产账套的初始化设置。

（18）在弹出的"是否确定所设置的信息完全正确并保存对新账套的所有设置"信息提示对话框中，单击"是"按钮。

（19）在弹出的"已成功初始化本固定资产"信息提示对话框中，单击"确定"按钮。

## 二、核算规则设置

### 1. 固定资产类别设置

是指定义固定资产的分类编码和分类名称。使用者需要自行定义资产类编号级次。

**操作步骤**

（1）执行"财务会计"/"固定资产"/"设置"/"资产类别"命令，打开"固定资产分类编码表"窗口。见用友 ERP-U872 管理系统，如图 6-12 所示。

图 6-12

（2）在"固定资产分类编码表"窗口中，单击"增加"按钮，打开"单张视图"选项卡。见用友 ERP-U872 管理系统，如图 6-13 所示。

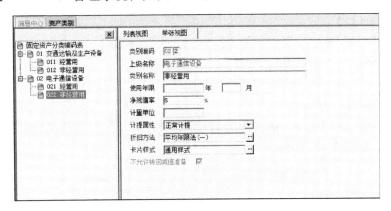

图 6-13

（3）输入类别编码 02、类别的名称"电子通信设备"、净残值率"5%"。在"计提属性"下拉列表框中选择"正常计提"选项；在"折旧方法"文本框中选择"平均年限法（一）"选项；在"卡片样式"文本框中选择"通用样式"选项。

（4）单击"保存"按钮。重复步骤（2）～（4）的操作，输入所有资产类别。

2. 设置与固定资产有关的会计科目

增减方式对应入账科目。

**操作步骤**

（1）执行"设置"/"增减方式"命令。

（2）在左边列表框中，双击"1 增加方式"文件夹，选中"101 直接购入"子文件夹，单击"修改"按钮。

（3）单击"对应入账科目"文本框右侧的参照按钮，在"科目参照"列表中选择相关科目。

（4）单击"保存"按钮。

（5）重复步骤（1）～（3）的操作，继续定义其他对应入账科目。定义完毕后，单击"退出"按钮。见用友 ERP-U872 管理系统，如图 6-14 所示。

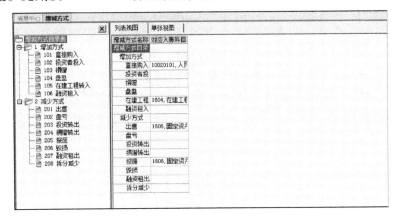

图 6-14

**操作步骤**

（1）执行"财务会计"/"固定资产"/"设置"/"部门对应折旧科目设置"命令，打开"部门编码表"窗口。

（2）在"部门编码表"窗口的左侧列表框中选择部门"1 企划部"文件夹，单击"修改"按钮，打开"单张视图"选项卡。

（3）单击"折旧科目"文本框右侧的参照按钮，在"科目参照"列表中选择相关科目。

（4）单击"保存"按钮。

（5）重复步骤（1）～（3）的操作，继续设置其他部门的对应折旧科目。见用友 ERP-U872 管理系统，如图 6-15 所示。

**图 6-15**

## 三、录入固定资产系统期初数据（定义固定资产卡片及录入卡片）

输入固定资产原始卡片是基础设置工作后最为重要的一项工作，将原始数据录入计算机，为以后的日常管理奠定了基础。原始卡片录入不限制在第一个期间结账前进行完毕，任何时候都可以录入原始卡片。

**操作步骤**

（1）启动固定资产系统。执行"财务会计"/"固定资产"/"卡片"/"录入原始卡片"命令，打开"固定资产类别档案"窗口。

（2）在"固定资产类别档案"窗口，打开某一类固定资产文件夹，选择末级固定资产文件夹，单击"确认"按钮，打开"固定资产卡片"录入窗口。见用友 ERP-U872 管理系统，如图 6-16 所示。

（3）在"固定资产卡片"录入窗口，依次双击选择输入固定资产名称、部门名称、增加方式、使用状况、使用年限、开始使用日期、原值、净残值率、累计折旧等有关信息。单击"保存"按钮，在"数据成功保存！"信息提示对话框中，单击"确定"按钮。原始卡片录入完毕后，单击"退出"按钮，在"是否保存数据"提示框中，单击"否"按钮（这是一张空白卡片），结束原始卡片录入操作。见用友 ERP-U872 管理系统，如图 6-17 所示。

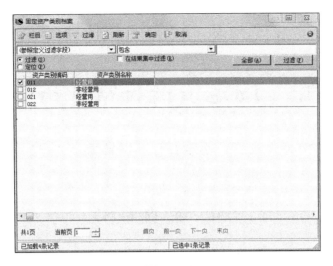

图 6-16

图 6-17

 想一想

固定资产业务控制参数的设置对以后日常业务处理有何影响？

# 实训 7　固定资产日常业务处理

（岗位设置：总账会计、固定资产会计）

## 7.1　实训目的

通过本次实训，要求学生掌握固定资产增加的核算、固定资产减少的核算、固定资产变动的核算、固定资产的折旧处理等固定资产日常业务处理系统的操作技巧。

## 7.2　实训资料

### 一、固定资产的增加

（1）2014年7月3日，采购部因业务需要购买电脑一台，全部价值支出4 000元，预计使用5年。

表　7-1

**湖北省武汉市商业销售发票**

发票联　№12345678

客户名称：武汉长兴药业有限公司　　　　　　　　　　　　　　2014年7月3日

| 商品名称 | 规格 | 单位 | 数量 | 单价 | 金额 | | | | | | |
|---|---|---|---|---|---|---|---|---|---|---|---|
| | | | | | 十 | 万 | 千 | 百 | 十 | 元 | 角 | 分 |
| 电脑 | | 台 | 1 | 4000.00 | | | 4 | 0 | 0 | 0 | 0 | 0 |
| | | | | | | | | | | | | |
| | | | | | | | | | | | | |
| | | | | | | | | | | | | |
| 合计人民币（大写）：×拾×万捌仟零佰零拾零元零角零分 | | | | | ￥4000.00 | | | | | | | |

收款企业（盖章有效）　　　收款人：吴晓　　　开票人：刘艳艳

（2）2014年7月5日，因业务需要购买复印机一台，全部价值支出10 000元，预计使用5年，采用平均年限法（一）计提折旧，净残值率5%，所有部门共同使用，折旧按以下比例分摊：企划部50%，财务部20%，采购部10%，生产部10%，销售部10%。

表 7-2

## 湖北省武汉市商业销售发票

发票联　No.12345688

客户名称：武汉长兴药业有限公司　　　　　　　　　　2014年7月5日

| 商品名称 | 规格 | 单位 | 数量 | 单价 | 金额 | | | | | | | |
|---|---|---|---|---|---|---|---|---|---|---|---|---|
| | | | | | 十万 | 万 | 千 | 百 | 十 | 元 | 角 | 分 |
| 复印机 | | 台 | 1 | 10 000.00 | | 1 | 0 | 0 | 0 | 0 | 0 | 0 |
| | | | | | | | | | | | | |
| | | | | | | | | | | | | |
| 合计人民币（大写）：×拾壹万零仟零佰零拾零元零角零分 | | | | | ￥10 000.00 | | | | | | | |

收款企业（盖章有效）　　　收款人：吴晓　　　开票人：刘艳艳

### 二、固定资产的减少

2014年7月18日，企划部02号电脑遭遇雷电，整机报废，残值变价收入为200元。

> 2014年7月18日，我部一台电脑遭遇雷电损毁，经批准报废，残值变价收入为200元。
>
> 　　　　　　　　　　　　　　　　　　　总经理（签字）：张都

### 三、本月工作量统计数

设备1本月工作量200小时。

### 四、固定资产的折旧

计提本月折旧费用。

### 五、凭证的生成

1. 将武汉长兴药业有限公司7月固定资产系统中发生的所有经济业务生成凭证
2. 将生成的凭证审核并记账

### 六、查询本月数据

1. 卡片管理
2. 折旧清单
3. 凭证查询

## 7.3　实训内容及步骤

### 一、固定资产增加核算

**操作步骤**

（1）启动"固定资产"系统。执行"财务会计"/"固定资产"/"卡片"/"资产增加"

命令,打开"固定资产类别档案"窗口,再打开"交通运输设备"文件夹,选择最末级资产类别"经营用"。见用友 ERP-U872 管理系统,如图 7-1 所示。

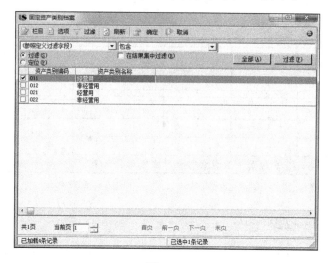

图　7-1

(2) 单击"确认"按钮,打开"固定资产卡片—新增资产"窗口。见用友 ERP-U872 管理系统,如图 7-2 所示。

(3) 依次输入固定资产名称、部门名称、使用年限、增加方式、使用状况、原值等。

(4) 单击"保存"按钮,在"数据保存成功!"提示对话框中,单击"确定"按钮。

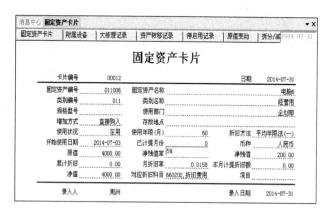

图　7-2

## 二、固定资产减少核算

**操作步骤**

(1) 执行"财务会计"/"固定资产"/"卡片"/"资产减少"命令(提示:先计提折旧),见用友 ERP-U872 管理系统,如图 7-3 所示。

实训 7 固定资产日常业务处理 | 73

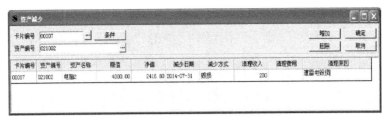

图 7-3

（2）在"资产减少"窗口中，单击"卡片编号"框右侧的参照按钮。在参照列表中，选择资产编号，单击"增加"按钮，双击"减少方式"所在单元格，弹出参照按钮，在打开的参照列表中选择"毁损"选项，在"清理收入"单元格中输入金额，在"清理原因"单元格中输入原因。

（3）单击"确定"按钮，在"所选卡片已经减少成功！"提示对话框中，单击"确定"按钮。

### 三、固定资产折旧处理

**操作步骤**

（1）执行"财务会计"/"固定资产"/"处理"/"计提本月折旧"命令，弹出"计提折旧后是否要查看折旧清单"提示对话框。见用友 ERP-U872 管理系统，如图 7-4 所示。

（2）单击"否"按钮，弹出"本操作将计提本月折旧，并花费一定时间，是否要继续？"提示对话框。见用友 ERP-U872 管理系统，如图 7-5 所示。

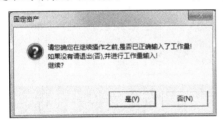

图 7-4

图 7-5

（3）单击"是"按钮，打开"折旧清单"窗口。见用友 ERP-U872 管理系统，如图 7-6 所示。

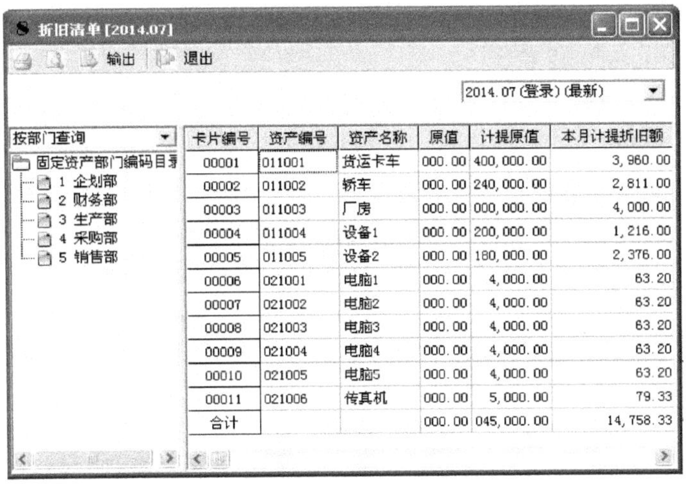

图 7-6

（4）单击"退出"按钮。

（5）在"计提折旧完成！"提示对话框中，单击"确定"按钮。见用友 ERP-U872 管理系统，如图 7-7 所示。

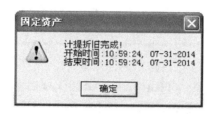

图　7-7

## 四、凭证生成

执行"财务会计"/"固定资产"/"处理"/"批量制单"命令，然后选择"制单设置"分别对固定资产增加、减少和折旧业务进行设置生成凭证。见用友 ERP-U872 管理系统，如图 7-8 所示。

图　7-8

想一想

思考固定资产系统与总账系统的相互关系？数据如何传递？

# 实训 8　工资初始化

（岗位设置：账套主管、会计主管、出纳）

## 8.1　实训目的

通过本次实训掌握启用工资系统并设置业务控制参数、核算规则设置的操作方法。

## 8.2　实训资料

### 一、启用工资系统并设置业务控制参数

1. 启用工资系统

启用时间：2014 年 7 月 1 日。

2. 根据以下资料对工资系统业务控制参数进行设置
(1) 设置单个工资类别；
(2) 核算币种：人民币；
(3) 不核算计件工资；
(4) 从工资中扣除个人所得税，扣零至角；
(5) 人员编码长度为：3 位。

### 二、基础设置（核算规则设置）

(1) 在工资账套中进行人员附加信息设置，设置如下数据：性别、学历、技术职称。
(2) 根据资料设置工资项目名称，见表8-1。

表 8-1

| 工资项目名称 | 类　型 | 长　度 | 小　数 | 增减项 |
| --- | --- | --- | --- | --- |
| 基本工资 | 数字 | 10 | 2 | 增项 |
| 岗位工资 | 数字 | 10 | 2 | 增项 |
| 交通补助 | 数字 | 10 | 2 | 增项 |
| 应发合计 | 数字 | 10 | 2 | 增项 |
| 请假天数 | 数字 | 3 | 0 | 其他 |
| 请假扣款 | 数字 | 10 | 2 | 减项 |
| 住房公积金 | 数字 | 10 | 2 | 减项 |

续表

| 工资项目名称 | 类　型 | 长　度 | 小　数 | 增减项 |
|---|---|---|---|---|
| 代扣税 | 数字 | 10 | 2 | 减项 |
| 扣款合计 | 数字 | 10 | 2 | 减项 |
| 实发合计 | 数字 | 10 | 2 | 增项 |
| 上月扣零 | 数字 | 8 | 2 | 其他 |
| 本月扣零 | 数字 | 8 | 2 | 其他 |

（3）根据资料设置银行名称。

建设银行，账号长度为11位，录入时需自动带出的账号长度9位。

（4）根据资料设置人员档案，见表8-2。

表　8-2　　　　　　　　　　　　　　　　单位：元

| 编　号 | 姓　名 | 性　别 | 学　历 | 部　门 | 类　别 | 基本工资 |
|---|---|---|---|---|---|---|
| 101 | 张　郝 | 男 | 本科 | 企划部 | 经理人员 | 5 000 |
| 102 | 许　倩 | 女 | 大专 | 企划部 | 普通人员 | 1 500 |
| 201 | 李　娜 | 女 | 本科 | 财务部 | 经理人员 | 3 000 |
| 202 | 周　洲 | 男 | 本科 | 财务部 | 普通人员 | 2 000 |
| 203 | 王　红 | 女 | 大专 | 财务部 | 普通人员 | 1 000 |
| 301 | 刘　贵 | 男 | 本科 | 生产部 | 经理人员 | 3 000 |
| 302 | 陈玉梅 | 女 | 大专 | 生产部 | 生产人员 | 1 500 |
| 401 | 王国栋 | 男 | 本科 | 采购部 | 经理人员 | 3 000 |
| 402 | 万　和 | 男 | 大专 | 采购部 | 普通人员 | 1 500 |
| 501 | 孙云峰 | 男 | 本科 | 销售部 | 经理人员 | 3 000 |
| 502 | 李　尚 | 男 | 大专 | 销售部 | 销售人员 | 1 500 |
| 503 | 吴　响 | 男 | 中专 | 销售部 | 销售人员 | 1 500 |

（5）根据资料设置工资计算公式，见表8-3。

表　8-3

| 工资项目 | 定义公式 |
|---|---|
| 岗位工资 | 经理人员＝1000，普通人员＝500，生产人员＝500，销售人员＝800 |
| 交通补助 | 经理人员、销售人员＝200；普通人员、生产人员＝100 |
| 应发合计 | 基本工资＋岗位工资＋交通补助 |
| 请假扣款 | 请假天数×50 |
| 住房公积金 | 100 |
| 扣款合计 | 请假扣款＋代扣税＋住房公积金 |
| 实发合计 | 应发合计－扣款合计 |

（6）根据以上的资料录入工资系统2014年7月期初数据。

## 8.3 实训内容及步骤

### 一、启用工资系统

**操作步骤**

（1）注册进入"企业应用平台"窗口，打开"基础设置"选项卡。

（2）执行"基础设置"/"基本信息"/"系统启用"命令，打开"系统启用"对话框。见用友 ERP-U872 管理系统，如图 8-1 所示。

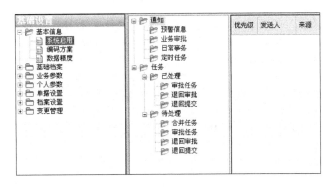

图 8-1

（3）在"系统启用"对话框中，选中"WA 薪资管理"复选框，打开"日历"对话框，确定工资系统的启用日期，单击"确定"按钮，弹出信息提示对话框，单击"是"按钮，完成工资系统的启用。见用友 ERP-U872 管理系统，如图 8-2 所示。

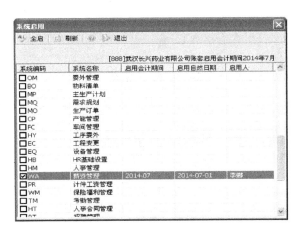

图 8-2

### 二、设置业务控制参数

**操作步骤**

（1）首先启动薪资管理系统，引入"建立工资套"向导。在"建立工资套—参数设置"对话框中，选择工资类别个数单选按钮。见用友 ERP-U872 管理系统，如图 8-3 所示。

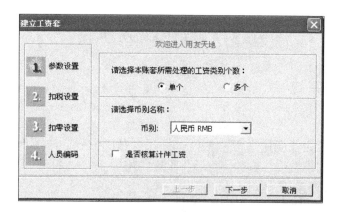

图 8-3

(2) 单击"币别"下拉列表框的下三角按钮,在下拉列表中进行选择。

(3) 单击"下一步"按钮,打开"建立工资套——扣税设置"对话框,选中"是否从工资中代扣个人所得税"复选框。见用友 ERP-U872 管理系统,如图 8-4 所示。

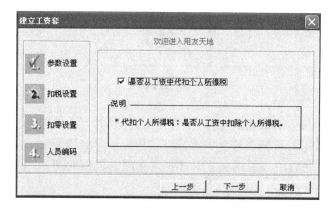

图 8-4

(4) 单击"下一步"按钮,打开"建立工资套—扣零设置"对话框,取消选中"扣零"复选框,表示不进行扣零设置。见用友 ERP-U872 管理系统,如图 8-5 所示。

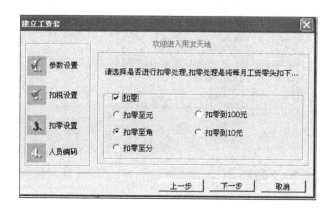

图 8-5

(5) 单击"下一步"按钮,打开"建立工资套——人员编码"对话框,选择人员编码长度。见用友 ERP-U872 管理系统,如图 8-6 所示。

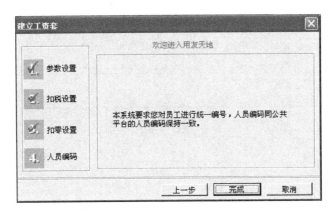

图 8-6

(6) 单击"完成"按钮,完成建立工资套向导操作。

### 三、核算规则设置

1. 人员附加信息设置

"人员附加信息设置"可增加人员信息,丰富人员档案的内容,便于对人员进行更有效的管理。例如职工的性别、民族、学历、年龄、婚否、技术职称、行政职务等项。见用友 ERP-U872 管理系统,如图 8-7 所示。

图 8-7

2. 人员类别设置

**操作步骤**

(1) 执行"人力资源"/"薪资管理"/"设置"/"人员类别设置"命令,打开"类别设置"对话框。

(2) 在"类别设置"对话框中,单击"增加"按钮。

(3) 在"人员"文本框中输入人员类别。

(4) 重复以上操作,继续输入其他人员类别。

(5) 单击"返回"按钮,退出。见用友 ERP-U872 管理系统,如图 8-8 所示。

图 8-8

3. 工资项目设置

**操作步骤**

（1）执行"人力资源"/"薪资管理"/"设置"/"工资项目设置"命令，打开"工资项目设置"对话框，"工资项目"列表中显示系统提供的固定工资项目。见用友 ERP-U872 管理系统，如图 8-9 所示。

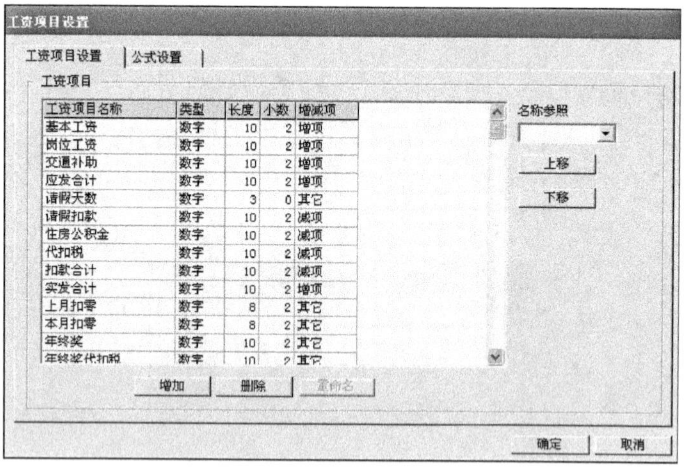

图 8-9

（2）单击"增加"按钮，在"工资项目"列表末增加一个工资项目。

（3）单击"名称参照"下拉列表框中的下三角按钮，选择系统提供的常用工资项。

（4）双击"类型"栏所在单元格，弹出下三角按钮，单击"类型"栏下三角按钮，在下拉列表中选择。

（5）双击"长度"栏所在单元格，弹出下三角按钮，单击"长度"栏下三角按钮，在下拉列表中选择。

（6）双击"小数"栏所在单元格，弹出下三角按钮，单击"小数"栏下三角按钮，在下拉列表中选择。

（7）双击"增减项"栏所在单元格，弹出下三角按钮，单击"增减项"栏下三角按钮，在下拉列表中选择。

（8）单击"工资项目"列表右侧的上移、下移，可调整工资项目的排列顺序。

（9）重复以上操作，继续建立其他工资项目。

（10）单击“确认”按钮，保存。

4．人员档案设置

**操作步骤**

（1）执行“系统菜单”/“设置”/“人员档案”命令，打开“人员档案”窗口。

（2）单击“增加”按钮，打开“人员档案”对话框。

（3）在“人员档案”对话框中依次输入人员编号、人员姓名、部门编码、部门名称和人员类别等信息。

（4）分别选中“是否计税”和“中方人员”复选框。

（5）单击“银行名称”下拉列表框的下三角按钮，在下拉列表中选择。

（6）在“银行账号”文本框中，输入职工的银行账号。

（7）打开“附加信息”选项卡，输入该职工的附加信息。

（8）单击“确认”按钮，完成一条人员记录的输入。

（9）重复以上操作，继续输入其他人员档案。见用友 ERP-U872 管理系统，如图8-10所示。

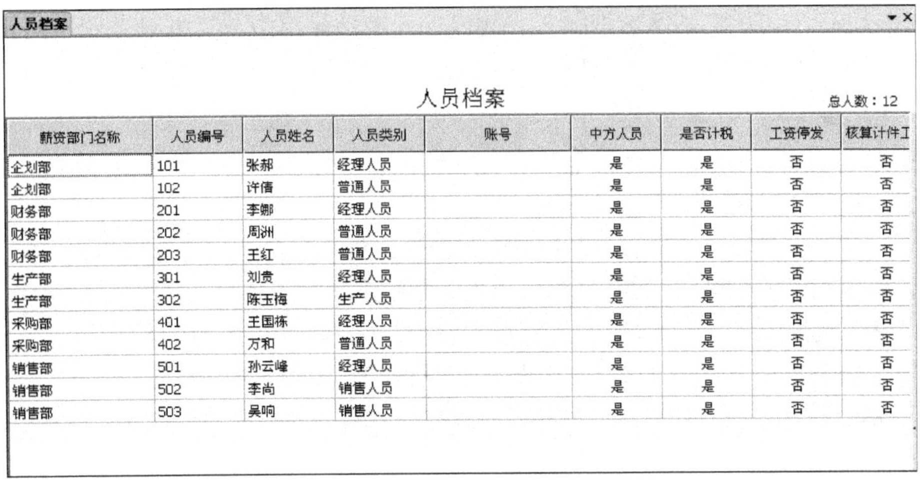
人员档案

人员档案 总人数：12

| 薪资部门名称 | 人员编号 | 人员姓名 | 人员类别 | 账号 | 中方人员 | 是否计税 | 工资停发 | 核算计件工 |
|---|---|---|---|---|---|---|---|---|
| 企划部 | 101 | 张郝 | 经理人员 | | 是 | 是 | 否 | 否 |
| 企划部 | 102 | 许信 | 普通人员 | | 是 | 是 | 否 | 否 |
| 财务部 | 201 | 李娜 | 经理人员 | | 是 | 是 | 否 | 否 |
| 财务部 | 202 | 周洲 | 普通人员 | | 是 | 是 | 否 | 否 |
| 财务部 | 203 | 王红 | 普通人员 | | 是 | 是 | 否 | 否 |
| 生产部 | 301 | 刘贵 | 经理人员 | | 是 | 是 | 否 | 否 |
| 生产部 | 302 | 陈玉梅 | 生产人员 | | 是 | 是 | 否 | 否 |
| 采购部 | 401 | 王国栋 | 经理人员 | | 是 | 是 | 否 | 否 |
| 采购部 | 402 | 万和 | 普通人员 | | 是 | 是 | 否 | 否 |
| 销售部 | 501 | 孙云峰 | 经理人员 | | 是 | 是 | 否 | 否 |
| 销售部 | 502 | 李尚 | 销售人员 | | 是 | 是 | 否 | 否 |
| 销售部 | 503 | 吴响 | 销售人员 | | 是 | 是 | 否 | 否 |

图 8-10

5．设置计算公式

**操作步骤**

（1）执行“系统菜单”/“设置”/“工资项目设置”命令，打开“工资项目设置”对话框。

（2）在“工资项目设置”对话框中，打开“公式设置”选项卡。

（3）在“工资项目”选项区域，单击“增加”按钮，增加一条空白选项。

（4）单击空白选项栏，弹出下三角按钮，打开下拉列表框进行选择。

（5）将光标放置在“岗位工资公式定义”文本框输入区域。

（6）在“公式输入参照”区域，选择“工资项目”选项区域的“岗位工资”选项。

（7）定义公式，完成后单击“公式确认”按钮。

（8）重复以上操作，继续输入其他计算公式。

（9）单击“确认”按钮，保存公式设置。见用友 ERP-U872 管理系统，如图 8-11所示。

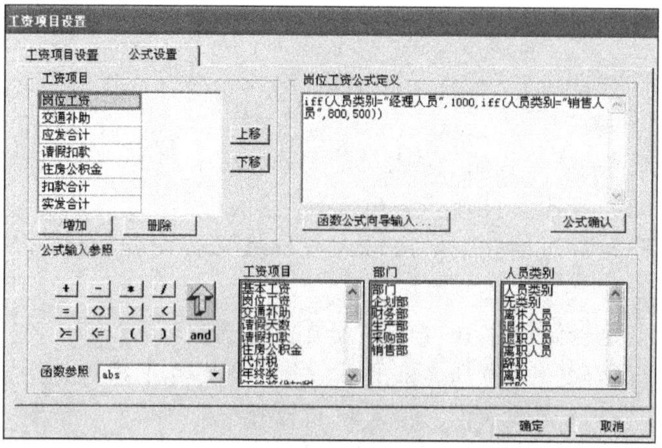


图 8-11

6. 输入工资期初数据

完成工资系统核算规则设置以后，就可以编辑个人工资数据了。个人工资数据是工资核算系统中基本的原始数据，它的正确性直接影响到以后数据计算的准确性。初次使用系统时，应先进行个人工资基本数据输入，在以后的正常使用中，只需对个别变动性的工资项目进行调整，即可自动生成当月的工资数据。

**操作步骤**

(1) 启动“薪资管理”系统。执行“人力资源”/“薪资管理”/“业务处理”/“工资变动”命令，打开“工资变动”窗口。

(2) 在“工资变动”窗口，双击“等级工资”文本输入框，输入“等级工资”数据。

(3) 重复上一步的操作，继续输入其他人员的基本工资。

(4) 输入完毕后，单击窗口右上角的“关闭”按钮，在弹出的信息提示对话框中，单击“是”按钮，退出。见用友 ERP-U872 管理系统，如图 8-12 所示。

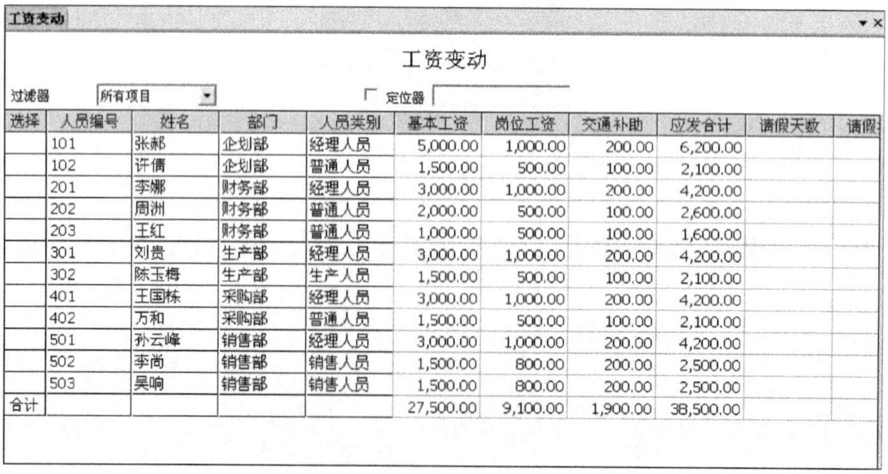


| 选择 | 人员编号 | 姓名 | 部门 | 人员类别 | 基本工资 | 岗位工资 | 交通补助 | 应发合计 | 请假天数 | 请假 |
|---|---|---|---|---|---|---|---|---|---|---|
| | 101 | 张郝 | 企划部 | 经理人员 | 5,000.00 | 1,000.00 | 200.00 | 6,200.00 | | |
| | 102 | 许倩 | 企划部 | 普通人员 | 1,500.00 | 500.00 | 100.00 | 2,100.00 | | |
| | 201 | 李娜 | 财务部 | 经理人员 | 3,000.00 | 1,000.00 | 200.00 | 4,200.00 | | |
| | 202 | 周洲 | 财务部 | 普通人员 | 2,000.00 | 500.00 | 100.00 | 2,600.00 | | |
| | 203 | 王红 | 财务部 | 普通人员 | 1,000.00 | 500.00 | 100.00 | 1,600.00 | | |
| | 301 | 刘贵 | 生产部 | 经理人员 | 3,000.00 | 1,000.00 | 200.00 | 4,200.00 | | |
| | 302 | 陈玉梅 | 生产部 | 生产人员 | 1,500.00 | 500.00 | 100.00 | 2,100.00 | | |
| | 401 | 王国栋 | 采购部 | 经理人员 | 3,000.00 | 1,000.00 | 200.00 | 4,200.00 | | |
| | 402 | 万和 | 采购部 | 普通人员 | 1,500.00 | 500.00 | 100.00 | 2,100.00 | | |
| | 501 | 孙云峰 | 销售部 | 经理人员 | 3,000.00 | 1,000.00 | 200.00 | 4,200.00 | | |
| | 502 | 李尚 | 销售部 | 销售人员 | 1,500.00 | 800.00 | 200.00 | 2,500.00 | | |
| | 503 | 吴响 | 销售部 | 销售人员 | 1,500.00 | 800.00 | 200.00 | 2,500.00 | | |
| 合计 | | | | | 27,500.00 | 9,100.00 | 1,900.00 | 38,500.00 | | |

图 8-12

**想一想**

工资系统业务控制参数的设置对以后日常业务处理有何影响？

# 实训 9　工资业务处理

（岗位设置：出纳、工资管理员）

## 9.1　实训目的

通过本次实训，要求学生掌握对员工档案的维护、员工个人工资数据的调整以及某些工资项目的增减设置，包括人员的变动、工资数据的修改、个人所得税计算与申报、工资数据计算与汇总、查看工资分钱清单等。

## 9.2　实训资料

### 一、工资变动

（1）因业务需要，公司决定从 2014 年 7 月 1 日起发放通信费，具体资料如下：

通信费项目：数字型，长度为 10 位，小数为 2 位，增项。

经理人员及销售人员为每月 300 元，普通人员和生产人员为每月 100 元。

（2）7 月考勤结果如下：

许倩请假 1 天；王国栋请假 2 天。

### 二、个人所得税的计算与申报

（1）根据税务部门要求，公司将计算个人所得税的基数改为 2 000 元。

（2）计算 7 月份应当扣缴的个人所得税。

### 三、工资数据的计算与汇总

（1）计算公司 7 月份员工的工资。

（2）查看 2014 年 7 月工资分钱清单。

（3）查看 2014 年 7 月银行代发数据。

### 四、工资的分摊

根据资料，对公司 7 月份的工资费用进行分摊，如表 9-1 所示。

表 9-1

|  |  | 企划部、财务部、采购部 | | 生产部 | | 销售部 | |
|---|---|---|---|---|---|---|---|
|  |  | 经理人员 | 普通人员 | 经理人员 | 生产人员 | 经理人员 | 销售人员 |
| 工资费用 | 借 | 660201 | | 510101 | 500101 | 660101 | |
|  | 贷 | 221101 | | | | | |
| 工会经费 | 借 | 660201 | | 510101 | 500101 | 660101 | |
|  | 贷 | 221103 | | | | | |
| 职工教育经费 | 借 | 660201 | | 510101 | 500101 | 660101 | |
|  | 贷 | 221104 | | | | | |

工资费用的计提基数是"应发合计",计提比例是100%。
工会经费的计提基数是"应发合计",计提比例是2%。
职工教育经费的计提基数是"应发合计",计提比例是2.5%。

### 五、凭证生成、审核和记账

(1)根据工资分摊设置,生成7月份工资分摊的转账分录。
(2)在工资系统中查询、修改、冲销、删除生成的凭证。
(3)对生成的凭证进行审核、记账。

## 9.3 实训内容及步骤

### 一、工资变动

(1)如果要对同一工资项目做统一变动,可通过"数据替换"功能提高修改速度。

**操作步骤**

① 执行"业务工作"/"人力资源"/"薪资管理"/"设置"/"工资项目设置"命令,增加"通信费"工资项目。见用友 ERP-U872 管理系统,如图 9-1 所示。

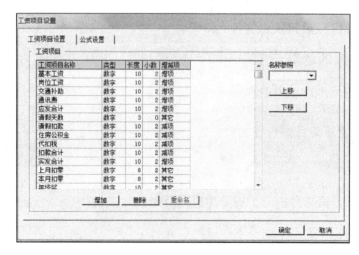

图 9-1

② 执行"业务处理"/"工资变动"命令,打开"工资变动"窗口。
③ 单击"全选"按钮,单击"替换"按钮,打开"工资项数据替换"对话框。
④ 单击"将工资项目"下拉列表框的下三角按钮,在下拉列表中选择"通信费"选项。见用友 ERP-U872 管理系统,如图 9-2 所示。

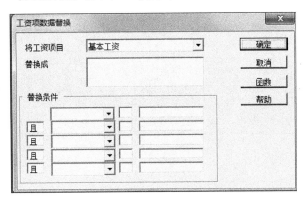

图 9-2

⑤ 单击"替换成"文本框,输入"300"。
⑥ 在"替换条件"文本框中,确定替换条件"人员类别""=""经理人员"。
⑦ 单击"确认"按钮,对随后弹出的信息提示对话框,均单击"是"按钮。见用友 ERP-U872 管理系统,如图 9-3 所示。

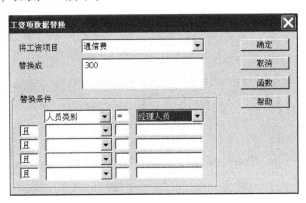

图 9-3

⑧ 重复步骤(4)～(7)的操作,继续替换其他条件,例如,替换成"100";替换条件为"人员类别""=""普通人员"。

(2)如果需要修改某个人或某一批人的数据,可采用"页编辑"功能,也可以通过"数据过滤"或"定位"功能,将他们从人员档案中提取出来,能加快修改速度。

**"页编辑"方式操作步骤**

① 执行"系统菜单"/"业务处理"/"工资变动"命令,打开"工资变动"窗口。见用友 ERP-U872 管理系统,如图 9-4 所示。
② 在"工资变动"窗口中,选中"许倩"的信息行,单击"编辑"按钮,打开"工资数据录入—页编辑"对话框。
③ 输入"请假天数"变动的数据。

图 9-4

④ 单击"确认"按钮,保存数据。
⑤ 输入完毕后,单击"退出"按钮,返回。

## 二、计算与申报个人所得税

**操作步骤**

(1) 执行"业务工作"/"人力资源"/"薪资管理"/"设置"/"选项"命令,打开"选项"对话框。

(2) 在"选项"对话框中,选择"扣税设置"选项卡,单击"编辑"按钮。

(3) 单击"税率设置",在弹出的对话框中的"基数"输入框中输入"2000",见用友 ERP-U872 管理系统,如图 9-5 所示。

图 9-5

(4) 执行"业务工作"/"人力资源"/"薪资管理"/"业务处理"/"工资变动"命令,单击"计算"按钮,单击"汇总"按钮。

## 三、工资数据计算与汇总

**操作步骤**

(1) 执行"系统菜单"/"业务处理"/"工资变动"命令,打开"工资变动"窗口,见用友 ERP-U872 管理系统，如图 9-6 所示。

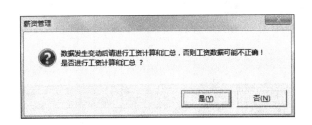

图 9-6

（2）在"工资变动"窗口中，单击"计算"按钮，计算工资数据。
（3）单击"汇总"按钮，汇总工资数据，如图 9-7 所示。
（4）汇总完毕后，单击"退出"按钮，退出"工资变动"窗口。见用友 ERP-U872 管理系统。

### 四、工资分摊

**操作步骤**

（1）执行"系统菜单"/"业务处理"/"工资分摊"命令，打开"工资分摊"窗口，见用友 ERP-U872 管理系统，如图 9-8 所示。

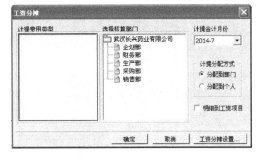

图 9-7　　　　　　　　　　　　　图 9-8

（2）单击"工资分摊设置"按钮，增加计提费用类型"工资费用"，输入计提比例"100%"。见用友 ERP-U872 管理系统，如图 9-9 所示。

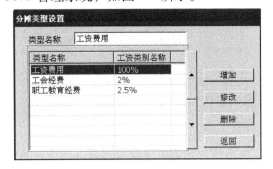

图 9-9

（3）单击“确定”按钮，打开“分摊类型设置”对话框，设置工资费用的分摊表。见用友 ERP-U872 管理系统，如图 9-10 所示。

分摊构成设置

| 部门名称 | 人员类别 | 工资项目 | 借方科目 | 借方项目大类 | 借方项目 | 贷方科目 | 贷方项目大类 |
|---|---|---|---|---|---|---|---|
| 生产部 | 经理人员 | 应发合计 | 510101 | | | 221101 | |
| 销售部 | 经理人员 | 应发合计 | 660101 | | | 221101 | |

上一步　完成　取消

图　9-10

（4）设置完毕返回“工资分摊”窗口，选择核算部门，选择工资分配项目，选择“明细到工资项目”选项，单击“确定”按钮。见用友 ERP-U872 管理系统，如图 9-11 所示。

消息中心　工资分摊明细

**工资费用一览表**

□ 合并科目相同、辅助项相同的分录

类型 工资费用

| 部门名称 | 人员类别 | 应发合计 | | |
|---|---|---|---|---|
| | | 分配金额 | 借方科目 | 贷方科目 |
| 企划部 | 经理人员 | 6500.00 | 660201 | 221101 |
| | 普通人员 | 2200.00 | 660201 | 221101 |
| 财务部 | 经理人员 | 4500.00 | 660201 | 221101 |
| | 普通人员 | 4400.00 | 660201 | 221101 |
| 生产部 | 经理人员 | 4500.00 | 510101 | 221101 |
| | 生产人员 | 2200.00 | 500101 | 221101 |
| 采购部 | 经理人员 | 4500.00 | 660201 | 221101 |
| | 普通人员 | 2200.00 | 660201 | 221101 |
| 销售部 | 经理人员 | 4500.00 | 660101 | 221101 |
| | 销售人员 | 5600.00 | 660101 | 221101 |

图　9-11

（5）在“工资分摊”完成后，再制单。

### 想一想

思考工资系统与总账系统的相互关系？两系统之间数据如何传递？

# 实训 10 应收款初始化

（岗位设置：账套主管、会计主管、应收会计）

## 10.1 实训目的

通过本次实训掌握应收款系统业务处理控制参数和核算规则设置，以及录入期初数据。

## 10.2 实训资料

### 一、应收系统的启用和业务控制参数的设置

1. 启用应收系统
启用时间：2014 年 7 月 1 日。
2. 根据资料对应收系统的业务控制参数进行设置
应收款核销方式：按单据；
单据审核日期依据：单据日期；
汇兑损益方式：月末处理；
坏账处理方式：应收余额百分比；
代垫费用类型：其他应收单；
应收账款核算类型：详细核算；
是否自动计算现金折扣：是；
是否登记支票：是；
核销是否生成凭证：否；
月末结账前是否全部制单：是；
预收冲应收是否生成凭证：是；
是否根据信用额度自动报警：是。

### 二、核算规则设置

1. 根据资料对应收系统的常用科目进行设置
应收科目：1122；
预收科目：2203；
应交增值税科目：22210102；
银行承兑科目：1121；

商业承兑科目：1121；

票据利息科目：660301。

2．根据表10-1对应收系统的结算方式科目进行设置

表 10-1

| 结算方式 | 币　种 | 科　目 |
|---|---|---|
| 现　金 | 人民币 | 1001 |
| 现金支票 | 人民币 | 10020101 |
| 转账支票 | 人民币 | 10020101 |

3．根据资料对应收系统的坏账准备相关参数进行设置

提取比率：0.5％；

坏账准备期初余额：175.5；

坏账准备科目：1231；

对方科目：6701。

4．根据表10-2对应收系统的账龄区间进行设置

表 10-2

| 序　号 | 起止天数 | 总天数 |
|---|---|---|
| 01 | 0～30 | 30 |
| 01 | 31～60 | 60 |
| 03 | 61～90 | 90 |
| 04 | 91天以上 | |

5．根据表10-3对应收系统的报警级别进行设置

表 10-3

| 序　号 | 起止比率 | 总比率 | 级别名称 |
|---|---|---|---|
| 01 | 0～10％ | 10 | A |
| 02 | 10％～30％ | 30 | B |
| 03 | 30％～60％ | 60 | C |
| 04 | 60％以上 | | D |

## 三、录入期初数据

根据表10-4录入应收系统7月份期初余额。

表 10-4

| 单据类型 | 日　期 | 客　户 | 摘　要 | 方　向 | 金　额 | 部　门 | 业务员 |
|---|---|---|---|---|---|---|---|
| 专用发票 | 2007.06.25 | 思远 | 销售0.9％氯化钠注射液1000件 | 借 | 35 100 | 销售部 | 李尚 |

## 10.3 实训内容及步骤

### 一、启用应收账款系统及业务处理控制参数设置

1. 启用应收账款系统

**操作步骤**

（1）注册进入"企业应用平台"窗口，打开"基础设置"选项卡。

（2）执行"基础信息"/"基本信息"/"系统启用"命令，打开"系统启用"对话框。见用友 ERP-U872 管理系统，如图 10-1 所示。

图 10-1

（3）在"系统启用"对话框中，选中"AR 应收"复选框，打开"日历"对话框，确定应收账款系统的启用日期，单击"确定"按钮，弹出信息提示对话框，单击"是"，完成总账系统的启用。见用友 ERP-U872 管理系统，如图 10-2 所示。

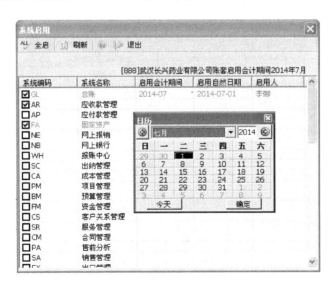

图 10-2

## 2. 业务处理控制参数设置

参数设置是指对应收业务进行控制参数的设置。它是进入应收系统的首项工作，但也可进入系统后确定或修改，其主要包括应收款核销方式，控制科目依据，产品销售科目的依据，预收款核销方式，制单方式，汇兑损益方式，坏账处理方式及现金折扣显示，录入发票时是否显示发票信息等内容的设置。

**操作步骤**

（1）进入"应收款管理"系统，见用友 ERP-U872 管理系统，如图 10-3 所示。

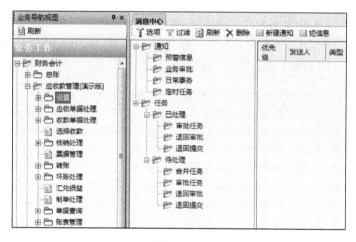

图 10-3

（2）执行"应收款管理"/"设置"/"选项"命令，见用友 ERP-U872 管理系统，如图 10-4所示。

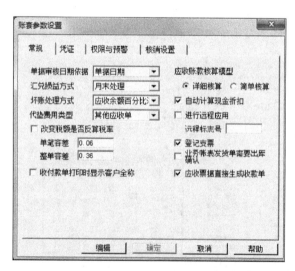

图 10-4

（3）"参数设置"对话框中，分别打开"常规"选项卡、"凭证"选项卡、"权限与预警"选项卡。

（4）单击"编辑"按钮，进行参数的设置。

## 二、核算规则设置

凭证科目的设置。

由于应收业务类型较固定，生成的凭证类型也较固定，因此为简化凭证生成操作，可以将各业务类型凭证中的常用科目预先设置好。

（1）基本科目设置。基本科目是指在核算应收款项时经常用到的科目，可以作为常用科目设置，而且科目必须是最明细科目。

（2）控制科目设置。在核算客户的赊销欠款时，如果针对不同的往来单位（客户分类、地区分类）分别设置了不同的应收账款科目和预收账款科目，那么应先在账套参数中选择设置的依据（即选择是针对不同的客户设置，还是针对不同的客户分类设置，或者是按不同的地区分类设置），然后依次进行往来单位按客户分类或地区分类的编码、名称、应收科目、预收科目等内容的设置。

**操作步骤**

执行"应收款管理"/"设置"/"初始设置"命令，在"初始设置"窗口中打开"设置科目"/"基本科目设置"文件夹，直接输入或参照有关的会计科目信息，见用友 ERP-U872 管理系统，如图 10-5 所示。

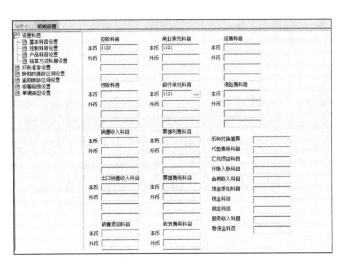

图 10-5

（3）结算方式科目设置。如果针对不同的存货（存货分类）分别设置不同的销售收入科目、应交销项税科目和销售退回科目，则也应先在账套参数中选择设置的依据（即选择是针对不同的存货设置，还是针对不同的存货分类设置），然后按存货分类的编码、名称、销售收入科目、应交销项税科目、销售退回科目进行存货销售科目设置。

**操作步骤**

① 执行"应收款管理"/"设置"/"初始设置"命令，在"初始设置"窗口中打开"设置科目"/"结算方式科目设置"文件夹。见用友 ERP-U872 管理系统，如图 10-6 所示。

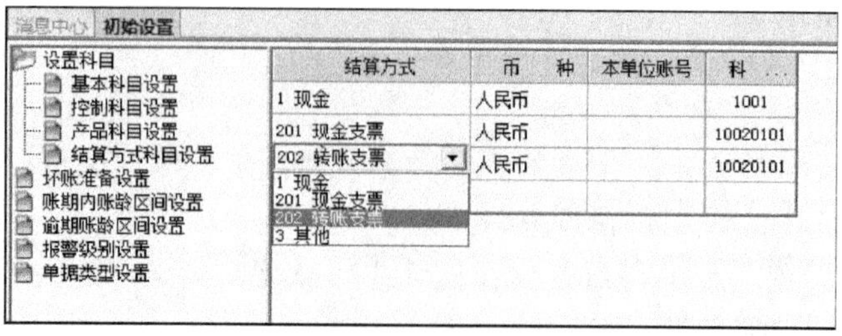

图 10-6

② 单击工具栏上的"增加"按钮,选择一种结算方式;双击"币种"栏,选择币种;双击"科目"栏参照输入科目。见用友 ERP-U872 管理系统,如图 10-7 所示。

图 10-7

(4) 坏账准备设置。坏账准备设置是指对坏账准备期初余额、坏账准备科目、对方科目及提取比率进行设置。在第一年使用系统时,应直接输入期初余额;在以后年度使用系统时,坏账准备的期初余额由系统自动生成,不能进行修改。坏账提取比率可按销售收入百分比法和按应收账款余额百分比法计提,也可直接输入计提的百分比。例如,计提比率为 3%,按账龄百分比法提取,可直接输入各账龄期间计提的百分比;例如,90 天以上区间的计提比率为 3%。

**操作步骤**

执行"应收款管理"/"设置"/"初始设置"命令,在"初始设置"窗口中打开"坏账准备设置"文件夹,在右侧文本框中输入各项内容。单击"确认"按钮,在弹出的信息提示对话框中,单击"确定"按钮,保存设置。见用友 ERP-U872 管理系统,如图 10-8 所示。

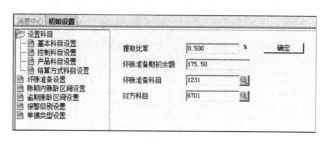

图 10-8

(5) 账龄区间的设置。为了对应收账款进行账龄分析，需设置账龄区间。在进行账龄区间的设置时，账龄区间总天数和起始天数直接输入，系统根据输入的总天数自动生成相应的区间。其序号从 01 开始由系统生成。

**操作步骤**

① 执行"应收款管理"/"设置"/"初始设置"命令，在"初始设置"窗口中打开"账龄区间设置"文件夹。见用友 ERP-U872 管理系统，如图 10-9 所示。

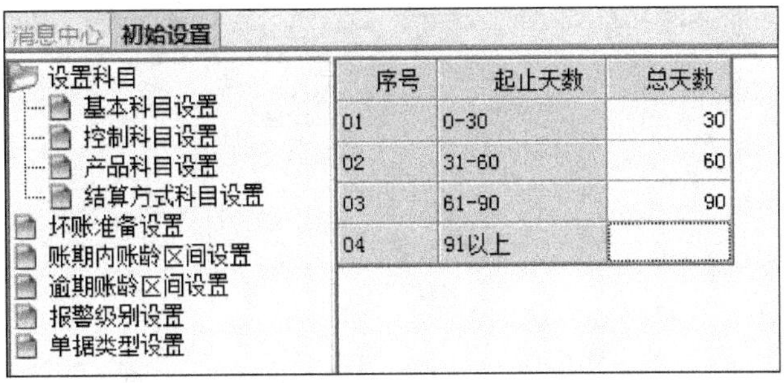

图 10-9

② 单击"增加"按钮，输入该区间的总天数，即可在当前区间之前插入一个区间，该区间后的各区间起止天数会自动调整。

(6) 报警级别设置。可以通过对报警级别的设置，将往来单位按照欠款余额与其信用额度的比例分为不同的类型，以便于掌握各个往来单位的信用情况。

当企业对应收账款的还款期限做出一定规定，可使用超期报警功能。在运行此功能时，系统自动列出到当天为止超过规定期限的应收账款清单。这一信息可按往来单位、也可按分管人员进行分类，从而使企业可以及时催收，避免不必要的损失。

**操作步骤**

① 执行"应收款管理"/"设置"/"初始设置"命令，在"初始设置"窗口中打开"报警级别设置"文件夹。见用友 ERP-U872 管理系统，如图 10-10 所示。

② 在右侧文本科目输入框中，输入总比率、级别名称，按 Enter 键，可继续输入下一个报警级别。

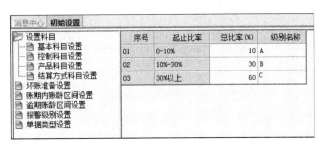

图 10-10

### 三、输入应收期初数据

**操作步骤**

(1) 进入"应收款管理"系统。执行"应收款管理"/"设置"/"期初余额"命令，打开"期初余额—查询"对话框，见用友 ERP-U872 管理系统，如图 10-11 所示。

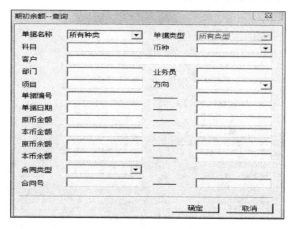

图 10-11

（2）在"期初余额—查询"对话框中，单击"确认"按钮，打开"期初余额明细表"窗口，见用友 ERP-U872 管理系统，如图 10-12 所示。

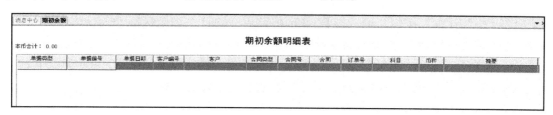

图 10-12

（3）在"期初余额明细表"窗口中，单击"增加"按钮，打开"单据类别"对话框，见用友 ERP-U872 管理系统，如图 10-13 所示。

（4）在"单据类别"对话框中，单击"单据名称"下拉列表框的下三角按钮，在下拉列表中选择"销售发票"选项。

（5）单击"单据类型"下拉列表框的下三角按钮，在下拉列表中选择"销售专用发票"选项。见用友 ERP-U872 管理系统，如图 10-14 所示。

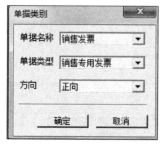

图 10-13

图 10-14

（6）单击"方向"下拉列表框的下三角按钮，在下拉列表中选择"正向"选项。

（7）单击"确定"按钮，打开"销售专用发票"期初录入窗口，输入开票日期，选择客户名称、科目、币种、销售部门、业务员，输入税率。

（8）单击"增行"按钮，见用友 ERP-U872 管理系统，如图 10-15 所示。

（9）单击"货物名称"栏中的空白单元格，弹出参照按钮，打开参照对话框。

（10）在"存货参照"对话框中，双击选中产品名称，输入数量、单价，输入完毕后，单击"保存"按钮。

图　10-15

（11）重复步骤（7）～（10）的操作，继续输入期初数据。期初数据输入完毕后，单击"退出"按钮，返回"期初余额明细表"窗口。

（12）在"期初余额明细表"窗口中，单击"对账"按钮，打开"期初对账"对话框，可查看应收款管理系统与总账系统的期初余额平衡情况，见用友 ERP-U872 管理系统，如图 10-16 所示。

图　10-16

（13）单击右上角的"关闭"按钮，返回"期初余额明细表"窗口。

（14）单击"退出"按钮，完成期初数据输入的操作。

想一想

应收款系统业务控制参数的设置对以后日常业务处理有何影响？

# 实训 11　应收款日常处理

（岗位设置：总账会计、应收会计）

## 11.1　实训目的

通过本实训，要求学生能单独使用应收款系统，进行应收账款核算与管理。具体要掌握应收款系统输入发票和往来业务单据，通过系统自动生成记账凭证，然后将记账凭证传递到总账中。

## 11.2　实训资料

### 一、销售业务核算

对以下武汉长兴药业有限公司 7 月份的销售业务填制销售发票。

**业务 01**：9 日，销售部李尚向北京新业医药公司销售 5% 葡萄糖注射液 1600 件，单价 35 元；10% 葡萄糖注射液 800 件，单价 40 元，货款尚未收到。（均为不含税单价）

表　11-1

### 湖北省增值税专用发票

开票日期：2014 年 7 月 9 日　　　　　　　　　　　　　　　　　　　　No.0000001

| 购货单位 | 名称 | 北京新业医药公司 | | 纳税人登记号 | | | | | | | | | | | | | | | | | |
|---|---|---|---|---|---|---|---|---|---|---|---|---|---|---|---|---|---|---|---|---|---|
| | 地址电话 | 北京市 010-33445566 | | 开户银行及账号 | | | | | | 建行东城区支行 4367422872710164289 | | | | | | | | | | | |
| 商品或劳务名称 | 计量单位 | 数量 | 单价 | 金　额 | | | | | | | | | 税率% | 税额 | | | | | | | | |
| | | | | 千 | 百 | 十 | 万 | 千 | 百 | 十 | 元 | 角 | 分 | | 千 | 百 | 十 | 万 | 千 | 百 | 十 | 元 | 角 | 分 |
| 5%葡萄糖注射液 | 件 | 1600 | 35 | | | | 5 | 6 | 0 | 0 | 0 | 0 | 0 | 17 | | | | | 9 | 5 | 2 | 0 | 0 | 0 |
| 10%葡萄糖注射液 | 件 | 800 | 40 | | | | 3 | 2 | 0 | 0 | 0 | 0 | 0 | 17 | | | | | 5 | 4 | 4 | 0 | 0 | 0 |
| | | | | | | | | | | | | | | | | | | | | | | | | |
| 合　计 | | | | | | | 7 | 8 | 8 | 0 | 0 | 0 | 0 | 17 | | | | | 1 | 4 | 9 | 6 | 0 | 0 |
| 价税合计（大写） | | ×仟×佰壹拾零万贰仟玖佰陆拾零元零角零分　　¥：102960.00 | | | | | | | | | | | | | | | | | | | | | | | |
| 销货单位 | 名称 | 武汉长兴药业有限公司 | | 纳税人登记号 | | | | | | 100122356789550 | | | | | | | | | | | | | | |
| | 地址电话 | 武汉市 027-65489000 | | 开户银行及账号 | | | | | | 中国建设银行武汉阅马场支行 4367422872710129850 | | | | | | | | | | | | | | |

开票单位：（未盖章无效）　　　　　收款人：段　玲

## 二、收款业务核算

对以下销售及收款业务进行单据处理。

**业务 02**：16 日，销售部吴响向武汉凯旋大药房销售 0.9% 氯化钠注射液 1 200 件，单价 35 元（附单据 2 张），收到转账支票一张，已通过银行办理进账手续。票号 1004。

表 11-2

### 湖北省增值税专用发票

开票日期：2014 年 7 月 16 日　　　　　　　　　　　　　　　　　　　　No.0000002

| 购货单位 | 名　称 | 武汉凯旋大药房 | | 纳税人登记号 | | | | | | | | | | | | | | | | | | | | |
|---|---|---|---|---|---|---|---|---|---|---|---|---|---|---|---|---|---|---|---|---|---|---|---|---|
| | 地址电话 | 武汉市 027-88664422 | | 开户银行及账号 | | | | | | | 建行徐家汇支行 132442287710129850 | | | | | | | | | | | | | |

| 商品或劳务名称 | 计量单位 | 数量 | 单价 | 金　额 | | | | | | | | | | 税率% | 税　额 | | | | | | | | |
|---|---|---|---|---|---|---|---|---|---|---|---|---|---|---|---|---|---|---|---|---|---|---|---|
| | | | | 千 | 百 | 十 | 万 | 千 | 百 | 十 | 元 | 角 | 分 | | 千 | 百 | 十 | 万 | 千 | 百 | 十 | 元 | 角 | 分 |
| 0.9% 氯化钠注射液 | 件 | 1200 | 35 | | | ¥ | 4 | 2 | 0 | 0 | 0 | 0 | 0 | 17 | | | | | ¥ | 7 | 1 | 4 | 0 | 0 |
| | | | | | | | | | | | | | | | | | | | | | | | | |
| | | | | | | | | | | | | | | | | | | | | | | | | |
| 合　计 | | | | | | ¥ | 4 | 2 | 0 | 0 | 0 | 0 | 0 | 17 | | | | | ¥ | 7 | 1 | 4 | 0 | 0 |

价税合计（大写）　×仟×佰×拾肆万玖仟壹佰肆拾零元零角零分　¥：49 140.00

| 销货单位 | 名　称 | 武汉长兴药业有限公司 | 纳税人登记号 | 100122356789550 |
|---|---|---|---|---|
| | 地址电话 | 武汉市 027-98988888 | 开户银行及账号 | 中国建设银行武汉阅马场支行 436742287710129850 |

开票单位：（未盖章无效）　　　　收款人：白　云

第四联　记账联　销货方记账

表 11-3

### 中国建设银行转账支票

签发日期：2014 年 7 月 16 日　　　支票号码 1004
收款人：武汉长兴药业有限公司　　开户银行名称：
　　　　　　　　　　　　　　　　　签发人账号：132442287710129850

| 人民币（大写） | 肆万玖仟壹佰肆拾元整 | 千 | 百 | 十 | 万 | 千 | 百 | 十 | 元 | 角 | 分 |
|---|---|---|---|---|---|---|---|---|---|---|---|
| | | | | | ¥ | 4 | 9 | 1 | 4 | 0 | 0 |

| 上列款项请从我账户内支付 | 用途　购货 |
|---|---|
| | 科目（借）<br>对方科目（贷）<br>付讫日期　年　月　日<br>出纳复核记账验印 |
| | 贴对号单处　　出纳对号单　　0555554 |

**业务**03：17日，销售部李尚收到思远医院转账支票1张，面值35 100元，归还前欠货款。

表　11-4

### 中国建设银行转账支票

签发日期：2014年7月17日　　　　支票号码1005

收款人：武汉长兴药业有限公司　　　开户银行名称：

　　　　　　　　　　　　　　　　　签发人账号：4367422872710134560

| 人民币（大写） | 叁万伍仟壹佰元整 | 千 | 百 | 十 | 万 | 千 | 百 | 十 | 元 | 角 | 分 |
|---|---|---|---|---|---|---|---|---|---|---|---|
| | | | | | ¥ | 3 | 5 | 1 | 0 | 0 | 0 |
| 上列款项请从我账户内支付 | | 用途　购货 | | | | | | | | | |
| | | 科目（借）<br>对方科目（贷）<br>付讫日期　年　月　日<br>出纳复核记账验印 | | | | | | | | | |
| | | 贴对号单处 | | 出纳<br>对号单　　　0555555 | | | | | | | |

**业务**04：25日，销售部吴响收到凯旋药房预付货款20 000元，转账支票号1006。

表　11-5

### 中国建设银行转账支票

签发日期：2014年7月25日　　　　支票号码1006

收款人：武汉长兴药业有限公司　　　开户银行名称：

　　　　　　　　　　　　　　　　　签发人账号：4367422872710134560

| 人民币（大写） | 贰万元整 | 千 | 百 | 十 | 万 | 千 | 百 | 十 | 元 | 角 | 分 |
|---|---|---|---|---|---|---|---|---|---|---|---|
| | | | | | ¥ | 2 | 0 | 0 | 0 | 0 | 0 |
| 上列款项请从我账户内支付 | | 用途　购货 | | | | | | | | | |
| | | 科目（借）<br>对方科目（贷）<br>付讫日期　年　月　日<br>出纳复核记账验印 | | | | | | | | | |
| | | 贴对号单处 | | 出纳<br>对号单　　　0555555 | | | | | | | |

### 三、审核

1. 审核销售发票。
2. 审核收款单。

### 四、制单处理

1. 将武汉长兴药业有限公司2014年7月应收系统中所有未制单的销售发票和结算单生成凭证。
2. 出纳签字、审核、记账。

## 五、核销

## 六、计提 2014 年 7 月坏账准备

1. 计提 2014 年 7 月坏账准备并生成凭证。
2. 审核、记账。

## 11.3 实训内容及步骤

### 一、销售业务核算

1. **填制销售发票**

**操作步骤**

（1）启动"应收账款管理"系统。执行"财务会计"/"应收款管理"/"应收单据设置"/"应收单据录入"命令，打开"单据类别"对话框。

（2）选择单据名称"销售发票"；单据类型"销售专用发票"；单据方向"正向"后，单击"确定"按钮，进入"销售专用发票"录入窗口，如图 11-1 所示。

（3）根据示例进行单据录入，录入完毕后，单击"保存"按钮，即可保存当前新增的单据，如图 11-2 所示。

图 11-1

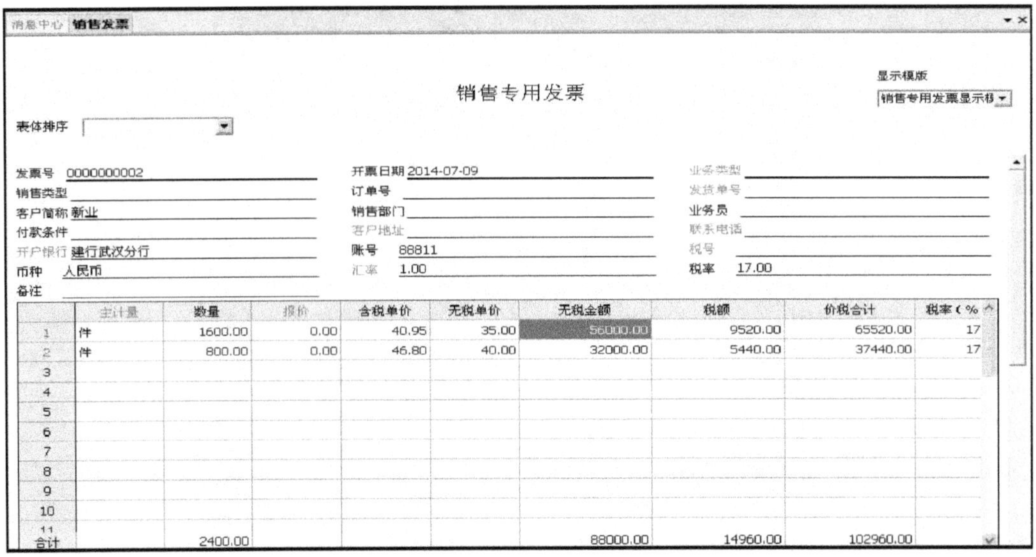

图 11-2

填制销售发票，就是对购货单位开具的销售发票进行录入。在进行单据录入前，首先确定单据名称、单据类型以及方向。然后根据业务内容录入有关信息。录入时首先用代码录入客户名称，与客户相关内容由系统自动显示；其次进行货物名称、数量和金额等内容

的录入;最后保存退出。

如果该购货单位、付款条件、部门、业务员是新增的,应先进行增加客户档案的操作。

2. 票据管理

如果企业发生了应收票据业务,并将应收票据科目设置成为带有客户往来辅助核算的科目,则可以在应收系统中对银行承兑汇票和商业承兑汇票进行管理。

**操作步骤**

(1)启动"应收账款管理"系统。执行"财务会计"/"应收款管理"/"票据管理"命令,打开"票据查询"对话框。

(2)在"票据查询"对话框中,单击"确定"按钮,打开"票据管理"窗口。

(3)在"票据管理"窗口中,单击"增加"按钮,打开"票据增加"对话框。

(4)在"票据增加"对话框中,根据示例进行单据录入,录入完毕后,单击"确定"按钮,即可保存当前新增的单据。

3. 审核销售发票

**操作步骤**

(1)执行"财务会计"/"应收款管理"/"应收单据设置"/"应收单据审核"命令,打开"应收单过滤条件"对话框。

(2)在"应收单过滤条件"对话框中,单击"确定"按钮,打开"应收单据列表"窗口,如图 11-3 所示。

(3)在"应收单据列表"窗口中,单击"审核"按钮,对所选的单据进行审核,或者单击"全选"按钮,选择所有要审核的单据。

(4)审核完毕后,在弹出的信息提示对话框中,单击"确定"按钮。

图 11-3

审核销售发票,就是在单据保存后对其正确性进一步审核确认,此操作应在单据录入完毕后进行。审核人和制单人可以是同一个人。单据被审核后,将从单据处理功能中消失,但可通过单据查询查看此单据。

## 二、收款业务核算

填制收款单,就是对已交来应收款项的单据进行录入。

**操作步骤**

(1) 执行"财务会计"/"应收款管理"/"收款单据处理"/"收款单据录入"命令,打开"收款单"窗口。

(2) 在"收款单"窗口中,单击"增加"按钮,依次输入各个项目如图11-4所示。

(3) 单击"款项类型"下的单元格,在弹出的下三角按钮上单击,在下拉列表框中选择"应收款"选项。

(4) 录入完毕后,单击"保存"按钮。

(5) 单击"审核"按钮,对该张收款单进行审核。

图 11-4

## 三、核销处理

### 1. 手工核销

**操作步骤**

(1) 执行"财务会计"/"应收款管理"/"核销处理"/"手工核销"命令,打开"核销条件"对话框。

(2) 在"核销条件"对话框中,选择客户,输入结算单和被核销单据的过滤条件,单击"确定"按钮,打开"单据核销"窗口。

(3) "单据核销"窗口上方列表显示该客户可以核销的结算单记录,下方列表显示该客户符合核销条件的对应单据。在要核销的单据的"本次结算金额"栏输入本次结算金额。

(4) 单击"保存"按钮。

### 2. 自动核销

**操作步骤**

(1) 执行"财务会计"/"应收款管理"/"核销处理"/"自动核销"命令,打开"核销条件"对话框。

(2) 在"核销条件"对话框中,选择客户,输入结算单和被核销单据的过滤条件,单击"确定"按钮,系统进行自动核销,并显示自动核销进度条。

(3) 核销完成后,系统提交"自动核销报告"窗口,显示已核销的情况和未核销的原因。

### 四、制单处理

**操作步骤**

(1) 执行"财务会计"/"应收款管理"/"制单处理"对话框。

(2) 选中"制单查询"对话框中的"发票制单"和"收付款单制单",如图 11-5 所示。

图 11-5

### 五、坏账准备的计提

**操作步骤**

(1) 执行"财务会计/应收款管理/坏账处理/计提坏账准备"。

(2) 单击"OK 确认",系统弹出"是否立即制单"窗口,单击"是"按钮,生成凭证。

**想一想**

思考应收款系统与总账系统的相互关系?数据如何传递?

# 实训 12 应付款初始化

（岗位设置：账套主管、会计主管、应付会计）

## 12.1 实训目的

通过本次实训掌握供应商档案管理、应付款系统业务处理控制参数及核算规则。

## 12.2 实训资料

### 一、应付系统的启用和业务控制参数的设置

1. 启用应付系统
启用时间：2014 年 7 月 1 日。
2. 根据资料对应付系统的业务控制参数进行设置
应付款核销方式：按单据；
单据审核日期依据：单据日期；
汇兑损益方式：月末处理；
应付账款核算类型：详细核算；
是否自动计算现金折扣：是；
是否登记支票：是；
核销是否生成凭证：否；
月末结账前是否全部制单：是；
预付冲应付是否生成凭证：是；
是否根据信用额度自动报警：是。

### 二、核算规则设置

1. 根据资料对应付系统的常用科目进行设置
应付科目：2202；
预付科目：1123；
采购科目：1401；
采购税金科目：22210101；
银行承兑科目：2201；

商业承兑科目：2201。

2. 根据表 12-1 中资料对应付系统的结算方式科目进行设置

表 12-1

| 结算方式 | 币　种 | 科　目 |
|---|---|---|
| 现金 | 人民币 | 1001 |
| 现金支票 | 人民币 | 10020101 |
| 转账支票 | 人民币 | 10020101 |

3. 根据表 12-2 中资料对应付系统的账龄区间进行设置

表 12-2

| 序　号 | 起止天数 | 总天数 |
|---|---|---|
| 01 | 0～30 | 30 |
| 01 | 31～60 | 60 |
| 03 | 61～90 | 90 |
| 04 | 91 天以上 | |

4. 根据表 12-3 中资料对应付系统的报警级别进行设置

表 12-3

| 序　号 | 起止比率 | 总比率 | 级别名称 |
|---|---|---|---|
| 01 | 0～10% | 10 | A |
| 02 | 10%～30% | 30 | B |
| 03 | 30%～60% | 60 | C |
| 04 | 60% 以上 | | D |

## 三、录入期初数据

根据表 12-4 中资料录入应付系统 7 月份期初余额。

表 12-4

| 单据类型 | 日　期 | 供应商 | 摘　要 | 方　向 | 金　额 | 部　门 | 业务员 |
|---|---|---|---|---|---|---|---|
| 专用发票 | 2007.06.18 | 飞扬 | 购买药用盐 5 吨 | 贷 | 16380 元 | 采购部 | 万和 |

## 12.3 实训内容及步骤

### 一、启用应付账款系统及业务处理控制参数设置

1. 启用应付账款系统

**操作步骤**

（1）注册进入"企业应用平台"窗口，打开"基础设置"选项卡。

（2）执行"基础信息"/"基本信息"/"系统启用"命令，打开"系统启用"对话框。

（3）在"系统启用"对话框中，选中"AP应付账款"复选框，打开"日历"对话框，确定应收账款系统的启用日期，单击"确定"按钮，弹出信息提示对话框，单击"是"按钮，完成总账系统的启用。见用友ERP-U872管理系统，如图12-1所示。

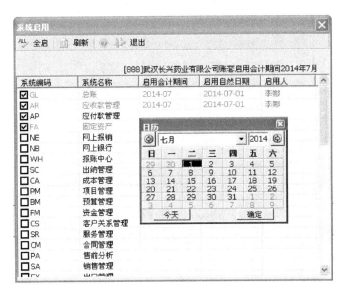

图 12-1

2. 业务处理控制参数设置

业务处理控制参数与应收款系统大致相同，这里只对与应收款系统不同的地方加以说明。

（1）应付款的核销方式，包括按余额、按单据、按存货三种方式。

（2）选择设置控制科目的依据，即按供应商、地区分类。

（3）选择设置存货采购科目的依据，即按存货分类或按存货设置存货采购科目。

（4）选择制单的方式，即明细到供应商、单据和汇总的方式。

（5）选择计算汇总损益的方式、预付款的核销方式及选择是否显示现金款扣与应收款系统相同。

**操作步骤**

（1）进入"应付款管理"窗口，执行"应付款管理"/"设置"/"选项"命令，打开"账套参数设置"对话框。

（2）在"账套参数设置"对话框中，打开"常规"选项卡，单击"编辑"按钮，进行参数设置。见用友 ERP-U872 管理系统，如图 12-2 所示。

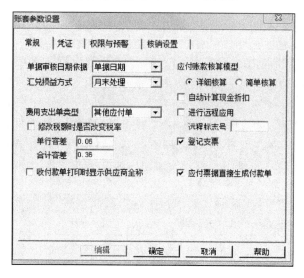

图　12-2

（3）然后打开"凭证"选项卡，进行凭证参数的设置，见用友 ERP-U872 管理系统，如图 12-3 所示。

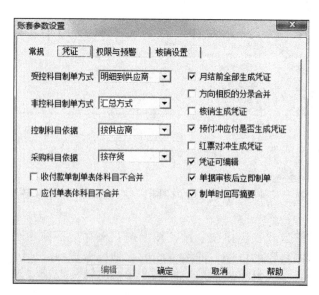

图　12-3

（4）打开"权限与预警"选项卡，进行权限与预警参数的设置，见用友 ERP-U872 管理系统，如图 12-4 所示。

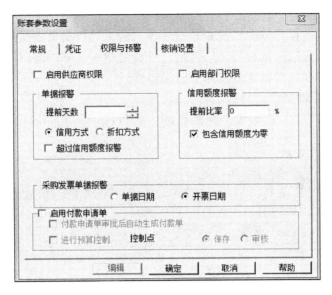

图 12-4

以上设置完成后,单击"确定"按钮,保存设置。

## 二、核算规则设置

1. 基本科目设置

基本科目是在核算应付款项时经常用到的科目。应付科目和预付科目应按核算币种分别设置,如应付科目和预付科目用同一科目核算时,科目可以相同。见用友 ERP-U872 管理系统,如图 12-5 所示。

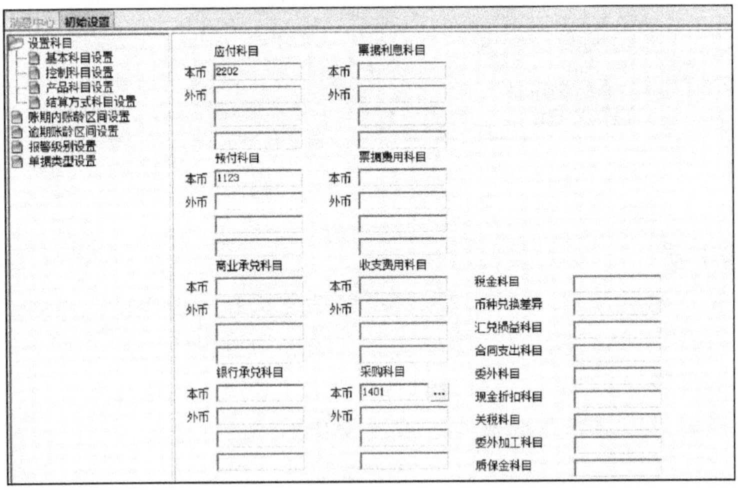

图 12-5

2. 控制科目设置

针对不同的供应商(供应商分类、地区分类)分别设置了不同的应付科目和预付科目,当与基本科目设置中的科目不同时,在控制科目中设置,其内容受业务参数设置控制(即选择供应商设置、供应商分类设置、地区分类设置)。

3. 产品科目设置

针对不同的存货（存货分类）分别设置了不同的采购科目、应交进项税科目，当入账科目与"基本科目设置"中的科目不一致时，在此处设置，其内容以先在业务参数中选择设置为依据（即是按存货设置还是按存货分类设置）。

4. 结算方式科目设置

针对已设置的结算方式，设置一个默认的入账科目。见用友 ERP-U872 管理系统，如图 12-6 所示。

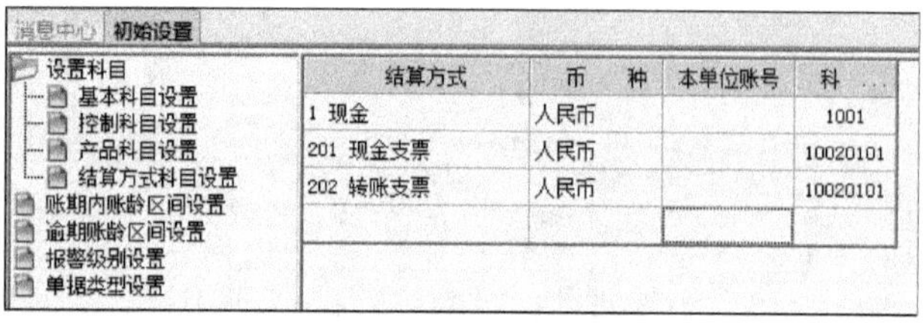

图 12-6

5. 报警级别设置及账龄区间的设置

报警级别的设置，按对供应商欠款余额与其授信额度的比例不同分类，便于掌握各个供应商的信用情况。账龄区间设置为应付账款进行账龄分析。见用友 ERP-U872 管理系统，如图 12-7 所示。

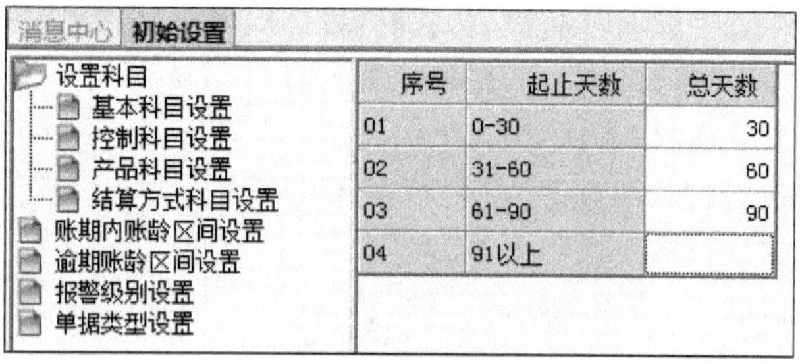

图 12-7

6. 单据类型设置

与应收系统的单据类型对应，其单据类型包括发票和应付单两大类型，其中应付单记录采购业务之外的应付款情况，可以按应付款项的不同设置应付单类型，以后应付单的对应科目由企业自行定义。

操作步骤与应收账款系统大致相同，在此不再赘述。

### 三、录入期初余额

**操作步骤**

（1）进入"应付款管理"系统。执行"应付款管理"/"设置"/"期初余额"命令，打开"期初余额—查询"对话框，见用友 ERP-U872 管理系统，如图 12-8 所示。

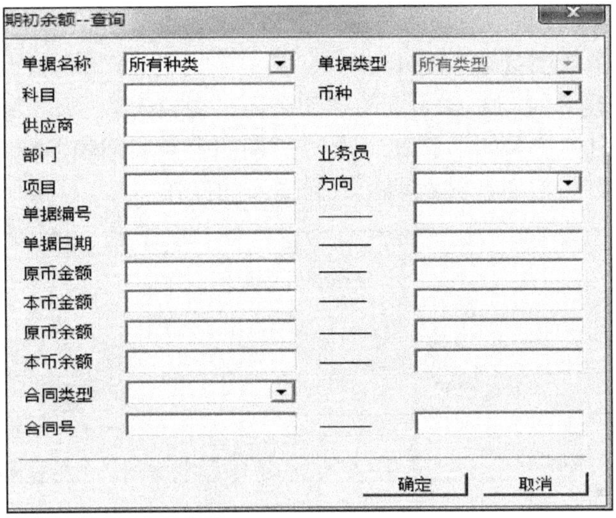

图 12-8

（2）在"期初余额—查询"对话框中，单击"确定"按钮，打开"期初余额明细表"窗口。

（3）在"期初余额明细表"窗口中，单击"增加"按钮，打开"单据类别"对话框。见用友 ERP-U872 管理系统，如图 12-9 所示。

（4）在"单据类别"对话框中，单击"单据名称"下拉列表框的下三角按钮，在"单据名称"下拉列表中选择"采购发票"选项。

（5）单击"单据类型"下拉列表框的下三角按钮，在下拉列表中选择"采购专用发票"选项。

（6）单击"方向"下拉列表框的下三角按钮，在下拉列表中选择"正向"选项。

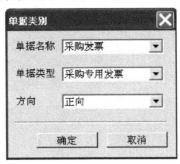

图 12-9

（7）单击"确定"按钮，打开"采购专用发票"期初录入窗口，输入开票日期，选择客户名称、科目、币种、销售部门、业务员，输入税率。

（8）单击"增行"按钮。

（9）单击"货物名称"栏中的空白单元格，弹出参照对话框。

（10）在"存货参照"对话框中，双击选中产品名称，输入数量、单价，输入完毕后，单击"保存"按钮。见用友 ERP-U872 管理系统，如图 12-10 所示。

（11）重复步骤（7）～（10）的操作，继续输入期初数据。期初数据输入完毕后，单击"退出"按钮,返回"期初余额明细表"窗口。

(12)在"期初余额明细表"窗口中,单击"对账"按钮,打开"期初对账"对话框,可查看应付款管理系统与总账系统的期初余额平衡情况。

(13)单击右上角的"关闭"按钮,返回"期初余额明细表"窗口。

(14)单击"退出"按钮,完成期初数据输入的操作。

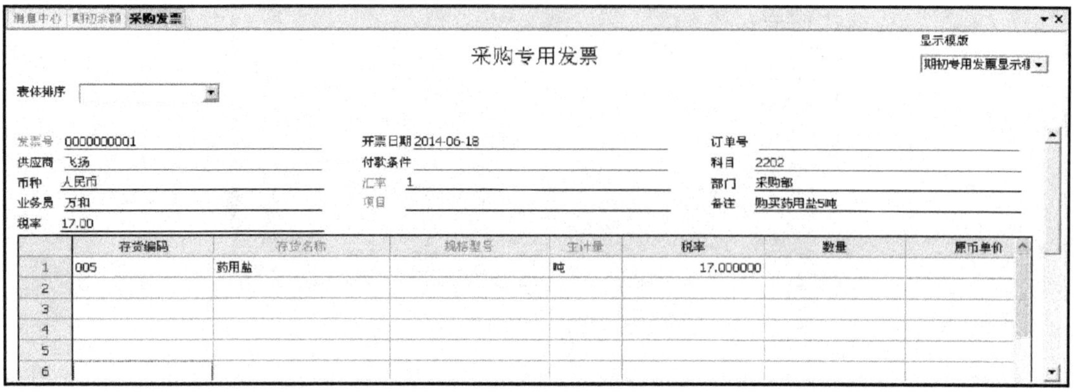

图 12-10

**想一想**

应付账款系统业务控制参数的设置对以后日常业务处理有何影响?

# 实训 13 应付款日常处理

（岗位设置：总账会计、应付会计）

## 13.1 实训目的

通过本次实训，要求学生掌握企业购入材料物资后，应将销货方开具的销货发票作为单据录入到应付系统，并对此进行审核；要求学生掌握将已支付给供应商的款项，根据有关的付款结算凭证，作为付款单录入到应付系统，并对采购发票或应付单进行核销，或将付款金额形成预付款的各系统的操作技巧。

## 13.2 实训资料

### 一、采购业务核算

1. 填制采购发票

对以下长兴公司 7 月份的采购业务进行单据处理。

**业务 01**：5 日，采购部万和向武汉曙光有限公司采购医用葡萄糖粉 10 吨，单价 3 500 元，（附单据 2 张），货款未付。

表 13-1

**湖北省增值税专用发票**

开票日期：2014 年 7 月 5 日    No 0000003

| 购货单位 | 名称 | 武汉长兴药业有限公司 | 纳税人登记号 | | | | | | | 10012235678 9550 | | | | | | | | | |
|---|---|---|---|---|---|---|---|---|---|---|---|---|---|---|---|---|---|---|---|
| | 地址电话 | 武汉市 027-98988888 | 开户银行及账号 | | | | | | | 建行武汉阅马场支行 436742287 2710129850 | | | | | | | | | |
| 商品或劳务名称 | 计量单位 | 数量 | 单价 | 金 额 | | | | | | | | | 税率% | 税 额 | | | | | | | |
| | | | | 千 | 百 | 十 | 万 | 千 | 百 | 十 | 元 | 角 | 分 | | 千 | 百 | 十 | 万 | 千 | 百 | 十 | 元 | 角 | 分 |
| 医用葡萄糖粉 | 吨 | 10 | 3500 | | | | 3 | 5 | 0 | 0 | 0 | 0 | 0 | 17 | | | | | 5 | 9 | 5 | 0 | 0 | 0 |
| 合 计 | | | | | | ¥ | 3 | 5 | 0 | 0 | 0 | 0 | 0 | | | | | ¥ | 5 | 9 | 5 | 0 | 0 | 0 |
| 价税合计（大写） | | ×仟×佰×拾肆万零仟玖佰伍拾零元零角零分 ¥：40 950.00 | | | | | | | | | | | | | | | | | | | | | | |
| 销货单位 | 名称 | 武汉曙光有限公司 | 纳税人登记号 | | | | | | | 10011056565 6566 | | | | | | | | | |
| | 地址电话 | 武汉市 027-87654321 | 开户银行及账号 | | | | | | | 武汉一元路支行 436742287 2710176342 | | | | | | | | | |

第二联  发票联 购货方记账

开票单位：（未盖章无效）    收款人：周 洲

2. 审核采购发票

对上例中填制的采购发票进行审核。

## 二、付款业务核算

对以下采购及付款业务进行单据处理。

**业务02**：11日，采购部万和向武汉长平公司采购药用盐5吨，单价2 800元（附单据2张），货款未付。

表 13-2

### 湖北省增值税专用发票

开票日期：2014年7月11日　　　　　　　　　　　　　　　　　　　　　No.0000004

| 购货单位 | 名称 | 武汉长兴药业有限公司 | | | 纳税人登记号 | | | | 10012235678955O | | | | | | | | |
|---|---|---|---|---|---|---|---|---|---|---|---|---|---|---|---|---|---|
| | 地址电话 | 武汉市 027-98988888 | | | 开户银行及账号 | | | | 建行武汉阅马场支行 43674228727I0129830 | | | | | | | | |

| 商品或劳务名称 | 计量单位 | 数量 | 单价 | 金额 | | | | | | | | 税率% | 税额 | | | | | | | |
|---|---|---|---|---|---|---|---|---|---|---|---|---|---|---|---|---|---|---|---|---|
| | | | | 千 | 百 | 十 | 万 | 千 | 百 | 十 | 元 | 角 | 分 | | 千 | 百 | 十 | 万 | 千 | 百 | 十 | 元 | 角 | 分 |
| 药用盐 | 件 | 5 | 2800 | | | 1 | 4 | 0 | 0 | 0 | 0 | 0 | 17 | | | | 2 | 3 | 8 | 0 | 0 | 0 |
| | | | | | | | | | | | | | | | | | | | | | | | |
| | | | | | | | | | | | | | | | | | | | | | | | |
| 合计 | | | | | | ¥1 | 4 | 0 | 0 | 0 | 0 | 0 | | | | ¥ | 2 | 3 | 8 | 0 | 0 | 0 |

价税合计（大写）　×仟×佰×拾壹万陆仟叁佰捌拾零元零角零分　　¥16 380.00

| 销货单位 | 名称 | 武汉长平公司 | 纳税人登记号 | 10011079797979799 |
|---|---|---|---|---|
| | 地址电话 | 武汉市 027-81234567 | 开户银行及账号 | 武汉紫阳路支行 43674228727I097541 |

开票单位：（未盖章无效）　　　　收款人：周　洲

第二联　发票联购货方记账

**业务03**：16日，采购部万和开出转账支票1张，面值16 380元，归还前武汉飞扬有限公司货款。

表 13-3

| 中国建设银行转账支票存根 |
|---|
| 支票号码 1007 |
| 科目 |
| 对方科目 |
| 签发日期 2014年7月16日 |
| 收款人　武汉飞扬有限公司 |
| 金额　16 380.00 |
| 用途　购货 |
| 备注 |
| 单位主管　　　　　会计 |
| 复核　　　　　　　记账 |

**业务04**：22日，采购部万和开出转账支票1张，面值40 950元，归还前欠武汉曙光有限

公司货款。

表 13-4

| 中国建设银行转账支票存根 |
| --- |
| 支票号码 1008 |
| 科目 |
| 对方科目 |
| 签发日期　2014年7月22日 |
| 收款人　　武汉曙光有限公司 |
| 金额　　　40 950.00 |
| 用途　　　购货 |
| 备注 |
| 单位主管　　　　　会计 |
| 复核　　　　　　　记账 |

### 三、制单处理

1．将武汉长兴药业有限公司2014年7月应付系统中所有未制单的采购发票和结算单生成凭证。

2．审核、记账。

### 四、核销

直接点击工作区的"核销"，即可。

## 13.3　实训内容及步骤

### 一、采购业务核算

1．填制采购发票

**操作步骤**

（1）启动"应付款管理"系统。执行"财务会计"/"应付款管理"/"应付单据设置"/"应付单据录入"命令，打开"单据类别"对话框。

（2）选择单据名称——"采购发票"，单据类型——"采购专用发票"，单据方向——"正向"，然后单击"确认"按钮，进入"采购专用发票"录入窗口，如图13-1所示。

（3）根据示例进行单据录入，录入完毕后，单击"保存"按钮，即可保存当前新增的单据。

2．审核采购发票

**操作步骤**

（1）执行"财务会计"/"应付款处理"/"应付单据设置"/"应付单据审核"命令，打开"单据过滤条件"对话框。

（2）在"单据过滤条件"对话框中，单击"确认"按钮，打开"应付单据列表"窗口。

（3）在"应付单据列表"窗口中，单击"审核"按钮，对所选的单据进行审核，或者单击"全选"按钮，选择所有要审核的单据，见用友ERP-U872管理系统，如图13-2所示。

图 13-1

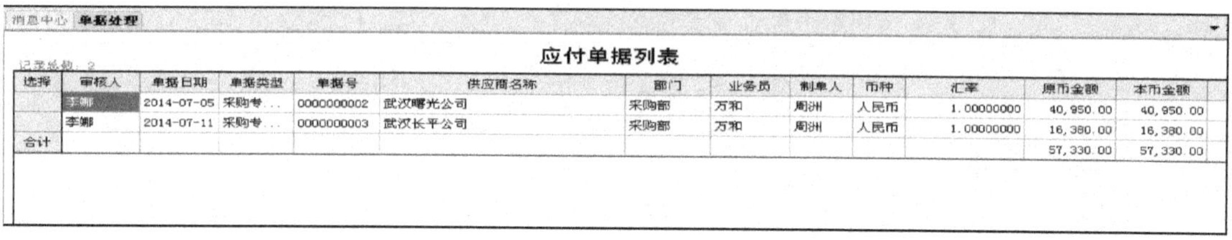

图 13-2

（4）审核完毕后，弹出"提示"对话框，单击"确认"按钮，见用友 ERP-U872 管理系统。

3．票据管理

如果企业发生了应付票据业务，并将应付票据科目设置成为带有供应商往来辅助核算的科目，则可以在应付系统中对银行承兑汇票和商业承兑进行管理。

## 二、付款业务核算

1．填制付款单

当支付货款时，需要通过应付系统的"单据结算"功能录入相应的付款单。

**操作步骤**

（1）执行"财务会计"/"应付款管理"/"付款单据设置"/"付款单据录入"命令，打开"付款单"窗口。

（2）在"付款单"窗口中，单击"增加"按钮，依次输入各个项目，见用友 ERP-U872 管理系统，如图 13-3 所示。

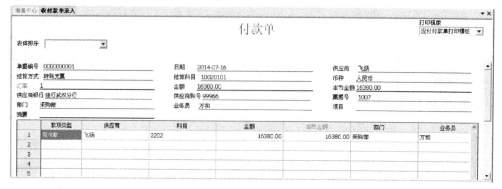

图 13-3

（3）录入完毕后，单击“保存”按钮。

（4）单击“审核”按钮，对该张付款单进行审核。

发生采购退货时，需要开具收款单给供应商，可通过“切换”功能按钮，录入收款单。见用友 ERP-U872 管理系统，如图 13-4 所示。

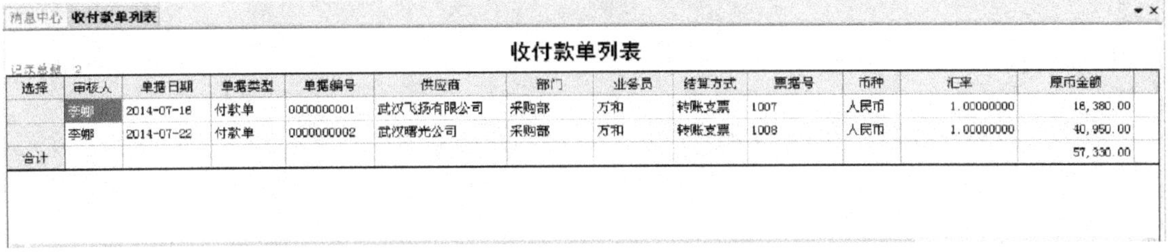
消息中心 收付款单列表

收付款单列表

记录总数 2

| 选择 | 审核人 | 单据日期 | 单据类型 | 单据编号 | 供应商 | 部门 | 业务员 | 结算方式 | 票据号 | 币种 | 汇率 | 原币金额 |
|---|---|---|---|---|---|---|---|---|---|---|---|---|
| | 李娜 | 2014-07-16 | 付款单 | 0000000001 | 武汉飞扬有限公司 | 采购部 | 万和 | 转账支票 | 1007 | 人民币 | 1.00000000 | 16,380.00 |
| | 李娜 | 2014-07-22 | 付款单 | 0000000002 | 武汉曙光公司 | 采购部 | 万和 | 转账支票 | 1008 | 人民币 | 1.00000000 | 40,950.00 |
| 合计 | | | | | | | | | | | | 57,330.00 |

图 13-4

2．形成预付款

## 三、核销处理

1．手工核销

**操作步骤**

（1）执行“财务会计”/“应付款管理”/“核销处理”/“手工核销”命令，打开“核销条件”对话框。

（2）在“核销条件”对话框中，选择供应商，输入结算单和被核销单据的过滤条件，单击“确定”按钮，打开“单据核销”窗口。

（3）“单据核销”窗口上方列表显示该供应商可以核销的结算单记录，下方列表显示该供应商符合核销条件的对应单据。在要核销的单据的“本次结算金额”栏输入本次结算金额。

（4）单击“保存”按钮。

2．自动核销

**操作步骤**

（1）执行“财务会计”/“应付款管理”/“核销处理”/“自动核销”命令，打开“核销条件”对话框。

（2）在“核销条件”对话框中，选择供应商，输入结算单和被核销单据的过滤条件，单击“确定”按钮，系统进行自动核销，并显示自动核销进度条。

3．核销完成后，系统提交“自动核销报告”窗口，显示已核销的情况和未核销的原因

## 四、制单处理

应付款系统在各个业务处理过程中都提供了实时制单的功能；系统提供了一个统一的制单的平台，可以在此快速、成批生成凭证，并可以依据规则进行合并制单。

**操作步骤**

（1）执行“应付款管理”/“制单处理”，打开“制单查询”对话框，输入完查询条件，单击“确定”按钮，系统列示所有的符合条件的未制单已记账的单据。

（2）选择要进行制单的单据，选择完所有的条件后，单击"制单"按钮，进入凭证界面。

（3）检查各项内容无误后，单击"保存"按钮。凭证左上角显示"已生成"表明已将凭证传递到总账系统。

 **想一想**

思考应付账款系统与总账系统的相互关系？数据是如何传递的？

# 实训 14　期末会计事项处理

## 14.1　实训目的

通过实训，了解电算化方式下高效地完成月末处理的特点，掌握生成转账凭证的操作技巧。期末会计业务是会计人员在每个会计期末都需要完成的一些特定的会计工作，包括成本费用的计提、分摊、对账、结账等。在将本月所发生的经济业务全部登记入账后，计提分摊费用，结转损益类科目，并进行对账、结账，结束本月会计处理流程，为下月会计处理做好准备。

## 14.2　实训资料

### 一、总账系统的月末处理

(一) 定义总账系统内部自动转账凭证

1. 自定义结转定义

根据资料，设置自定义转账分录。

(1) 计提当月的短期借款利息（年利率6%）。
(2) 计算税金及附加（城建税、教育费附加）。
(3) 计算当期应交所得税。

2. 对应结转定义

根据资料，设置对应结转分录。结转本月的增值税及制造费用。

3. 销售成本结转定义

设置结转销售成本的转账分录。

4. 汇兑损益结转定义

设置结转汇兑损益的转账分录。美元调整汇率为7.60。

5. 期间损益结转定义

设置结转损益类账户的转账分录。

(二) 转账生成

根据以上的设置生成凭证。

(三) 将转账生成的凭证审核、记账

(四) 银行对账

银行账的启用日期为2014年7月1日，科目为"人民币户（10020101）"，单位日记账余额为252 800元，银行对账单余额为252 800元，期初无未达账项。

表 14-1

| 日　　期 | 结算方式及结算号 | 收入/元 | 支出/元 |
|---|---|---|---|
| 2007.07.02 | 202-1001 | | 8 000 |
| 2007.07.03 | 3 | | 4 000 |
| 2007.07.05 | 3 | | 10 000 |
| 2007.07.08 | 201-1002 | | 2 000 |
| 2007.07.10 | 3 | | 46 400 |
| 2007.07.10 | 3 | | 3 840 |
| 2007.07.15 | 3 | 40 000 | |
| 2007.07.15 | 3 | | 40 |
| 2007.07.16 | 202-1004 | 49 140 | |
| 2007.07.16 | 202-1007 | | 16 380 |
| 2007.07.17 | 202-1005 | 35 100 | |
| 2007.07.22 | 202-1008 | | 40 950 |
| 2007.07.25 | 202-1006 | 20 000 | |

1. 根据表 14-1 输入银行对账期初余额。
2. 根据表 14-1 进行 7 月份的银行对账处理。
3. 输出 7 月份的余额调节表。

## 二、工资、固定资产、应收系统、应付系统月末结账

对工资、固定资产、应收系统、应付系统进行月末结账工作。

## 三、试算平衡与对账

完成 7 月份的对账工作，并检查试算平衡表。

## 四、结账

完成 7 月份的结账工作。

## 14.3 实训内容及步骤

### 一、总账系统的月末处理

（一）定义总账系统内部自动转账凭证

总账系统提供五种转账定义形式，分别是自定义转账、对应结转、销售成本结转、汇兑损益结转、期间损益结转。

1. 自定义转账功能可以完成的转账业务

（1）"费用分配"的结转。

（2）"费用分摊"的结转。

（3）"税金计算"的结转。

（4）"提取各项费用"的结转。

（5）"部门核算"的结转。

（6）"项目核算"的结转。
（7）"个人核算"的结转。
（8）"客户核算"的结转。
（9）"供应商核算"的结转。

**操作步骤**

（1）在"总账系统"界面，单击系统菜单"期末"下的"转账定义"中的"自定义结转"命令，弹出相应的对话框。

（2）在"自动转账设置"对话框中，单击"增加"按钮，出现转账目录定义界面，见用友 ERP-U872 管理系统，如图 14-1 所示。

图 14-1

（3）输入转账序号、转账说明，选择"凭证类别"为"记账凭证"。

（4）单击"确定"按钮，返回"自定义"对话框，输入需要结转的会计科目编码、借贷方向，在"金额公式"栏录入计算公式等相关内容。见用友 ERP-U872 管理系统，如图 14-2 所示。

图 14-2

（5）单击"保存"按钮，继续编辑下一条转账分录。

2．对应结转设置

本功能用于对两个科目的下级科目进行一一对应的结转。

**操作步骤**

（1）在"总账系统"界面，单击系统主菜单"期末"下的"转账定义"中的"对应结转设置"命令，弹出相应的对话框。

（2）单击"增加"按钮，增加一笔对应转账。

（3）输入转账凭证代号、转出科目编码、转入科目编码，选择凭证类别为"记账凭证"，见用友 ERP-U872 管理系统，如图 14-3 所示。

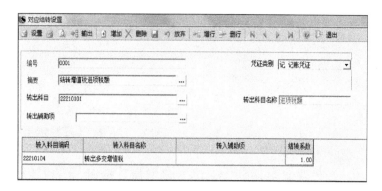

图 14-3

（4）定义完各项后，按回车键，可增加一条定义，继续下一条对应结转的设置。

（5）定义完毕，按 ESC 键退出输入状态，单击"退出"按钮，返回"总账系统"界面。

3. 销售成本结转设置

**操作步骤**

（1）单击系统主菜单"期末"下的"转账定义"中的"销售成本结转设置"命令，弹出相应对话框。见用友 ERP-U872 管理系统，如图 14-4 所示。

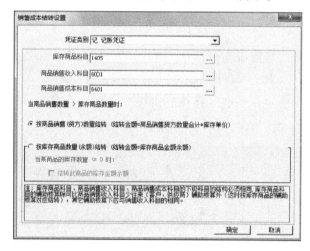

图 14-4

（2）在"销售成本结转设置"对话框中，凭证类别选择"记账凭证"，选择相应的库存商品科目、商品销售收入科目、商品销售成本科目，单击"确定"按钮。

4. 汇兑损益结转设置

本功能用于期末自动计算外币账户的汇兑损益，并在转账生成中自动生成汇兑损益转账凭证。汇兑损益只处理外汇存款户、外币现金、外币结算的各项债权和债务这几个外币账户，不包括所有者权益类账户、成本类账户和损益类账户。见用友 ERP-U872 管理系统，如图 14-5、图 14-6 所示。

5. 期间损益结转设置

在自动结转损益类科目前，所有有效凭证（包含自定义结转生成的凭证）必须已记账。

（1）单击系统主菜单"期末"下的"转账定义"中的"期间损益"命令，弹出相应的对话框。

（2）在"期间损益结转设置"对话框中，凭证类别选择"记账凭证"，选择"本年利润科目"，单击"确定"按钮。见用友 ERP-U872 管理系统，如图 14-7 所示。

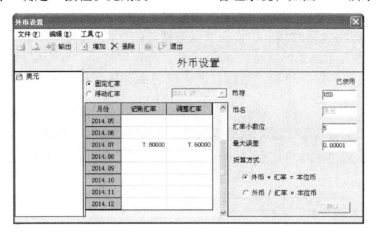

图 14-5

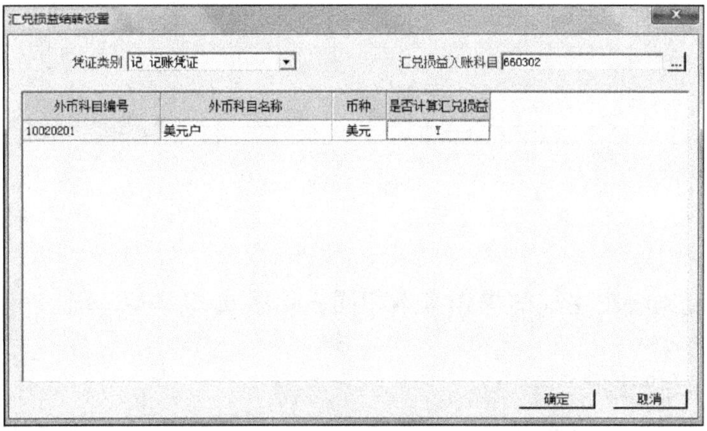

图 14-6

图 14-7

（二）凭证生成

1. 自定义转账生成

（1）单击系统主菜单"期末"下的"转账生成"命令，弹出相应的对话框。

（2）在"转账生成"对话框中，选择需要结转的月份"2014.07"，选中"自定义转账"单选按钮，在显示出来的需结转项的"是否结转"栏中，双击要结转的凭证，标明"√"标志，单击"确定"按钮，系统自动生成转账凭证。见用友 ERP-U872 管理系统，如图 14-8 所示。

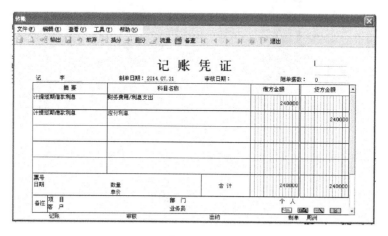

图　14-8

2. 对应转账生成

此操作与自定义转账生成的操作基本相同，见用友 ERP-U872 管理系统，如图 14-9、图 14-10 所示。

3. 销售成本转账生成

此操作与自定义转账生成的操作基本相同，见用友 ERP-U872 管理系统，如图14-11、图 14-12、图 14-13 所示。

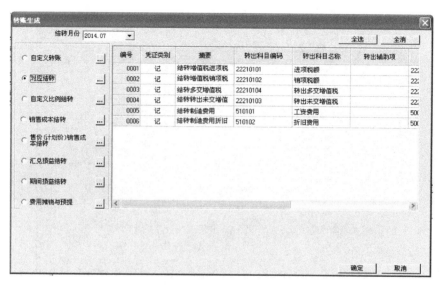

图　14-9

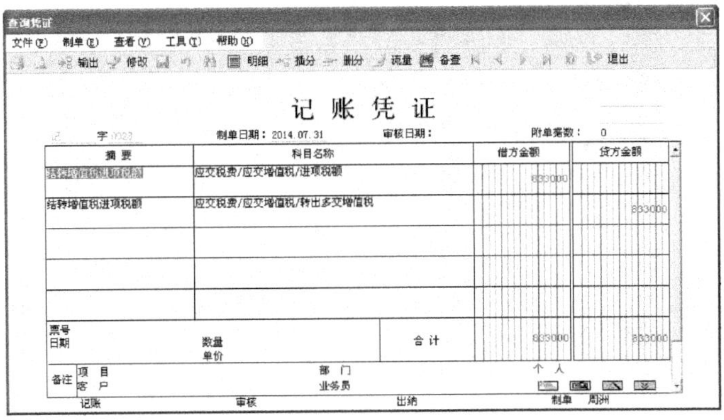

图 14-10

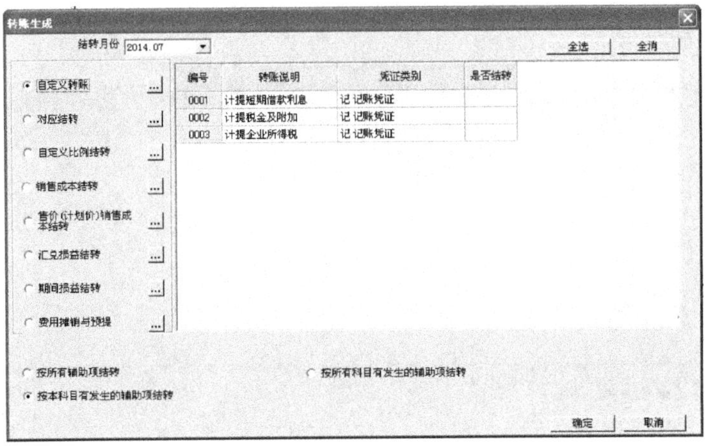

图 14-11

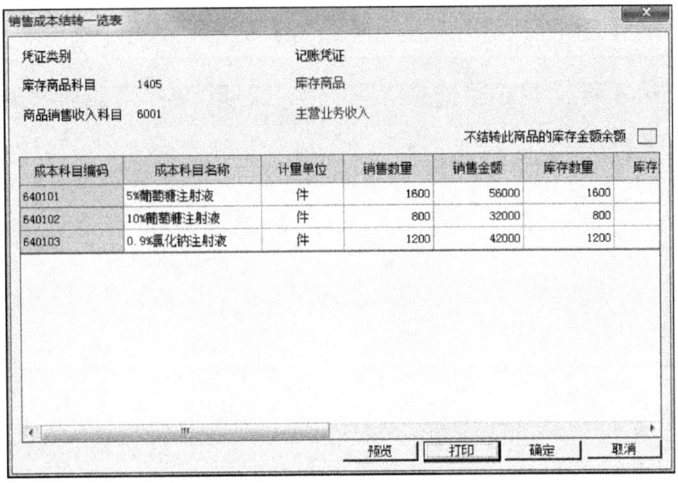

图 14-12

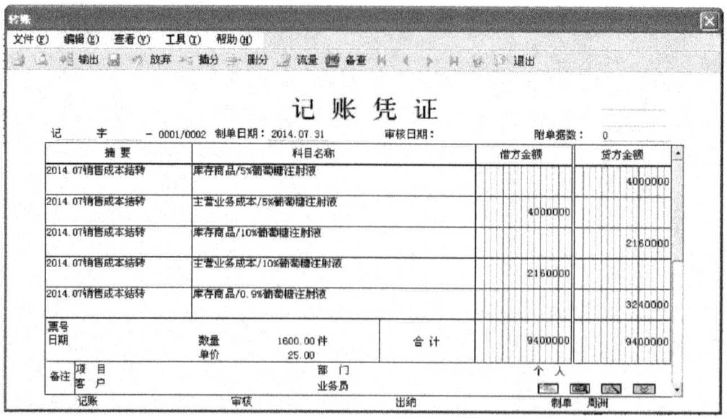

图 14-13

**4. 汇兑损益转账生成**

此操作与自定义转账生成的操作基本相同。见用友 ERP-U872 管理系统，如图14-14、图 14-15、图 14-16 所示。

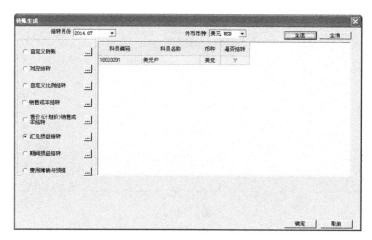

图 14-14

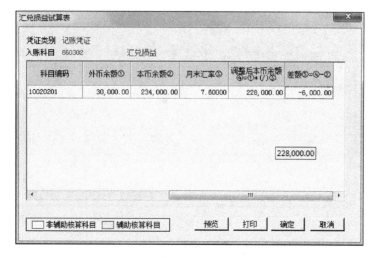

图 14-15

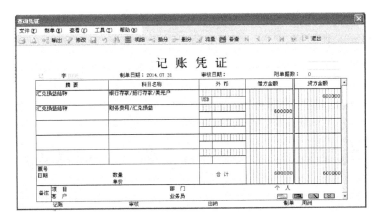

图　14-16

5．期间损益转账生成

（1）单击系统主菜单"期末"下的"转账生成"命令，弹出相应的对话框。

（2）在"转账生成"对话框中，选择需要结转的月份，选中"自定义转账"单选按钮，在显示出来的需结转项的"损益类型"栏中，选择相应的结转类型，单击"确定"按钮，系统自动生成转账凭证。见用友 ERP-U872 管理系统，如图 14-17、图 14-18 所示。

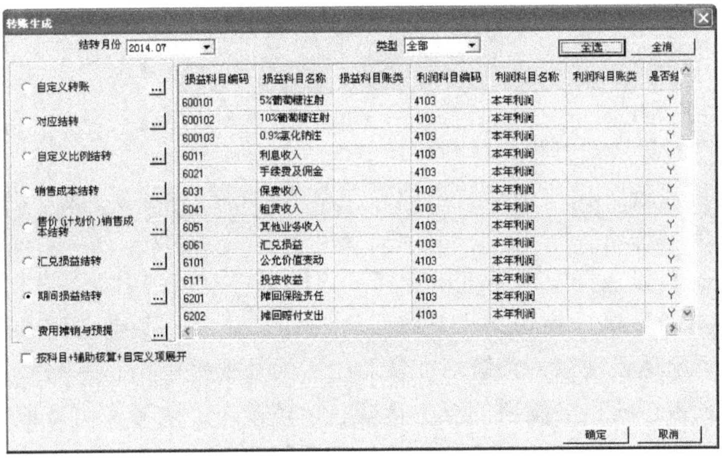

图　14-17

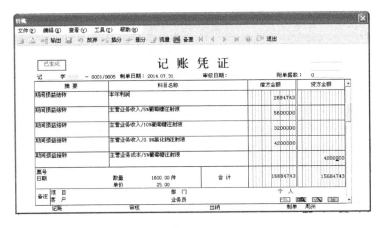

图　14-18

（三）将转账生成的凭证审核、记账

（四）出纳银行对账

银行对账功能包括录入对账期初、录入银行对账单、自动勾对与手工调整，并提供余额调节表和未达账报告。

银行对账期初录入已在总账系统初始化中完成，在此略。见用友 ERP-U872 管理系统，如图 14-19 所示。

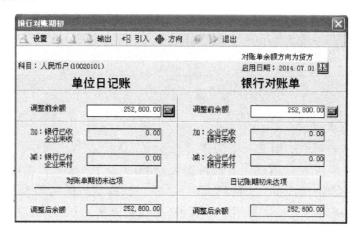

图 14-19

1. 录入银行对账单

本功能用于平时录入银行提供的对账单。

（1）在"总账系统"窗口选择"出纳"菜单下"银行对账"（或"出纳管理"项目）中的"银行对账单"选项。

（2）在"银行科目选择"对话框中选择"人民币户10020101"，单击"确定"按钮。

（3）在"银行对账单"窗口单击"增加"按钮，显示一条空白记录行，参照银行提供的对账单将银行已达账项录入系统。在实验中，因并未提供银行对账单，故可参照实验资料依次录入涉及银行科目的款项的发生日期、结算方式、票号、借方或贷方金额，系统自动计算余额。见用友 ERP-U872 管理系统，如图 14-20 所示。

科目：人民币户(10020101)

| 日期 | 结算方式 | 票号 | 借方金额 | 贷方金额 | 余额 |
| --- | --- | --- | --- | --- | --- |
| 2014.07.02 | 202 | 1001 | 8,000.00 | | 244,800.00 |
| 2014.07.03 | 3 | | 4,000.00 | | 240,800.00 |
| 2014.07.05 | 3 | | 10,000.00 | | 230,800.00 |
| 2014.07.08 | 201 | 1002 | 2,000.00 | | 228,800.00 |
| 2014.07.10 | 3 | | 46,400.00 | | 182,400.00 |
| 2014.07.10 | 3 | | 3,840.00 | | 178,560.00 |
| 2014.07.15 | 3 | | | 40,000.00 | 218,560.00 |
| 2014.07.15 | 202 | | 40.00 | | 218,520.00 |
| 2014.07.16 | 202 | 1004 | | 49,140.00 | 267,660.00 |
| 2014.07.16 | 202 | 1007 | 16,380.00 | | 251,280.00 |
| 2014.07.17 | 202 | 1005 | | 35,100.00 | 286,380.00 |
| 2014.07.22 | 202 | 1008 | 40,950.00 | | 245,430.00 |
| 2014.07.25 | 202 | 1006 | | 20,000.00 | 265,430.00 |

图 14-20

（4）录入完毕，单击"退出"按钮返回"总账系统"窗口。

2. 银行对账

银行对账采用自动对账与手工对账相结合的方式。自动对账是计算机根据对账依据自动进行核对、勾销。对账时，方向、金额是必选条件，其他可选条件有票号相同、结算方式相同、日期在多少天之内。对于已核对的银行业务，系统将自动在银行存款日记账和银行对账单上注明两清的"○"标志。见用友 ERP-U872 管理系统，如图 14-21、图 14-22 所示。

图 14-21

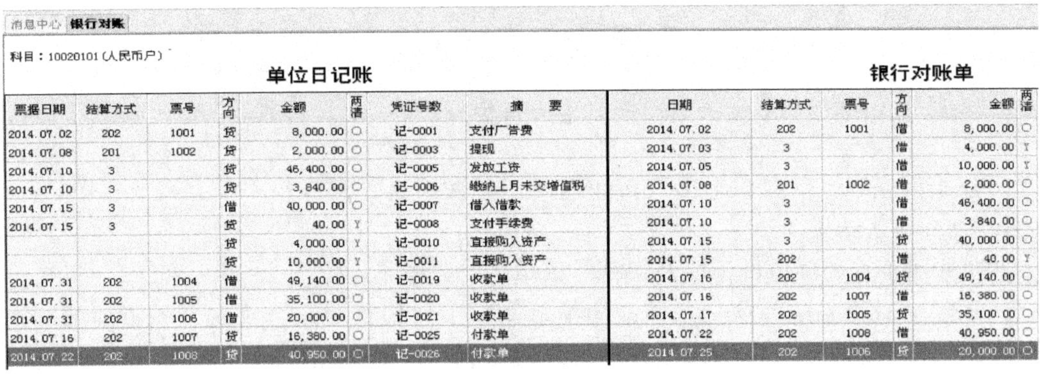

图 14-22

手工对账是对自动对账的补充，采用自动对账后，可能还有一些特殊的已达账没有被勾对上，此时用户可采用手工对账进行调整。

（1）在"总账系统"窗口选择"出纳"菜单下"银行对账"（或"出纳管理"项目）中的"银行对账"选项。

（2）在"银行科目选择"对话框中选择"人民币户10020101"，单击"确定"按钮。

（3）在"银行对账"窗口，左边显示单位日记账已达账项，右边显示银行对账单已达账项。

（4）单击"对账"按钮，在"自动对账"对话框指定对账条件（日期相差日、结算方式是否相同、结算票号是否相同），单击"确定"按钮，系统对符合条件的单位日记账和银行对账单进行自动勾对，并在"两清"栏打上"○"标志。

（5）对于一些应勾对而未勾对的账项，可在审核后分别在各自的"两清"栏上双击，进行手工勾对，并打上"√"标志。

（6）勾对完毕，单击"检查"按钮检查对账是否有错，检查完毕，系统将显示平衡检查结果。

（7）检查结果平衡，单击"退出"按钮返回"总账系统"窗口。

3．查询银行存款余额调节表

本功能用于查询和打印"银行存款余额调节表"，以检查对账是否正确。

（1）在"总账系统"窗口选择"出纳"菜单下"银行对账"（或"出纳管理"项目）中的"余额调节表"选项。

（2）系统显示所有银行存款科目的账面余额及调整余额。

（3）双击某科目所在行，可显示该银行账户的银行存款余额调节表，见用友 ERP-U872 管理系统，如图 14-23 所示。

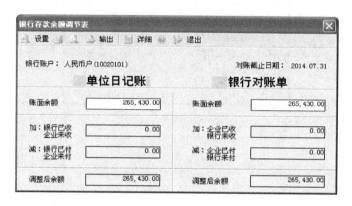

图　14-23

（4）查询完毕，单击"退出"按钮返回"总账系统"窗口。

4．查询对账结果

本功能用于查询单位日记账及银行对账单的对账结果。

（1）在"总账系统"窗口选择"出纳"菜单下"银行对账"中的"查询对账勾对情况"（或"出纳管理"项目中的"查询银行勾对情况"）选项。

（2）在"银行科目选择"对话框中选择银行科目"人民币户10020101"，单击"确定"按钮。

（3）单击"银行对账单"或"单位日记账"标签，可查询银行对账单或单位日记账。

（4）查询完毕，单击"退出"按钮返回"总账系统"窗口。

5．核销银行账

本功能用于将核对正确并确认无误的已达账删除。核销以后的已达账项不再参与勾对。如果银行对账不平衡，不能使用核销功能。

（1）在"总账系统"窗口选择"出纳"菜单下"银行对账"（或"出纳管理"项目）中的"核销银行账"选项。

（2）在"核销银行账"对话框选择要核销的银行科目"人民币户10020101"，单击"确定"按钮。

（3）在出现提示"您是否确实要进行银行账核销？"时，单击"是"按钮，系统自动进行银行账核销。

(4) 核销完毕，系统出现相应的提示信息，单击"确定"按钮。
(5) 在"核销银行账"对话框单击"取消"按钮返回"总账系统"窗口。

## 二、工资、固定资产、应收系统、应付系统月末处理

### （一）工资管理系统月末处理

每月工资数据处理完毕后均需进行月末结转。

结账时，应进行清零处理，这是由于在工资项目中，有的项目是变动的，在每月工资处理时，均需将其数据清为零，而后输入当月的数据，此类项目即为清零项目。

结账后，本月工资明细表为不可修改状态，同时自动生成下月工资明细账，新增或删除人员将不会对本月数据产生影响。

**操作步骤**

（1）在系统的主界面单击"月末处理"按钮或在"业务处理"菜单中单击"月末处理"按钮，见用友 ERP-U872 管理系统，如图 14-24、图 14-25 所示。

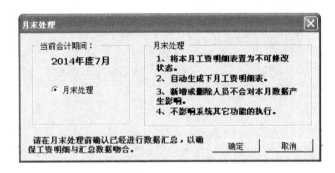

图 14-24

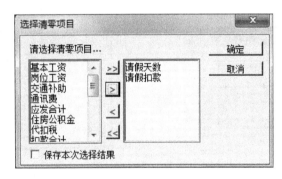

图 14-25

（2）在月末处理的界面出现的提示下，单击"确认"按钮。
（3）出现系统提示，选择"是"按钮。
（4）系统提示"月末结账完毕"。

### （二）固定资产的月末处理

当总账系统记账完毕，固定资产系统才可以进行对账。

如果在设置系统业务处理控制参数时，选择了"与账务系统对账"功能，即可随时审查两个系统的资产价值平衡情况。对账平衡后，才开始月末结账。系统在执行月末结账时

自动对账一次，并给出对账结果。

**操作步骤**

（1）在系统的主界面单击"月末结账"按钮或在"业务处理"菜单是单击"月末结账"按钮。

（2）在月末处理的界面出现的提示下，单击"开始结账"按钮开始结账，见用友 ERP-U872 管理系统，如图 14-26 所示。

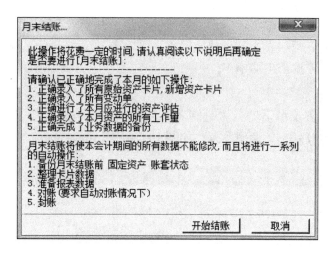

图　14-26

（3）出现系统提示——"与财务对账结果"，见用友 ERP-U872 管理系统，如图 14-27 所示。

（4）单击"确认"按钮，系统提示"月末结账成功完成"，见用友 ERP-U872 管理系统，如图 14-28 所示。

图　14-27　　　　　　　　　　　　图　14-28

（三）应收与应付系统的月末处理

月末处理通过系统引导方式完成。在进行月末处理时，一次只能选择一个月进行结账；前一个月没有结账，则本月不能结账；结算单还有未核销的，不能结账；单据（发票和应收/应付单）在结账前应该全部审核；年度末结账，应对所有核销、坏账、转账等处理全部制单，系统列示检查结果，并对"本月单据全部结账"和"本月结算单全部核销"进行检查，对其他栏目没有强制性约束。

**操作步骤**

(1) 在系统的主界面单击"月末结账"按钮或在"业务处理"菜单中单击"月末结账"按钮。

(2) 在月末处理的界面出现的提示下,单击"开始结账"按钮开始结账,见用友 ERP-U872 管理系统,如图 14-29、图 14-30 所示。

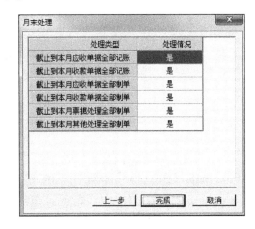

图 14-29　　　　　　　　　　　　　　图 14-30

(3) 单击"确认"按钮,系统提示"月末结账完毕"。

### 三、月末处理

1. 试算平衡与对账

(1) 启动"总账"系统,执行"期末"/"对账"命令,打开"对账"窗口。

(2) 将光标移动到要进行对账的"月份"单击"选择"按钮。

(3) 单击"对账"按钮,开始自动对账,并显示对账结果,见用友 ERP-U872 管理系统,如图 14-31 所示。

图 14-31

(4) 单击"试算"按钮,可以进行月末试算平衡。

(5) 单击"退出"按钮,完成对账。

2. 月末结账

（1）执行"期末"/"结账"命令，打开"结账—开始结账"对话框。

（2）单击要结账"月份"，见用友 ERP-U872 管理系统，如图 14-32 所示。

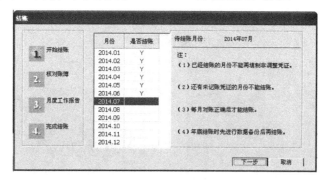

图 14-32

（3）单击"下一步"按钮，打开"结账—核对账簿"对话框。

（4）单击"对账"按钮，系统对要进行对账的月份进行账账核对，见用友 ERP-U872 管理系统，如图 14-33 所示。

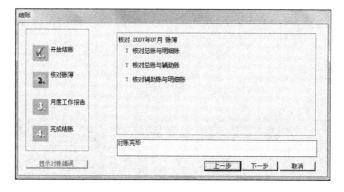

图 14-33

（5）单击"下一步"按钮，进入"结账—月度工作报告"对话框。

（6）若需要打印，单击"打印月度工作报告"按钮，见用友 ERP-U872 管理系统，如图 14-34 所示。

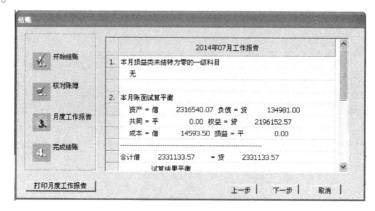

图 14-34

（7）查看工作报告，单击"下一步"按钮，打开"结账—完成结账"对话框，见用友 ERP-U872 管理系统，如图 14-35 所示。

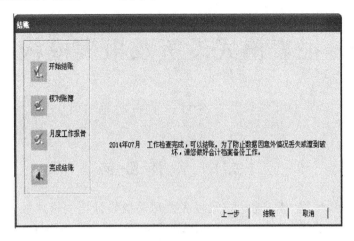

图 14-35

（8）单击"结账"按钮，若符合结账要求，系统将进行结账，否则不能结账。

想一想

归纳期末会计事项处理的主要流程，尤其总账、工资、固定资产、应收应付系统期末结账的先后顺序。

# 实训 15　报表格式设置及报表模板的使用

（岗位设置：会计主管、总账会计）

## 15.1　实训目的

通过实训，掌握使用 UFO 通用财经报表处理系统设计报表格式的方法和步骤；掌握报表取数公式和计算公式的编辑方法以及打印参数的设置；掌握关键字的录入方法，熟悉表页增加操作；掌握报表取数的意义和方法，完成报表的实际操作应用；掌握如何利用报表模板生成一张报表。

## 15.2　实训资料

1. 自行设计一张资产负债表报表的格式。
2. 定义资产负债表的计算公式。
3. 编制报表和图形。
4. 利用报表模板生成资产负债表报表。

## 15.3　实训内容及步骤

### 一、报表格式设计

1. 启动 UFO 报表系统

打开"开始"菜单，依次选择"程序""用友财务及企管软件 UFERP-M8.11""财务系统""UFO 报表"，即可启动 UFO 报表系统，打开系统窗口。见用友 ERP-U872 管理系统，如图 15-1 所示。

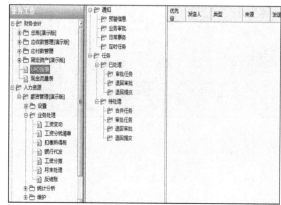

图　15-1

## 2. 创建一张报表

在 UFO 报表系统窗口中，打开"文件"菜单，执行"新建"命令，即可创建一张空白报表，见用友 ERP-U872 管理系统，如图 15-2 所示。

图 15-2

## 3. 保存报表文件

在 UFO 报表系统窗口中，打开"文件"菜单，执行"另存为"命令，即可弹出"另存为"对话框，在"保存在"列表中，选择保存位置，在"文件名"文本框中，输入报表文件的保存名称，默认扩展名为".rep"，单击"保存"按钮，即可将当前编辑的报表文件以指定的文件名，保存在指定的位置。见用友 ERP-U872 管理系统，如图 15-3 所示。

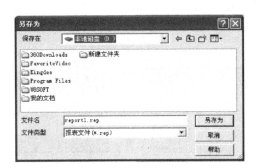

图 15-3

根据实验要求，将打开的空白报表保存在自己的文件夹中，文件名为"YYFYMXB.rep"。

在报表的格式设计完成之后，如果需要将设置内容保存，只需要打开"文件"菜单，执行"保存"命令即可。

## 4. 打开已有的报表文件

在 UFO 报表系统窗口中，打开"文件"菜单，执行"打开"命令，即可弹出"打开"对话框，在"搜寻"列表中，选择报表文件要保存的磁盘及文件夹，在文件列表中，选择要打开的报表文件，单击"打开"按钮，即可打开指定的报表文件，见用友 ERP-U872 管理系统，如图 15-4 所示。

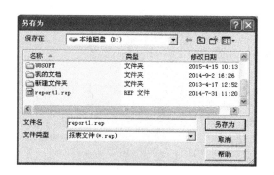

图 15-4

5. 定义报表格式

（1）定义报表尺寸。

在 UFO 报表系统窗口中，打开"格式"菜单，执行"表尺寸"命令，即可弹出"表尺寸"设置对话框，调整或输入报表需要的行数和列数，单击"确认"按钮，即可得到指定行、列数的报表。

按照实验要求，设置行数为 10、列数为 7 的报表，见用友 ERP-U872 管理系统，如图 15-5 所示。

（2）设置列宽和行高。

选定要调整行高的行，在系统窗口中，打开"格式"菜单，执行"行高"命令，即可在弹出的对话框中设置需要的行高值。

选定要调整列宽的列，在系统窗口中，打开"格式"菜单，执行"列宽"命令，即可在弹出的对话框中设置需要的列宽值。

实验中，可将第 1 行的行高设置为 8，见用友 ERP-U872 管理系统，如图 15-6 所示。

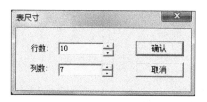

图 15-5

图 15-6

（3）区域画线。

报表文件中的水印线在打印的时候不会被打印出来，如果需要表格线，则必须通过"区域画线"操作实现。

选定表格中需要画表格线的区域，打开"格式"菜单，执行"区域画线"命令，即可弹出"区域画线"对话框，选择所需要的画线类型，单击"确认"按钮，即可给指定区域添加指定类型的表格线。见用友 ERP-U872 管理系统，如图 15-7 所示。

（4）设置单元属性。

不同的报表单元，需要填入不同类型的数据，数据可以是字符型，也可以是数值型，或是公式、关键字。

选定需要设置单元属性的区域，打开"格式"菜单，执行"单元格属性"命令，即可弹出"单元属性"设置对话框,选择需要的单元类型、数字格式、边框样式等,单击"确认"按钮,即可将指定的单元设置为指定属性。见用友 ERP-U872 管理系统,如图 15-8 所示。

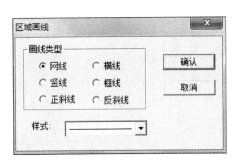
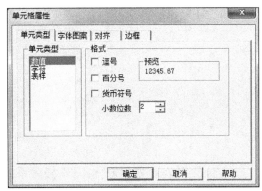

图　15-7　　　　　　　　　　　　　　　图　15-8

(5)合并单元。

如果在报表的编制过程中,需要将数个单元合并成一个大的单元来使用,则可通过合并单元来实现。

选定要合并的单元区域,打开"格式"菜单,执行"组合单元"命令,即可弹出"组合单元"对话框,选择组合方式,即可将选定的区域组合成一个大的单元。

如果要取消已组合的单元,则可选定该单元,在"组合单元"对话框中单击"取消组合"按钮即可。见用友 ERP-U872 管理系统,如图 15-9 所示。

(6)输入标题和表样文字。

单击选定要输入数据的单元,在单元中输入文字信息,如标题、栏目标题等。

要删除单元中已输入的内容,可单击选中该单元或单元区域,按 Delete 键。见用友 ERP-U872 管理系统,图 15-10 所示。

图　15-9　　　　　　　　　　　　　　　图　15-10

(7)设置关键字。

在报表的格式设置中,需要为关键字设置位置。

单击选定要设置为关键字的起始单元,打开"数据"菜单,执行"关键字"下的"设置"命令,即可弹出"设置关键字"对话框,选择要设置的关键字,单击"确定"按钮,即可设置指定的关键字位置。

如果设置的关键字的位置偏左或偏右,可打开"数据"菜单,执行"关键字"下的"偏移"命令,输入关键字的偏移量(向左移输入负值,向右移输入正值),单击"确定"按钮,即可实现关键字位置的调整。见用友 ERP-U872 管理系统,如图 15-11 所示。

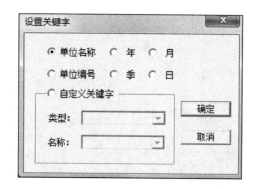

图 15-11

(8) 保存报表设置，退出 UFO 报表系统。

打开"文件"菜单，执行"保存"命令，系统保存当前所设计的报表。见用友 ERP-U872 管理系统。

打开"文件"菜单，执行"退出"命令，退出 UFO 报表系统。也可单击系统窗口右上角的关闭按钮"×"退出 UFO 报表系统。

## 二、编辑报表公式

**实验内容及实验步骤**

设置单元格计算公式，设置打印参数。

报表中的公式主要有：计算公式，即单元取值运算公式；审核公式，即报表间钩稽关系检查公式；舍位平衡公式，即将报表数据的单位由元转换为百元、千元、万元时，保证舍位后，报表仍能保持既定的平衡关系的公式。

编辑公式的方法有直接编辑公式和利用函数向导编辑公式。

（一）编辑计算公式

(1) 在 UFO 报表系统中，打开需要重新定义公式的报表。

(2) 在格式处理状态下，在表中的各栏目中编辑计算公式。

(3) 选择要输入公式的单元格，在工具栏中单击"fx"按钮，即可打开"定义公式"对话框，输入或单击"函数向导"设置计算公式。

(4) 设置完毕，单击"确认"按钮。

如果输入的公式有误，双击有公式的单元，即可打开"定义公式"对话框，重新编辑公式。

注意：

(1) 在输入计算公式时，各符号均应使用英文半角符号。

(2) 如果在科目设置时，在填制凭证时就不能将部门产生费用的相关信息录入总账系统，这里也就无法正常提取相关数据。

注意：

应交税金年初数 = 期初贷方余额 - 期初借方余额

应交税金期末数 = 期末贷方余额 - 期末借方余额

（二）编辑审核公式

(1) 在 UFO 窗口中，打开资产负债表。

（2）在格式处理状态下，打开"数据"菜单，执行"编辑公式""审核公式"，打开该对话框。

（3）在"审核公式"对话框中输入审核关系：

$$C41 = G41 \text{MESS} \text{"年初数资产} \neq \text{负债} + \text{所有者权益"}$$

其意为：检查 C41 单元的值（资产总计）与 G41 单元的值（负债及所有者权益总计）是否相等，如果不等，则给出"年初数资产≠负债+所有者权益"的提示信息。

同理，输入审核公式：

$$D41 = H41 \text{MESS} \text{"期末数资产} \neq \text{负债} + \text{所有者权益"}$$

（4）编辑完毕，单击"确定"按钮。

（三）打印设置

在 UFO 报表系统中，打印具有以下特点。

（1）所见即所得：屏幕显示内容和位置与打印效果一致。

（2）打印预览功能：随时观看实际打印效果。

（3）页首页尾功能：自动重复打印报表的表头和表尾。

（4）自动分页功能：根据纸张大小和页面设置，对普通报表和超宽表自动分页。

（5）缩放打印功能：可在 0.3 倍和 3 倍之间缩放打印。

**相关操作**

1. 页面设置

（1）打开要打印的报表文件，在其窗口中打开"文件"菜单，执行"页面设置"命令。

（2）在"页面设置"对话框中，设置页边距、缩放比例、页首和页尾等。

2. 打开"文件"菜单，执行"打印预览"，查看设置的效果

3. 打开"文件"菜单，执行"打印"命令，可打印当前报表文件

在 UFO 报表系统中，在格式状态下执行打印，只打印报表的格式；在数据状态下执行打印，将打印当前表页的所有内容。

**注意**：实验中因未与打印机连接，请勿执行打印命令。

## 三、编制报表和图形

（一）录入关键字

关键字是游离于报表之外的数值，是进行报表索引、关联的重要条件，关键字的输入必须规范，否则取数会出错。

**具体操作**

（1）在 UFO 报表系统窗口中，打开资产负债表。

（2）在数据状态下，打开"数据"菜单，执行"关键字""录入"命令。

（3）在"录入关键字"对话框中，输入相关关键字内容。

（4）单击"确认"按钮，此时，系统提示是否进行本表重计算，单击"是"按钮。

（5）系统则根据输入的关键字，在账务系统中提取相关数据，生成报表。

**注意**：录入和修改关键字的值后，都会引发报表内单元公式的重计算。如果不想重新计算，可在提示对话框中单击"否"按钮。

## （二）表页管理

在定义完一张报表的格式之后，如果这张报表会多次使用，可增加表页，对无用的表页，也可进行删除。

**具体操作**

1. 增加表页
(1) 在 UFO 报表系统窗口中，打开需要进行表页管理的报表，如资产负债表。
(2) 打开"编辑"菜单，执行"追加"/"表页"命令。
(3) 在弹出的"追加表页"对话框中，设置需要增加的表页数。
(4) 单击"确认"按钮。

如果执行"编辑"菜单中的"插入"/"表页"命令，可以在当前表页的前面插入新的表页。

2. 删除表页
(1) 打开"编辑"菜单，执行"删除"/"表页"命令。
(2) 在弹出的对话框中，设置要删除的表页及相关条件。
(3) 单击"确认"按钮。

如果在对话框中不输入任何内容，直接单击"确认"按钮，将删除当前表页。可以同时删除多张表页，多个表页之间用英文半角的逗号隔开。在对话框中，还可以设置要删除表页的条件，以删除满足条件的表页。

3. 表页交换
(1) 打开"编辑"菜单，执行"交换"/"表页"命令。
(2) 在弹出的"交换表页"对话框中，设置要交换的"源表页号"和"目标表页号"。
(3) 单击"确认"按钮，可实现表页的交换。

## （三）编制报表

报表格式编辑完成后，接下来要做的工作是进行相关数据的采集，这就需要在需要取数的单元中，定义取数公式，然后再利用取数公式提取数据，计算生成报表。

定义报表的计算公式，必须在格式状态下进行。

在本实验中，可继续完成资产负债表取数计算公式的定义。

## （四）审核报表

当报表数据录入完成或进行修改后，应对报表进行审核，以检查报表各项数据勾稽关系的准确性。

要使用审核报表功能，必须在格式设计状态下定义报表审核公式。

## （五）打印报表

一个完整的报表由表头、表体、表尾三部分组成。表头包括报表的表体、编制单位、日期等，表体是报表的数据，表尾包括报表的附注、说明等。报表打印时，在每张纸上都应打印表头和表尾。可通过系统提供的相应功能，将表首设置为打印页首，表尾设置为页尾。

## （六）创建图

UFO 的图形功能用来完成以图形的方式来对数据进行分析，即把报表中的数据用图形的方式反映出来。

图形方式以图窗口的形式存在，图并不是独立的文件，而是依附于源数据所在的报表文件，只有打开报表文件后，才能打开有关的图。报表文件被删除后，该报表文件中的数据生成的图也同时被删除。

**具体操作**

（1）在 UFO 报表系统中，打开营业费用明细表。
（2）在表中选取数据区域，如 A3：G10。
（3）打开"工具"菜单，执行"插入图对象"命令。
（4）在"区域作图"对话框中，选择需要的图形，并定义图名称、图标题等。
（5）单击"确认"按钮，即可生成所需图。

### 四、利用报表模板生成报表

1．调用资产负债表模板

（1）执行"格式"/"报表模板"命令，打开"报表模板"对话框。见用友 ERP-U872 管理系统，如图 15-12 所示。

（2）选择您所在的行业"2014 年新会计制度科目"，财务报表"资产负债表"。见用友 ERP-U872 管理系统，如图 15-13 所示。

图 15-12

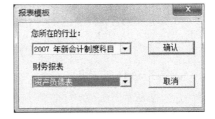

图 15-13

（3）单击"确认"按钮，弹出"模板格式将覆盖本表格式！是否继续？"提示框。
（4）单击"确定"按钮，即可打开"资产负债表"模板。见用友 ERP-U872 管理系统，如图 15-14 所示。

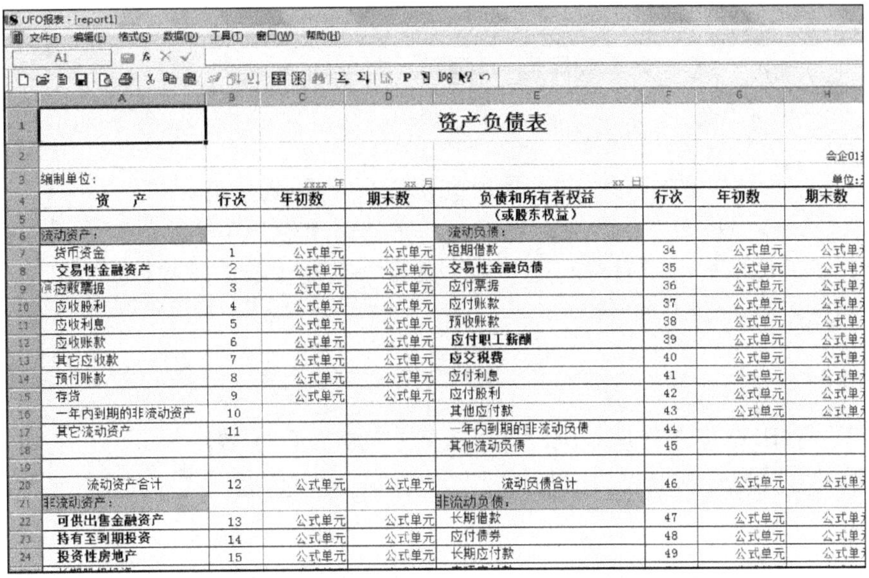

图 15-14

## 2. 调整报表模板

（1）单击"数据/格式"按钮，将"资产负债表"处于格式状态。

（2）根据本单位的实际情况，调整报表格式，修改报表公式。

（3）保存调整后报表模板。见用友 ERP-U872 管理系统，如图 15-15 所示。

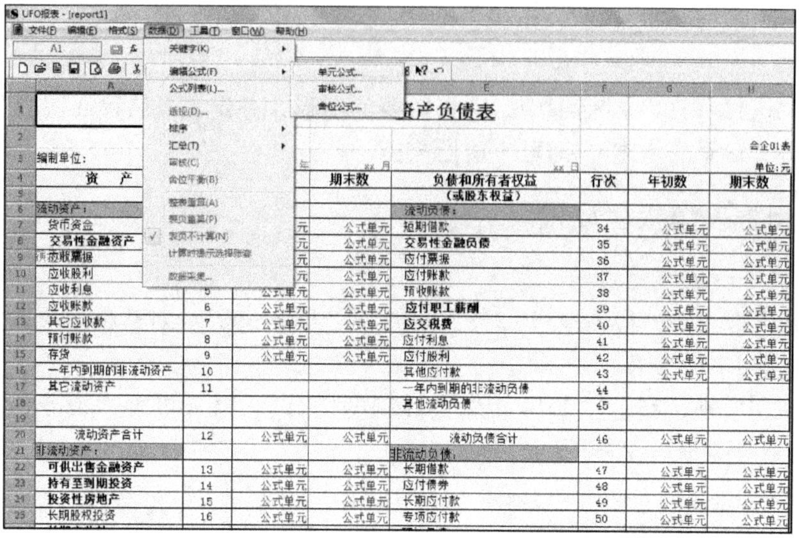

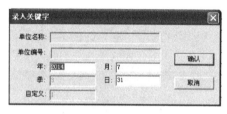

图　15-15

## 3. 生成资产负债表数据

（1）在数据状态下，执行"数据"/"关键字"/"录入"命令，打开"录入关键字"对话框。

（2）输入关键字：年，月，日。见用友 ERP-U872 管理系统，如图 15-16 所示。

图　15-16

（3）单击"确认"按钮，弹出"是否重算第 1 页？"提示框。

（4）单击"是"按钮，系统会自动根据单元公式计算 7 月份数据；单击"否"按钮，系统不计算 12 月份数据，以后可利用"表页重算"功能生成 7 月数据。

想一想

1. 总结一下 UFO 报表处理系统设计报表格式的方法和步骤。
2. 利用报表模板生成报表的主要流程。

# 实训 16　现金流量表的编制

（岗位设置：会计主管、总账会计）（学生根据情况自选）

## 16.1　实训目的

通过实训，了解编制现金流量表的方法与步骤（本账套和上述所有实训没有关联）。

实训内容主要包括完成基本科目定义、拆分凭证、定义填报项目、定义项目来源、生成报表等工作。

## 16.2　实训资料

### 现金流量核算

（一）账套资料

1. 账套代码：本人学号（×××）
2. 账套名称：现金流量核算
3. 启用日期：2013 年 1 月
4. 单位名称与简称：实验
5. 账套主管：刘军虎
6. 行业性质：股份制
7. 自动装入一级会计科目
8. 科目级数：4 级（4222）
9. 其他信息：默认或随意

（二）账套初始化资料

1. 会计科目及其年初余额一览表，见表 16-1

表　16-1

| 科目代码 | 科目名称 | 辅助核算 | 年初余额 方向 | 年初余额 金额/元 |
|---|---|---|---|---|
| 1001 | 现金 | 项目核算 | 借 | 8 000.00 |
| 1002 | 银行存款 | 项目核算 | 借 | 140 000.00 |
| 1009 | 其他货币资金 | 项目核算 | 借 | 10 000.00 |
| 1101 | 短期投资 | | 借 | |
| 110101 | 三个月以内投资 | 项目核算 | 借 | |
| 110102 | 三个月以上投资 | | 借 | |

续表

| 科目代码 | 科目名称 | 辅助核算 | 年初余额 方向 | 年初余额 金额/元 |
|---|---|---|---|---|
| 1121 | 应收股利 | | 借 | |
| 1122 | 应收利息 | | 借 | |
| 1131 | 应收账款 | | 借 | 60 000.00 |
| 1133 | 其他应收款 | | 借 | |
| 1402 | 长期债权投资 | | 借 | 655 000.00 |
| 1501 | 固定资产 | | 借 | 200 000.00 |
| 1701 | 固定资产清理 | | 借 | 28 000.00 |
| 2121 | 应付账款 | | 贷 | 54 000.00 |
| 2151 | 应付工资 | | 贷 | |
| 2171 | 应交税金 | | 贷 | 20 000.00 |
| 2301 | 长期借款 | | 贷 | 110 000.00 |
| 2321 | 长期应付款 | | 贷 | 27 000.00 |
| 3101 | 股本 | | 贷 | 800 000.00 |
| 3111 | 资本公积 | | 贷 | 90 000.00 |
| 5501 | 营业费用 | | 借 | |
| 5503 | 财务费用 | | 借 | |
| 5301 | 营业外收入 | | 贷 | |

注意：试算平衡数据：1 101 000.00

2. 建立现金流量项目档案

（1）项目大类：现金流量。
（2）项目级数：3 级（222）。
（3）项目名称：现金流量。
（4）核算科目：1001、1002、1009、110101。
（5）项目分类一览表，见表16-2。

表 16-2

| 项目分类代码 | 项目分类名称 |
|---|---|
| 10 | 经营活动 |
| 1001 | 经营流入 |
| 1002 | 经营流出 |
| 20 | 投资活动 |
| 2001 | 投资流入 |
| 2002 | 投资流出 |
| 30 | 筹资活动 |
| 3001 | 筹资流入 |
| 3002 | 筹资流出 |
| 40 | 汇率变动对现金的影响额 |
| 50 | 与现金流量变化无关业务 |

(6) 项目目录。

现金流量项目一览表,见表16-3。

表 16-3

| 编　码 | 现金流量项目 |
|---|---|
| 100101 | 销售商品、提供劳务收到的现金 |
| 100102 | 收到的税费返还 |
| 100103 | 收到的其他与经营活动有关的现金 |
| 100201 | 购买商品、接受劳务支付的现金 |
| 100202 | 支付给职工以及为职工支付的现金 |
| 100203 | 支付各项税费 |
| 100204 | 支付的其他与经营活动有关的现金 |
| 200101 | 收回投资所收到的现金 |
| 200102 | 取得投资收益所收到的现金 |
| 200103 | 处置固定资产、无形资产和其他长期资产所收到的现金净额 |
| 200104 | 收到的其他与投资活动有关的现金 |
| 200201 | 购建固定资产、无形资产和其他长期资产所支付的现金 |
| 200202 | 投资所支付的现金 |
| 200203 | 支付的其他与投资活动有关的现金 |
| 300101 | 吸收投资所收到的现金 |
| 300102 | 借款所收到的现金 |
| 300103 | 收到的其他与筹资活动有关的现金 |
| 300201 | 偿还债务所支付的现金 |
| 300202 | 分配股利、利润和偿付利息所支付的现金 |
| 300203 | 支付的其他与筹资活动有关的现金 |
| 40 | 汇率变动对现金的影响额 |
| 50 | 与现金流量变化无关业务 |

3. 其他初始设置

(1) 编制通用记账凭证。

(2) 操作员授权:以系统管理员的身份将罗开昌授权为该账套的主管。

(三) 该单位2012年1月份发生如下有关现金流量业务

1. 1月3日,附件2张,收回货款。
  借:银行存款(项目编码:100101)　　　　　　　　60 000.00
  　　贷:应收账款　　　　　　　　　　　　　　　　　　60 000.00

2. 1月6日,附件3张,支付料款。
  借:应付账款　　　　　　　　　　　　　　　　　　　54 000.00
  　　贷:银行存款(项目编码:100201)　　　　　　　　　54 000.00

3. 1月8日,附件4张,银行借款。
  借:银行存款(项目编码:300102)　　　　　　　　100 000.00
  　　贷:长期借款　　　　　　　　　　　　　　　　　　100 000.00

4. 1月9日,附件1张,提取现金。

借：现金（项目编码：50） 30 000.00
　　贷：银行存款（项目编码：50） 30 000.00

5. 1月11日，附件1张，发放工资。
借：应付职工薪酬 30 000.00
　　贷：现金（项目编码：100202） 30 000.00

6. 1月13日，附件1张，交纳税金。
借：应交税金 20 000.00
　　贷：银行存款（项目编码：100203） 20 000.00

7. 1月14日，附件2张，吸收投资款。
借：银行存款（项目编码：300101） 100 000.00
　　贷：实收资本 100 000.00

8. 1月15日，附件2张，购买设备。
借：固定资产 67 000.00
　　贷：银行存款（项目编码：200201） 67 000.00

9. 1月17日，附件3张，购买债券。
借：持有至到期投资 100 000.00
　　应收利息 9 000.00
　　贷：银行存款（项目编码：200202） 100 000.00
　　　　银行存款（项目编码：200203） 9 000.00

10. 1月19日，附件1张，固定资产清理残值收入。
借：银行存款（项目编码：200103） 1 000.00
　　贷：固定资产清理 1 000.00

11. 1月20日，附件2张，到期一次性支付借款本息。
借：长期借款 114 000.00
　　财务费用 4 000.00
　　贷：银行存款（项目编码：300201） 100 000.00
　　　　银行存款（项目编码：300202） 18 000.00

12. 1月21日，附件3张，债券到期收回本息。
借：银行存款（项目编码：200101） 600 000.00
　　银行存款（项目编码：200102） 60 000.00
　　贷：持有至到期投资 660 000.00

13. 1月22日，附件2张，支付广告费。
借：营业费用 18 000.00
　　贷：银行存款（项目编码：100204） 18 000.00

14. 1月23日，附件3张，支付固定资产融资租赁费。
借：长期应付款 7 000.00
　　贷：银行存款（项目编码：300203） 7 000.00

15. 2月24日，附件2张，接受现金捐赠。
借：银行存款（项目编码：300103） 60 000.00
　　贷：资本公积 60 000.00

16. 1月25日，附件2张，收回购买股票时支付的现金股利。

借：银行存款（项目编码：200104）　　　　　　　　　　52 000.00
　　贷：应收股利　　　　　　　　　　　　　　　　　　52 000.00
17. 1月28日，附件3张，收到罚款和赔款。
　　借：银行存款（项目编码：100103）　　　　　　　　3 000.00
　　贷：营业外收入　　　　　　　　　　　　　　　　　2 000.00
　　　　其他应收款　　　　　　　　　　　　　　　　　1 000.00
18. 1月28日，附件1张，教育费附加返还。
　　借：银行存款（项目编码：100102）　　　　　　　　12 500.00
　　贷：营业外收入　　　　　　　　　　　　　　　　　12 500.00
19. 1月29日，附件2张，购买短期股票。
　　借：交易性金融资产——三个月以内投资（项目编码：50）　10 000.00
　　贷：银行存款（项目编码：50）　　　　　　　　　　10 000.00
20. 1月30日，附件1张，办理银行汇票。
　　借：其他货币资金（项目编码：50）　　　　　　　　20 000.00
　　贷：银行存款（项目编码：50）　　　　　　　　　　20 000.00

（四）凭证审核、记账
（五）编制现金流量表

## 16.3　实训内容及步骤

### 一、启用现金流量表

说明：先完成"总账"及相关子系统的处理。

（1）在桌面上打开"开始"菜单，依次选择"程序"/"用友财务及企管软件 UFERP-M8.11"/"财务系统"，单击其下的"现金流量表"。

（2）在弹出的"现金流量表"注册对话框中，依次输入或选择单位名称、会计年度、操作日期、操作员，单击"确定"按钮。

（3）在弹出"现金流量表日期选择"对话框中，选择"按月"，只分析现金流量表主表和附表，单击"确定"按钮，打开现金流量表窗口。

### 二、现金流量表初始化

现金流量表的初始化包括：基本科目定义、拆分凭证、定义填报项目、定义项目来源等。

（1）在现金流量表窗口中，打开"初始化"菜单，执行"基本科目设置"。

（2）在弹出的"基本科目设置"对话框中，设置现金科目、应收科目、应付科目。

现金科目包括：现金、银行存款、其他货币资金。

应收科目包括：应收账款、应收票据、预收账款。

应付科目包括：应付账款、应付票据、预付账款。

（3）打开"初始化"菜单，执行"税率"/"汇率设置"，在弹出的对话框中进行相应设置。

设置进项税率和销项税率的值为：0.17。

（4）打开"初始化"菜单，执行"拆分凭证"，在弹出的对话框中进行相应设置。

将多借多贷凭证拆分成一借多贷或多借一贷凭证。再通过"拆分凭证"下的"凭证准备"，系统将一借多贷或多借一贷凭证自动拆分成一借一贷凭证，并进行价税分离，最终把全部凭证拆分成一借一贷的形式。

（5）打开"初始化"菜单，执行"定义填报项目"，在弹出的对话框中进行相应设置。

（6）打开"初始化"菜单，执行"定义计算项目来源"，在弹出的对话框中进行相应设置。

在对话框中，选择"销售商品、提供劳务收到的现金项目定义"项，点击"凭证分析"按钮；在弹出的对话框中，单击借方科目框下的"增加"按钮，选择需增加的现金科目，单击"确定"按钮，返回上一层对话框；再单击贷方科目框下的"增加"按钮，选择需增加的应收账款、应收票据货款、预收账款货款、商品销售收入科目，单击"确定"按钮，返回上一层对话框。

单击"确定"按钮，完成第一数据源定义。

在对话框中，选择"净利润项目"，单击数据源框中的"取自报表按钮"按钮，在弹出的对话框中，单击"浏览"按钮，选择准备从中取数的报表路径，输入页数、列次、行次，单击"确定"按钮，完成定义。

### 三、现金流量表的生成

（1）打开"现金流量表"菜单，执行"自动生成"命令。

（2）系统将自动计算现金流量表各项目的数据，并最终生成现金流量表。

# 综合实训案例资料

## 一、系统管理

（一）建立账套

1. 账套代码：×××（自己的学号）
2. 账套名称："本人姓名"账套
3. 账套路径：按系统默认路径
4. 启用日期：2014年01月
5. 会计期间：公历12个月
6. 单位名称：九江某技术有限公司
7. 单位简称：技术公司
8. 单位地址：江西九江
9. 法人代表：林刚
10. 记账本位币：人民币（RMB）
11. 企业类型：工业
12. 行业性质：2007新会计制度科目
13. 账套主管：本人
14. 存货、客户、供应商不分类进行核算，该账套有外币核算业务
15. 编码设置：科目级数：6级（422222）    部门级数：2级（22）
    其他级数：系统默认
16. 其他信息：系统默认或随意输入

（二）新增操作员的权限

| 编号 | 姓名 | 口令 | 所属部门 | 权限 |
|------|------|------|----------|------|
| 001 | 本人 | 001 | 财务科 | ×××账套的会计主管 |
| 002 | 朱中华 | 002 | 财务科 | 总账系统、工资系统和固定资产系统的全部权限 |
| 003 | 罗开昌 | 003 | 财务科 | 期初余额录入、期初余额查询、账表、填制凭证、凭证整理、查询凭证、科目汇总、常用摘要录入、常用凭证录入 |
| 004 | 曹长川 | 004 | 财务科 | 出纳签字、日记账查询、现金日记账查询、银行日记账查询、资金日报查询、支票登记、银行对账期初录入、银行对账单录入、银行账勾对、余额调节表查询、查询勾对情况、核销银行账 |
| 005 | 袁达 | 005 | 财务科 | 总账系统、工资系统和固定资产系统的全部权限 |

### （三）修改账套

（1）切换操作员：以操作员的本人姓名注册登录。
（2）修改账套名称为："自己班级名称 + 自己姓名"账套
（3）分类信息：存货、客户、供应商进行分类核算。
（4）编码方案
科目编码级次：4 级（4222）；存货编码级次：2 级（22）。
客户编码级次：2 级（22）；供应商编码级次：2 级（22）。

### （四）修改口令

（1）本人的口令：由系统管理员来修改（自行设置）。
（2）其他操作员的口令：由本人自行修改（自行设置）。

### （五）备份账套数据（注意：以后每次实验结果都要求备份）

将×××账套的数据备份到 F：自己姓名文件夹中，并查看备份文件 Uferpact. lst。

### （六）恢复账套数据

（1）将备份在硬盘 F:\自己姓名文件夹中的账套数据 Uferpact.001 恢复到系统中；
（2）查看×××账套是否已存在。

提示：
（1）在用友软件系统中，建立了一套×××电子账簿；
（2）为×××账套增设了操作员并进行了分工授权；
（3）对×××账套数据已作了安全备份，以便日后连续上机实验。

## 二、基础设置

（一）部门档案一览表，见下表

| 编　号 | 名　　称 | 部门属性 | 负责人（在"修改"状态下再进行） |
|---|---|---|---|
| **01** | 行政部门 | | |
| 0101 | 财务科 | 管理 | 本　人 |
| 0102 | 总务科 | 管理 | 张志强 |
| **02** | 生产部门 | | |
| 0201 | 一车间 | 生产 | 李　明 |
| 0202 | 二车间 | 生产 | 刘　力 |
| **03** | 供销部门 | | |
| 0301 | 供销一部 | 采购、销售 | 黄一民 |
| 0302 | 供销二部 | 采购、销售 | 王永新 |

（二）职员档案一览表，见下表

| 职员编码 | 职员名称 | 所属部门 | 职员属性 |
|---|---|---|---|
| 01 | 本　人 | 财务科 | 负责人 |
| 02 | 朱中华 | 财务科 | 一般职员 |
| 03 | 罗开昌 | 财务科 | 一般职员 |

续表

| 职员编码 | 职员名称 | 所属部门 | 职员属性 |
|---|---|---|---|
| 04 | 曹长川 | 财务科 | 一般职员 |
| 05 | 袁 达 | 财务科 | 一般职员 |
| 06 | 张志强 | 总务科 | 负责人 |
| 07 | 白娟利 | 总务科 | 一般职员 |
| 08 | 李 明 | 一车间 | 负责人 |
| 09 | 李 峰 | 一车间 | 一般职员 |
| 10 | 陈小勇 | 一车间 | 一般职员 |
| 11 | 丁仁发 | 一车间 | 一般职员 |
| 12 | 田艳平 | 一车间 | 一般职员 |
| 13 | 刘 力 | 二车间 | 负责人 |
| 14 | 冯 志 | 二车间 | 一般职员 |
| 15 | 邓小莲 | 二车间 | 一般职员 |
| 16 | 康玉凡 | 二车间 | 一般职员 |
| 17 | 赵凯峰 | 二车间 | 一般职员 |
| 18 | 黄一民 | 供销一部 | 负责人 |
| 19 | 许志明 | 供销一部 | 一般职员 |
| 20 | 王永新 | 供销二部 | 负责人 |
| 21 | 吴美英 | 供销二部 | 一般职员 |

(三) 客户分类表,见下表

| 客户分类编码 | 客户分类名称 |
|---|---|
| 01 | 省内客户 |
| 02 | 省外客户 |

(四) 客户档案一览表,见下表

| 编号 | 名称 | 简称 | 分类 | 税号 | 法人 | 开户银行 | 账号 |
|---|---|---|---|---|---|---|---|
| 001 | 九江彩达公司 | 彩达 | 01 | 784951 | 井林 | 工行九江分行 | 111111 |
| 002 | 南昌万达公司 | 万达 | 01 | 357142 | 史健 | 工行南昌分行 | 222222 |
| 003 | 湖北大和公司 | 大和 | 02 | 159263 | 刘邦 | 工行湖北分行 | 333333 |
| 004 | 湖南通顺公司 | 通顺 | 02 | 986753 | 戴伟 | 工行湖南分行 | 444444 |

(五) 供应商分类,见下表

| 供应商分类编码 | 供应商分类名称 |
|---|---|
| 01 | 固定供应商 |
| 02 | 临时供应商 |

（六）供应商档案一览表，见下表

| 编码 | 名称 | 简称 | 分类 | 税号 | 法人 | 开户银行 | 账号 |
|---|---|---|---|---|---|---|---|
| 001 | 四川华夏公司 | 华夏 | 01 | 458912 | 胡涛 | 工行四川分行 | 555555 |
| 002 | 江西明阳公司 | 明阳 | 01 | 126587 | 陈小 | 工行江西分行 | 666666 |
| 003 | 山东海滨公司 | 海滨 | 02 | 954126 | 李红 | 工行山东分行 | 777777 |
| 004 | 湖北爱和公司 | 爱和 | 02 | 357951 | 董刚 | 工行湖北分行 | 888888 |

（七）存货分类表，见下表

| 存货分类编码 | 存货分类名称 |
|---|---|
| 01 | 原材料 |
| 02 | 产成品 |

（八）计量单位组，见下表

| 计量单位组编码 | 计量单位组名称 | 计量单位组类别 | 计量单位编码 | 计量单位名称 |
|---|---|---|---|---|
| 1 | 无换算 | 无换算 | 101 | 千克 |
| | | | 102 | 台 |
| | | | 103 | 件 |
| | | | 104 | 个 |

（九）存货档案一览表，见下表

| 存货编号 | 存货代码 | 存货名称 | 规格型号 | 计量单位 | 分类 | 税率 | 存货属性 |
|---|---|---|---|---|---|---|---|
| 001 | L-Y | 圆钢 | Y-11 | 千克 | 01 | 17% | 外购、生产耗用 |
| 002 | L-F | 电动机 | F-22 | 台 | 01 | 17% | 外购、生产耗用 |
| 003 | P-B | 铸铁件 | B-33 | 件 | 02 | 0 | 自制 |
| 004 | P-C | 砂轮机 | C-44 | 台 | 02 | 17% | 销售 |

（十）结算方式，见下表

| 编码 | 结算方式 | 票据管理 |
|---|---|---|
| 1 | 支票 | √ |
| 101 | 现金支票 | √ |
| 102 | 转账支票 | √ |
| 2 | 委托收款 | |
| 3 | 汇兑 | |
| 4 | 商业汇票 | |
| 401 | 银行承兑汇票 | |
| 402 | 商业承兑汇票 | |
| 5 | 其他结算方式 | |

（十一）外币汇率，见下表

| 币符 | 币名 | 折算方式 | 其他信息 | 汇率类型 | 记账汇率 |
|---|---|---|---|---|---|
| USD | 美元 | 直接 | 默认 | 固定汇率 | 1月份：7.8 |

（十二）常用摘要，见下表

| 摘要编码 | 001 | 002 | 003 | 004 | 005 | 006 |
|---|---|---|---|---|---|---|
| 摘要内容 | 提取现金 | 采购材料 | 支付料款 | 生产领料 | 销售产品 | 收回货款 |

（十三）凭证类型：收、付、转

（十四）设置公司的会计科目体系，数据见下表

| 科目代码 | 科目名称 | 科目类型 | 账页格式 | 辅助核算 | 年初余额 方向 | 年初余额 金额/元 |
|---|---|---|---|---|---|---|
| 1001 | 库存现金 | 资产 | 金额式 | 日记账 | 借 | 8 000.00 |
| 1002 | 银行存款 | 资产 | 金额式 | 日记账 | 借 | 843 800.00 |
| 100201 | 工行存款 | 资产 | 金额式 | 日记账、银行账 | 借 | 680 000.00 |
| 100202 | 中行存款 | 资产 | 外币金额（USD） | 日记账 | 借 | 163 800.00 美元 21 000.00 |
| 1012 | 其他货币资金 | 资产 | 金额式 |  | 借 |  |
| 1101 | 交易性金融资产 | 资产 | 金额式 |  | 借 | 10 000.00 |
| 1121 | 应收票据 | 资产 | 金额式 |  | 借 | 50 000.00 |
| 1122 | 应收账款 | 资产 | 金额式 | 客户往来 | 借 | 90 000.00 |
| 1221 | 其他应收款 | 资产 | 金额式 | 个人往来 | 借 | 9 800.00 |
| 1231 | 坏账准备 | 资产 | 金额式 |  | 贷 | 10 935.00 |
| 123101 | 应收账款准备金 | 资产 | 金额式 |  | 贷 | 9 700.00 |
| 123102 | 其他应收款准备金 | 资产 | 金额式 |  | 贷 | 1 235.00 |
| 1401 | 材料采购 | 资产 | 金额式 |  | 借 |  |
| 1403 | 原材料 | 资产 | 金额式 |  | 借 | 350 000.00 |
| 140301 | 甲材料 | 资产 | 数量金额（千克） |  | 借 | 150 000.00 50 000 |
| 140302 | 乙材料 | 资产 | 数量外币（件） |  | 借 | 200 000.00 4 000 |
| 1405 | 库存商品 | 资产 | 金额式 |  | 借 | 100 000.00 |
| 140501 | A产品 | 资产 | 数量金额（个） |  | 借 | 72 000.00 6 000 |
| 140502 | B产品 | 资产 | 数量金额（个） |  | 借 | 28 000.00 4 000 |
| 1471 | 存货跌价准备 | 资产 | 数量金额 |  | 贷 | 10 000.00 |
| 1601 | 固定资产 | 资产 | 金额式 | 部门核算 | 借 | 2 000 000.00 |
| 1602 | 累计折旧 | 资产 | 金额式 | 部门核算 | 贷 | 381 840 |
| 1603 | 固定资产减值准备 | 资产 | 金额式 |  | 贷 |  |

续表

| 科目代码 | 科目名称 | 科目类型 | 账页格式 | 辅助核算 | 年初余额 | |
|---|---|---|---|---|---|---|
| | | | | | 方向 | 金额/元 |
| 1604 | 在建工程 | 资产 | 金额式 | | 借 | |
| 1606 | 固定资产清理 | 资产 | 金额式 | | 借 | |
| 2202 | 应付账款 | 负债 | 金额式 | 供应商往来 | 贷 | 25 000.00 |
| 2211 | 应付职工薪酬 | 负债 | 金额式 | | 贷 | |
| 2221 | 应交税费 | 负债 | 金额式 | | 贷 | 150 500.00 |
| 222101 | 未交增值税 | 负债 | 金额式 | | 贷 | 60 000.00 |
| 222102 | 应交增值税 | 负债 | 金额式 | | 贷 | |
| 22210201 | 进项税额 | 负债 | 金额式 | | 贷 | |
| 22210202 | 销项税额 | 负债 | 金额式 | | 贷 | |
| 22210203 | 转出未交增值税 | 负债 | 金额式 | | 贷 | |
| 22210204 | 转出多交增值税 | 负债 | 金额式 | | 贷 | |
| 222103 | 应交所得税 | 负债 | 金额式 | | 贷 | 90 500.00 |
| 4001 | 实收资本 | 权益 | 金额式 | | 贷 | 2 753 325.00 |
| 4101 | 盈余公积 | 权益 | 金额式 | | 贷 | 100 000.00 |
| 4103 | 本年利润 | 权益 | 金额式 | | 贷 | |
| 4104 | 利润分配 | 权益 | 金额式 | | 贷 | 180 000.00 |
| 410401 | 未分配利润 | 权益 | 金额式 | | 贷 | 180 000.00 |
| 5001 | 生产成本 | 成本 | 金额式 | 项目核算 | 借 | 150 000.00 |
| 500101 | 直接材料 | 成本 | 金额式 | 项目核算 | 借 | 90 000.00 |
| 500102 | 直接人工 | 成本 | 金额式 | 项目核算 | 借 | 40 000.00 |
| 500103 | 制造费用转入 | 成本 | 金额式 | 项目核算 | 借 | 20 000.00 |
| 5101 | 制造费用 | 成本 | 金额式 | | 借 | |
| 510101 | 工资费用 | 成本 | 金额式 | | 借 | |
| 510102 | 折旧费用 | 成本 | 金额式 | | 借 | |
| 510103 | 其他 | 成本 | 金额式 | | 借 | |
| 6001 | 主营业务收入 | 损益 | 金额式 | | 贷 | |
| 6401 | 主营业务成本 | 损益 | 金额式 | | 借 | |
| 6601 | 销售费用 | 损益 | 金额式 | | 借 | |
| 660101 | 工资费用 | 损益 | 金额式 | | 借 | |
| 660102 | 折旧费用 | 损益 | 金额式 | | 借 | |
| 660103 | 广告费用 | 损益 | 金额式 | | 借 | |
| 6602 | 管理费用 | 损益 | 金额式 | | 借 | |
| 660201 | 工资费用 | 损益 | 金额式 | | 借 | |
| 660202 | 折旧费用 | 损益 | 金额式 | | 借 | |
| 660203 | 广告费用 | 损益 | 金额式 | | 借 | |
| 6603 | 财务费用 | 损益 | 金额式 | | 借 | |
| 660301 | 利息支出 | 损益 | 金额式 | | 借 | |
| 660302 | 汇兑差额 | 损益 | 金额式 | | 借 | |
| 660303 | 手续费用 | 损益 | 金额式 | | 借 | |

提示：
1. 对×××账套进行了部门、职员、存货、客户和供应商基础设置；
2. 为日常账务处理实验设置了结算方式、外币汇率和常用摘要。

### 三、总账系统初始化

（一）启用总账

账套启用日期：2014年1月1日。

（二）总账系统参数设置

凭证制单时，采用序时控制（不能倒流），进行支票管理与资金及往来赤字控制，可使用其他系统受控科目，制单权限不控制到科目，不可修改他人填制的凭证，打印凭证页脚姓名，由出纳填制的凭证必须经出纳签字，预算控制方式按系统默认设置。

账簿打印位数、每页打印行数按软件标准设定，明细账打印按年排页。

数量和单价小数位2位，部门、个人、项目按编码方式排序，会计日历为1月1日—12月31日。

（三）修改会计科目属性

（1）取消"1601 固定资产"和"1602 累计折旧"科目的"部门核算"属性；

（2）取消"5001 生产成本"及其明细科目的"项目核算"属性；

（3）修改"140302 原材料－乙材料"科目的账户格式为"数量金额式"；

（四）录入期初余额（见实训2的案例资料）

录入期初余额，辅助核算科目的数据，见下表。

**应收账款期初余额**

| 单据类型 | 日　期 | 客　户 | 摘　要 | 方　向 | 金　额 | 部　门 | 业务员 |
|---|---|---|---|---|---|---|---|
| 专用发票 | 2013.11.25 | 彩达 | A产品，3 000个 | 借 | 50 000.00元 | 供销二部 | 王永新 |
| 专用发票 | 2013.12.20 | 万达 | B产品，2 800个 | 借 | 40 000.00元 | 供销二部 | 吴美英 |

**其他应收款（个人核算）期初余额**

| 日　期 | 部　门 | 个人名称 | 摘　要 | 方　向 | 金额/元 |
|---|---|---|---|---|---|
| 2013.12.10 | 总务科 | 张志强 | 出差借款 | 借 | 5 300 |
| 2013.12.30 | 一车间 | 田艳平 | 个人借款 | 借 | 4 500 |

**应付账款期初余额**

| 单据类型 | 日　期 | 供应商 | 摘　要 | 方　向 | 金　额 | 部　门 | 业务员 |
|---|---|---|---|---|---|---|---|
| 专用发票 | 2013.12.12 | 海滨 | 购买甲材料5 000千克 | 贷 | 15 000元 | 供销一部 | 许志明 |
| 专用发票 | 2013.12.20 | 明阳 | 购买乙材料2 000件 | 贷 | 10 000元 | 供销一部 | 黄一民 |

### 四、总账系统日常业务

（一）本单位2007年1月份发生以下经济业务（以罗开昌的身份进行操作）

（1）1月3日以工行存款支付原欠山东海滨公司货款25 000元。（附件：1张）

(2) 1月10日，从工行存款提取现金80 000元（附件：1张）。要求：调用常用摘要。

(3) 1月11日，收到九江彩达公司归还的欠款5 000元，存入工行。（附件：1张）

(4) 1月12日，销售产品给南昌万达公司，销售额为130 000元，增值税税率为17%，款未收到。（附件：2张）

(5) 1月14日，购买甲材料10 000千克，单价为3.50元，增值税税率为17%，货款以工行存款支付，材料已入库。（附件：2张）

(6) 1月15日，以工行存款交纳上月应交而未交的增值税60 000元、所得税90 500元。（附件2张）

(7) 1月19日，产品生产领用乙材料30 000件，单价为5元。（附件：2张）

(8) 1月22日，以现金支付广告费5 000元。（附件：2张）

(9) 1月23日，南昌万达公司的商业汇票50 000元到期未收回款项，转为应收账款。（附件：2张）

(10) 1月24日，销售产品给南昌万达公司，销售额50 000元，增值税税率17%，款未收到。（附件：2张）

(11) 1月24日，以现金发放工资36 000元。（附件：3张）

(12) 1月25日，从工行存款提取现金30 000元。（附件：1张）（调用常用摘要）

(13) 1月26日，以工行存款支付退休金30 000元。（附件：2张）

(14) 1月27日，以现金收回职工田艳平原借款4 500元。（附件：1张）

(15) 1月31日，A、B产品生产完工验收入库，结转其完工产品成本，A产品数量7 000个，单价13元；B产品数量2 000个，单价8元。其中A、B产品共计发生直接材料费56 000元、直接人工费25 000、制造费用26 000元。（附件：5张）

(16) 1月31日，结转已销产品成本，A产品数量为5 000个，单价为12元。（附件：4张）

（二）修改未记账凭证（以罗开昌的身份进行操作）

1. 将付款1凭证修改为：

  借：应付账款——山东海滨公司        15 000.00
   贷：银行存款——工行存款         15 000.00

2. 将收款1凭证修改为：

  借：银行存款——工行存款         50 000.00
   贷：应收账款——九江彩达公司       50 000.00

（三）删除未记账凭证：删除付款6凭证（重新整理编号）

（四）曹长川进行出纳复核

（五）朱中华进行凭证审核并记账

（六）练习：反记账（以本人的身份进行操作）

（七）输出总账、明细账、日记账

## 五、出纳管理

以曹长川的身份操作。

（一）查询九江某技术有限公司1月份现金与银行存款日记账

（二）查询九江某技术有限公司1月3日、10日、15日、26日资金日报表

## 六、固定资产系统初始化

(一)固定资产账套参数

1. 账套代码:本人学号(×××)
2. 启用日期:2014年1月
3. 主要折旧方法:平均年限法(一)
4. 折旧分配周期:1个月
5. 资产类别编码:4级(2222)
6. 卡片序号长度:3位
7. 折旧要求:当(月初已计提月份=可使用月份-1)时,将剩余折价全部提足。
8. 自动编码方式:类别编码+序号
9. 对账科目:固定资产1601、累计折旧1602
10. 结账要求:对账不平的情况下不允许月末结账。
11. 缺省入账科目:固定资产:1601;累计折旧:1602
12. 卡片删除时限:注销5年后

(二)固定资产类别一览表,见下表

| 类别编码 | 类别名称 | 计提属性 | 卡片样式 |
| --- | --- | --- | --- |
| 01 | 房屋建筑物 | 正常计提 | 通用 |
| 0101 | 厂房 | 正常计提 | 通用 |
| 0102 | 办公楼 | 正常计提 | 通用 |
| 02 | 机器设备 | 正常计提 | 通用 |
| 03 | 车辆 | 正常计提 | 通用 |
| 04 | 其他 | 正常计提 | 通用 |

(三)部门及其对应折旧科目,见下表

| 部门编码 | 部门名称 | 对应折旧科目 |
| --- | --- | --- |
| 01 | 行政部门 | 660202 管理费用 |
| 02 | 生产部门 | 510102 制造费用 |
| 03 | 供销部门 | 660102 销售费用 |

(四)增减方式的对应入账科目,见下表

| 增减方式 | 对应入账科目 |
| --- | --- |
| 增加方式: | |
| 直接购入 | 100201 银行存款—工行存款 |
| 在建工程转入 | 1604 在建工程 |
| 减少方式: | |
| 出售 | 1606 固定资产清理 |
| 报废 | 1606 固定资产清理 |

（五）固定资产明细卡片及其初始数据，见下表

| 资产名称 | 资产类别 | 所在部门 | 增加方式 | 使用状态 | 预计年限（工作量） | 折旧方法 | 启用日期 | 折旧月份（工作量） | 原 值 | 累计折旧额 |
|---|---|---|---|---|---|---|---|---|---|---|
| 东厂房 | 0101 | 0201 | 在建工程转入 | 在用 | 10 年 | 平均年限法（一） | 2003.12 | 36 | 320 000 | 96 000 |
| 西厂房 | 0101 | 0202 | 在建工程转入 | 在用 | 10 年 | 平均年限法（一） | 2003.12 | 36 | 360 000 | 108 000 |
| 商楼 | 0102 | 0101 | 在建 | 在用 | 50 年 | 平均年限法（一） | 2003.12 | 36 | 150 000 | 9 000 |
| 北楼 | 0102 | 0102 | 在建 | 在用 | 50 年 | 平均年限法（一） | 2003.12 | 36 | 100 000 | 6 000 |
| 机床 | 02 | 0201 | 购入 | 在用 | (20 年) 50 000 小时 | 工作量法 | 2004.01 | 7 200 小时 | 320 000 | 46 080 |
| 铣床 | 02 | 0202 | 购入 | 在用 | (20 年) 50 000 小时 | 工作量法 | 2004.01 | 7 200 小时 | 290 000 | 41 760 |
| 卡车 | 03 | 0301 | 购入 | 在用 | 10 年 | 平均年限法（一） | 2004.12 | 24 | 180 000 | 36 000 |
| 轿车 | 03 | 0101 | 购入 | 在用 | 20 年 | 双倍余额法 | 2005.12 | 12 | 250 000 | 25 000 |
| 空调 | 04 | 0101 | 购入 | 在用 | 10 年 | 平均年限法（一） | 2004.12 | 24 | 10 000 | 2 000 |
| 计算机 | 04 | 0302 | 购入 | 在用 | 5 年 | 年数总和法 | 2004.12 | 24 | 20 000 | 12 000 |
| 合 计 | | | | | | | | | 2 000 000 | 381 840 |

## 七、固定资产系统日常业务

以袁达的身份操作。

（一）案例资料

（1）新增资产：2014 年 1 月 8 日，用工行存款为一车间购进电动机 1 台（资产类别编号 02），代码为：02003，原值为：140 000 元，预计使用 20 年，预计净残值 5 000 元，采用平均折旧法（一）计提折旧。

（2）固定资产 2014 年 1 月工作量统计数，见下表。

| 固定资产编号 | 02001 | 02002 |
|---|---|---|
| 固定资产名称 | 机床 | 铣床 |
| 工作量/小时 | 300 | 200 |

（3）计提折旧：2014 年 1 月 31 日，计提本月折旧。

（4）减少资产：2014 年 1 月 25 日，将财务科的空调变卖，清理收入 1 800 元。

（二）本月数据处理

（1）进行原始卡片及新增卡片的查询等管理工作。

（2）在固定资产系统中生成相关的机制凭证。

（3）折旧清单的查询。

（4）在总账系统中生成固定资产清理的相关凭证，并记账。
（5）对机制凭证进行查询。
（三）审核记账（以朱中华的身份来操作）
在总账系统中查询自动传递到总账系统中的机制凭证，并对该凭证进行审核、记账，以便固定资产系统期末对账。

## 八、工资初始化

（一）工资账套参数
1. 账套代码：本人学号（×××）
2. 工资类别个数：单个
3. 本位币种：人民币（RMB）
4. 个人所得税：代扣
5. 人员编码长度：3位
6. 账套启用日期：2014年1月1日
（二）人员附加附加信息：学历、职称
（三）人员类别
101 管理人员　　102 销售人员　　103 采购人员　　104 生产人员
（四）设置代发银行
1. 账号长度：5位
2. 名称：中国工商银行九江分行
（五）建立人员档案
职工信息一览表，见下表。

| 部门名称 | 人员编号 | 人员姓名 | 人员类别 | 中方人员 | 是否计税 | 学历 | 职称 |
|---|---|---|---|---|---|---|---|
| 财务科 | 001 | 本　人 | 管理人员 | 是 | 是 | 大本 | 中级 |
| 财务科 | 002 | 朱中华 | 管理人员 | 是 | 是 | 大本 | 中级 |
| 财务科 | 003 | 罗开昌 | 管理人员 | 是 | 是 | 大本 | 中级 |
| 财务科 | 004 | 曹长川 | 管理人员 | 是 | 是 | 大本 | 中级 |
| 财务科 | 005 | 袁　达 | 管理人员 | 是 | 是 | 大本 | 中级 |
| 总务科 | 006 | 张志强 | 管理人员 | 是 | 是 | 大专 | 中级 |
| 总务科 | 007 | 白娟利 | 采购人员 | 是 | 是 | 大专 | 高级 |
| 一车间 | 008 | 李　明 | 管理人员 | 是 | 是 | 大本 | 中级 |
| 一车间 | 009 | 李　峰 | 生产人员 | 是 | 是 | 大专 | 无 |
| 一车间 | 010 | 陈小勇 | 生产人员 | 是 | 是 | 大专 | 无 |
| 一车间 | 011 | 丁仁发 | 生产人员 | 是 | 是 | 中专 | 无 |
| 一车间 | 012 | 田艳平 | 生产人员 | 是 | 是 | 中专 | 无 |
| 二车间 | 013 | 刘　力 | 管理人员 | 是 | 是 | 中专 | 无 |
| 一车间 | 014 | 冯　志 | 生产人员 | 是 | 是 | 中专 | 无 |
| 二车间 | 015 | 邓小莲 | 生产人员 | 是 | 是 | 大专 | 初级 |
| 二车间 | 016 | 康玉凡 | 生产人员 | 是 | 是 | 大专 | 无 |

续表

| 部门名称 | 人员编号 | 人员姓名 | 人员类别 | 中方人员 | 是否计税 | 学 历 | 职 称 |
|---|---|---|---|---|---|---|---|
| 二车间 | 017 | 赵凯峰 | 生产人员 | 是 | 是 | 中专 | 无 |
| 供销一部 | 018 | 黄一民 | 管理人员 | 是 | 是 | 中专 | 无 |
| 供销一部 | 019 | 许志明 | 销售人员 | 是 | 是 | 中专 | 无 |
| 供销二部 | 020 | 王永新 | 管理人员 | 是 | 是 | 中专 | 无 |
| 供销二部 | 021 | 吴美英 | 销售人员 | 是 | 是 | 中专 | 无 |

（六）定义工资项目（要按顺序排列）

新增工资项目一览表，见下表。

| 工资项目 | 项目类型 | 长 度 | 小 数 | 增减项 |
|---|---|---|---|---|
| 基本工资 | 数值型 | 12 | 2 | 增项 |
| 岗位工资 | 数值型 | 12 | 2 | 增项 |
| 日工资 | 数值型 | 12 | 2 | 其他 |
| 副食补贴 | 数值型 | 12 | 2 | 增项 |
| 交通补助 | 数值型 | 12 | 2 | 增项 |
| 事假天数 | 数值型 | 4 | 1 | 其他 |
| 事假扣款 | 数值型 | 12 | 2 | 减项 |
| 病假天数 | 数值型 | 4 | 1 | 其他 |
| 病假扣款 | 数值型 | 12 | 2 | 减项 |
| 扣款合计 | 数值型 | 12 | 2 | 减项 |
| 应发工资 | 数值型 | 12 | 2 | 增项 |
| 代扣税 | 数值型 | 12 | 2 | 减项 |
| 实发工资 | 数值型 | 12 | 2 | 增项 |

（七）定义数值型工资项目的公式

部分数值型工资项目的公式定义，见下表。

| 工资项目 | 定义公式 |
|---|---|
| 基本工资 | 财务科：1 500元，总务科：1 800元，一车间：2 000元，二车间：2 100元，供销一部：2 300元，供销二部：2 200元 |
| 岗位工资 | 管理人员的岗位工资＝500元，销售人员的岗位工资＝200元<br>采购人员的岗位工资＝450元，生产人员的岗位工资＝300元 |
| 日工资 | （基本工资＋岗位工资）/21 |
| 副食补贴 | 260.00 |
| 交通补助 | 100.00 |
| 应发合计 | 基本工资＋岗位工资＋副食补贴＋交通补助 |
| 事假扣款 | 日工资×事假天数 |
| 病假扣款 | 日工资×病假天数×0.4 |
| 扣款合计 | 事假扣款＋病假扣款＋代扣税 |
| 实发合计 | 应发合计－扣款合计 |

## 九、工资系统日常业务

以朱中华的身份操作。

（一）变动工资数据

事假：李明 2 天，康玉凡 1 天，

病假：白娟利 1 天，王永新 3 天。

（二）定义银行代发工资格式，见下表

| 项目名称 | 数据类型 | 长　度 | 小数位 |
| --- | --- | --- | --- |
| 单位编码 | 字符型 | 12 | 0 |
| 人员编号 | 字符型 | 3 | 0 |
| 姓名 | 字符型 | 8 | 0 |
| 账号 | 字符型 | 5 | 0 |
| 金额 | 数字型 | 10 | 2 |

进行 2014 年 1 月份工资计算与个人所得税申报（个人所得税扣税基数为 2 000 元）。

（三）工资费用分摊与计提一览表（系统机制凭证时用），见下表

| | | 财务科、总务科 供销一部、供销二部 | | 一车间、二车间 | | 供销一部、供销二部 |
| --- | --- | --- | --- | --- | --- | --- |
| | | 管理人员 | 采购人员 | 生产人员 | 管理人员 | 销售人员 |
| 工资费用 | 借 | 660201 | | 500102 | 510101 | 660101 |
| | 贷 | 2211 | | | | |

（四）本月数据处理

（1）进行工资变动表及个人所得税的查询等管理工作；

（2）在工资系统中生成相关的机制凭证；

（3）对机制凭证进行查询。

（五）审核记账（以袁达的身份来操作）

在总账系统中查询自动传递到总账系统中的机制凭证，并完成该机制凭证的审核、记账以及工资发放的凭证编制、审核、记账。

## 十、期末会计事项

（一）在总账系统中利用自动转账功能进行以下业务处理（生成凭证并审核、过账）

以主管身份进行转账定义，以朱中华身份生成凭证，以袁达身份审核记账。

（1）将制造费用转入生产成本。

（2）自动结转汇兑损益（期末调整汇率为：1 美元 =7.78 元人民币）。

凭证类型：付款　　汇兑损益入账科目：6603（财务费用）

| 外币科目编号 | 外币科目名称 | 币种 | 是否计算汇兑损益 |
| --- | --- | --- | --- |
| 100202 | 中行存款 | 美元 | √ |

（3）自动结转期间损益。
（4）计算并结转本月应交所得税。
（二）固定资产月末处理
（1）与总账系统对账。
（2）月末结账。
（三）工资系统月末处理
（1）在工资系统中查询机制凭证。
（2）结账处理：将"事假天数""病假天数"两个项目清空为零。
（四）总账月末处理：对账和结账

## 十一、报表

根据以上案例资料、利用报表模板编制资产负债表及损益表。
（以本人的身份操作）

# 下篇

# 用友ERP财务供销存管理系统实训部分

>>>

# 实训 17　系统管理

（岗位设置：系统管理员）

## 17.1　实训目的

系统管理是企业管理软件各个子系统的使用基础，是用友会计管理软件设置在系统服务下的一个重要组成部分，其他任何子系统的独立运行都必须以此为基础。通过实训要求掌握系统管理中设置操作员、建立账套和设置操作员权限的方法，熟悉账套输出和引入的方法。

## 17.2　实训资料

### 一、账套管理

账套号：666

账套名称：北京中业信息技术有限公司

账套启用日期：2014 年 10 月 1 日

账套存储路径：系统默认路径

单位信息：北京中业信息技术有限公司，简称中业信息，地址：北京海淀区中业路 100 号，法人代表：肖剑，邮政编码：100023，联系电话及传真：65668888，电子邮件：xj6688@163.com，税号：110108200811088。

本币：人民币　　　　　　　　　　　企业类型：工业

行业性质：2014 新会计制度科目　　　主管：陈云；按行业性质预置科目

基础信息：对客户、供应商、存货进行分类，无外币核算

分类编码方案：科目编码级次 42222，存货分类编码级次 1223，客户和供应商分类编码 223，收发类别编码级次 12，部门编码级次 122，结算方式编码级次 12，地区分类编码级次 223

数据精度：该企业对存货数量、单价小数位定为 2

### 二、操作员管理（角色管理、用户管理、权限管理）

| 编号 | 姓名 | 口令 | 角色 | 权限 |
| --- | --- | --- | --- | --- |
| 01 | 陈云 | 01 | 账套主管 | 666 账套全部权限 |
| 02 | 李明 | 02 | 总账会计、应收、应付会计 | 公共单据、公共目录设置、总账、应收、应付系统、报表的全部权限，但不包括出纳签字、审核、记账 |

续表

| 编号 | 姓名 | 口令 | 角色 | 权限 |
|---|---|---|---|---|
| 03 | 刘佳 | 03 | | 公共单据、公共目录设置、采购管理、销售管理、库存管理、存货核算系统全部权限 |

### 三、账套维护（系统数据管理或年度账管理）

每个账套可以存放不同年度的会计数据，不同年度的数据存放在不同的数据表中，称为年度账。只有账套主管才有权限进行有关年度账的管理。年度账管理包括建立年度账、引入和输出年度账、结转上年数据、清空年度数据等。

启用新建的年度账时，必须将上一年度中相关账户的余额及其他信息先结转到新年度账中。为了保证各个子系统之间的数据联系，结转上一年数据时，应首先结转购销存系统的上一年度余额，再结转应收系统和应付系统的上一年度余额，最后结转总账系统的上一年度余额。

年度账管理中的引入和输出与账套操作中的引入和输出的含义基本一致，所不同的是年度账操作中的引入和输出不是针对某个账套，而是针对账套中的某一年度的年度账进行的。

## 17.3 实训内容及步骤

### 一、账套管理

1. 注册系统管理

**操作步骤**

（1）执行"开始"/"程序"/"用友 ERP-U872"/"系统服务"/"系统管理"命令，打开"用友 ERP-U872【系统管理】"窗口。见用友 ERP-U872 管理系统，如图 17-1 所示。

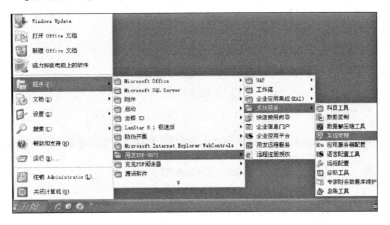

图 17-1

（2）在"用友 ERP-U872【系统管理】"窗口中，执行"系统"/"注册"命令，打开"注册【系统管理】"对话框。见用友 ERP-U872 管理系统，如图 17-2 所示。

（3）在"注册【系统管理】"对话框，单击"服务器"文本框后，单击按钮，打开"网络计算机浏览"对话框。如果在客户端登录，则选择服务端的服务器名称；如果本身就在服务端或是单机用户，则选择本地服务器名称。单击"操作员"文本框，输入系统管理员"admin"（系统默认管理员，密码为空），单击"确定"按钮，打开"注册【系统管理}"对话框。见用友 ERP-U872 管理系统,如图 17-3 所示。

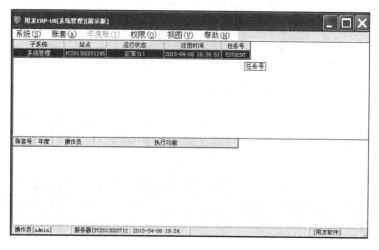

图　17-2

图　17-3

2．输入账套信息

**操作步骤**

（1）以系统管理员身份登录"系统管理"。执行"账套"/"建立"命令,打开"创建账套—账套信息"对话框。见用友 ERP-U872 管理系统,如图 17-4 所示。

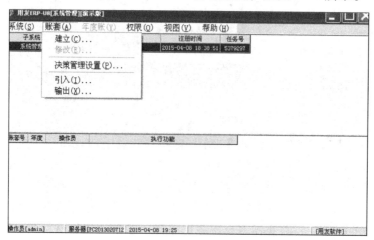

图　17-4

（2）在"创建账套—账套信息"对话框中，依次输入新建的账套号、账套名称及启用会计期。见用友 ERP-U872 管理系统，如图 17-5 所示。

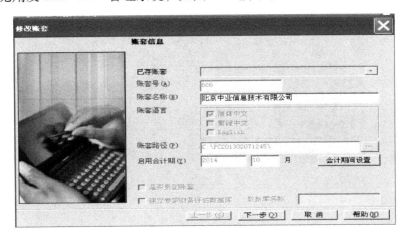

图 17-5

（3）单击"下一步"按钮，打开"创建账套—单位信息"对话框。

3．输入单位信息

**操作步骤**

（1）在"创建账套—单位信息"对话框中，依次输入单位有关信息。见用友 ERP-U872 管理系统，如图 17-6 所示。

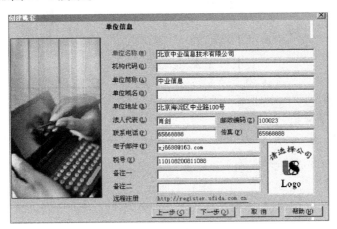

图 17-6

（2）单击"下一步"，打开"创建账套—核算类型"对话框。

4．核算类型设置

**操作步骤**

（1）在"创建账套—核算类型"对话框中，输入本币代码、本币名称，选择"企业类型""行业性质""账套主管"，选中"按行业性质预置科目"复选框。见用友 ERP-U872 管理系统，如图 17-7 所示。

（2）单击"下一步"按钮，打开"创建账套—基础信息"对话框。

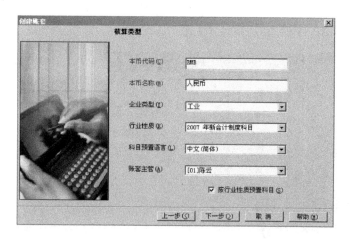

图 17-7

5. 基础信息设置

**操作步骤**

(1) 在"创建账套—基础信息"对话框中,根据需要选中"存货是否分类""客户是否分类""供应商是否分类""有无外币核算"复选框;单击"完成"按钮,打开"创建账套"对话框。见用友 ERP-U872 管理系统,如图 17-8 所示。

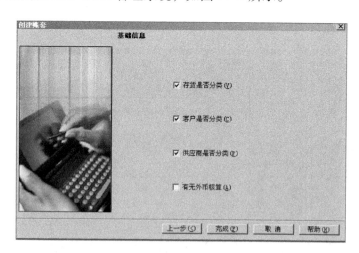

图 17-8

(2) 在"创建账套"对话框中,单击"是"按钮,打开"分类编码方案"对话框。

6. 分类编码方案设置

**操作步骤**

(1) "分类编码方案"对话框中,根据需要,分别设置会计科目编码级次、客户权限组级次、客户分类编码级次、部门编码级次、地区分类编码级次、存货权限组级次、存货分类编码级次、货位编码级次、收发类别编码级次、结算方式编码级次、供应商权限组级次、供应商分类编码级次等。

(2) 单击"确认"按钮,打开"数据精度定义"对话框。

7. 数据精度定义

**操作步骤**

(1) 在"数据精度定义"对话框中，根据单位资料确定所有小数位。见用友 ERP-U872 管理系统，如图 17-9 所示。

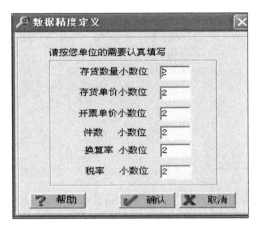

图 17-9

(2) 单击"确认"按钮，打开"现在进行系统启用的设置"提示框，单击"否"按钮，结束建账，返回系统管理窗口；若单击"是"按钮，则在"企业门户"中启用系统。

## 二、操作员管理（角色管理、用户管理、权限管理）

1. 角色管理

**操作步骤**

(1) 以系统管理员的身份注册进入系统管理窗口。执行"权限"/"角色"命令，打开"角色管理"窗口。见用友 ERP-U872 管理系统，如图 17-10 所示。

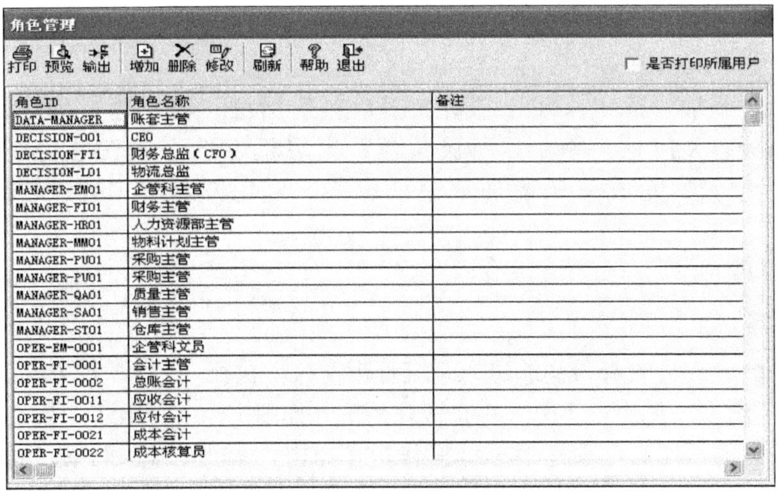

图 17-10

（2）单击“增加”按钮，打开“增加角色”对话框，输入角色编号和角色名称。单击“增加”按钮，保存新设置。见用友 ERP-U872 管理系统，如图 17-11 所示。

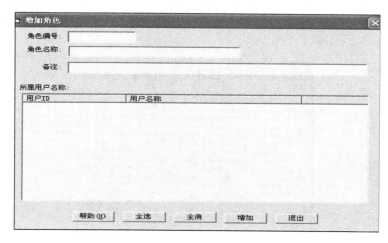

图 17-11

2. 用户管理

**操作步骤**

（1）以系统管理员的身份注册进入系统管理窗口。执行“权限”/“用户”命令，打开“用户管理”窗口。见用友 ERP-U872 管理系统，如图 17-12 所示。

| 用户编码 | 用户全名 | 部门 | Email地址 | 手机号 | 认证方式 | 状态 | 退出时间 |
|---|---|---|---|---|---|---|---|
| 01 | 陈云 | | | | 用户+口令(传统) | 启用 | 2009-... |
| 02 | 李明 | | | | 用户+口令(传统) | 启用 | |
| 03 | 刘佳 | | | | 用户+口令(传统) | 启用 | |
| demo | demo | | | | 用户+口令(传统) | 启用 | |
| SYSTEM | SYSTEM | | | | 用户+口令(传统) | 启用 | |
| UFSOFT | UFSOFT | | | | 用户+口令(传统) | 启用 | |

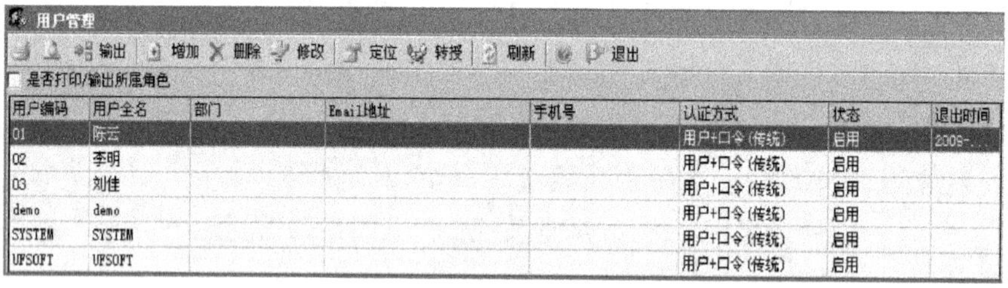

图 17-12

（2）单击“增加”按钮，打开“增加用户”对话框，输入用户编号、名称、口令以及所属部门等有关信息，并在“所属角色”列表框中选中该新增用户所属的角色，单击“增加”按钮，完成一条增加记录的输入。见用友 ERP-U872 管理系统，如图 17-13所示。

3. 权限管理

**操作步骤**

（1）以系统管理员的身份注册进入系统管理窗口。执行“权限”/“权限”命令，打开“操作员权限”窗口，见用友 ERP-U872 管理系统，如图 17-14 所示。

（2）从左侧的操作员列表框中选择操作员，单击“修改”按钮，在右侧窗口中选中相应的复选框，将该权限分给当前用户，单击“确定”完成设置。见用友 ERP-U872 管理系统，如图 17-15 所示。

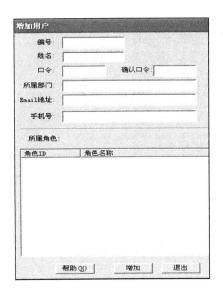
图 17-13

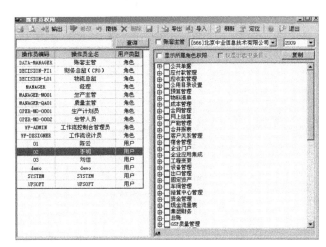
图 17-14

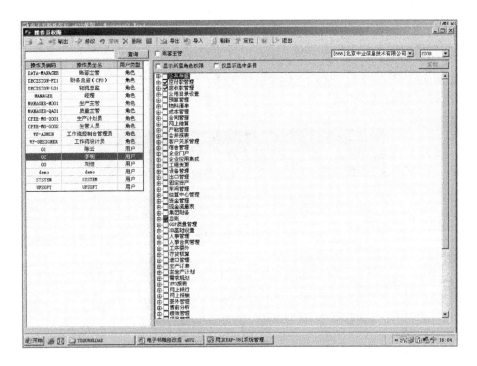
图 17-15

4．启用供应链及其相关子系统

**操作步骤**

（1）执行"开始"/"程序"命令，进入用友 ERP-U872 管理系统打开"企业应用平台"。

（2）单击"确定"按钮，进入用友 ERP-U872 企业门户，分别完成供应链及其相关子系统的启用，如图 17-16 所示。

图 17-16

### 三、账套维护

1. 账套修改

**操作步骤**

（1）以账套主管的身份注册，选择相应的账套，进入系统管理窗口，见用友 ERP-U872 管理系统，如图 17-17 所示。

图 17-17

（2）执行"修改"命令，进行修改账套。可以修改的信息主要有账套信息、单位信息、账套分类信息和数据精度信息等，系统管理员无权修改。见用友 ERP-U872 管理系统，如图 17-18 所示。

2. 引入账套

**操作步骤**

（1）以系统管理员的身份注册进入系统管理窗口。执行"账套"/"引入"命令，打开"引入账套数据"对话框。见用友 ERP-U872 管理系统，如图 17-19 所示。

图 17-18

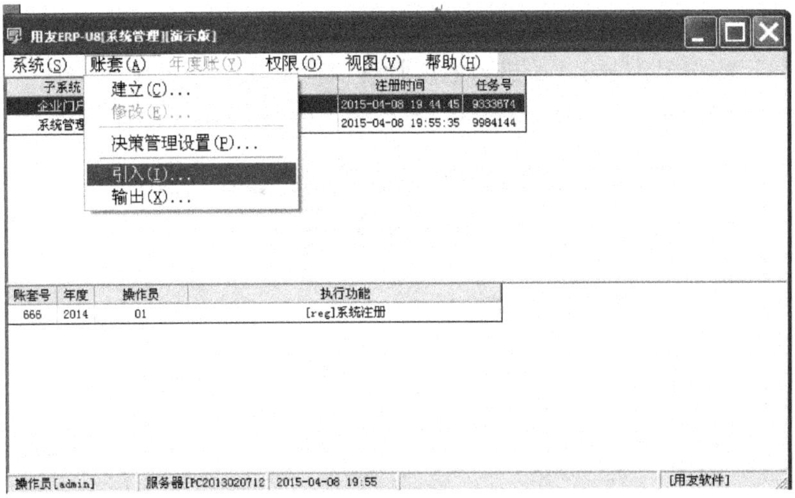

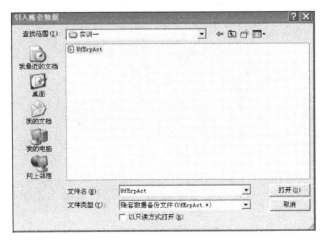

图 17-19

（2）选择所要引入的账套数据备份文件，单击"打开"按钮，当系统弹出提示对话框时，单击"是"按钮，系统进入"恢复过程"中。见用友 ERP-U872 管理系统，如图17-20所示。

图 17-20

（3）经过一段恢复过程，系统弹出"账套引入成功"信息提示对话框，单击"确定"。见用友 ERP-U872 管理系统，如图 17-21 所示。

图 17-21

3. 输出账套功能

**操作步骤**

（1）以系统管理员的身份注册进入系统管理窗口。执行"账套"/"输出"命令，打开"账套输出"对话框。见用友 ERP-U872 管理系统，如图 17-22 所示。

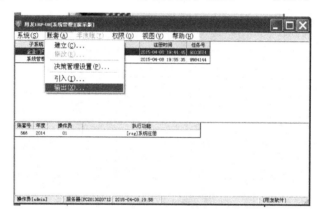

图 17-22

（2）选择要输出的账套，单击"确认"按钮，经过压缩进程，打开"选择备份目标"对话框，打开存放备份数据的文件夹，单击"确认"按钮。见用友 ERP-U872 管理系统，如图 17-23 所示。

图 17-23

此外，在做账套输出时，可以选中上述对话框中的"删除当前输出账套"复选框，从而实现对账套的删除。

# 实训18 财务、业务基础设置

（岗位设置：系统管理员或账套主管）

## 18.1 实训目的

通过实训掌握总账系统参数设置，了解会计信息系统基础信息设置、会计科目及凭证类别设置、项目管理设置、客户档案与应收款管理设置、供应商档案与应付款管理设置、付款条件设置，建立存货分类、计量单位和存货档案、设置结算方式、设置开户银行、建立仓库档案、设置收发类别、设置采购类型和销售类型、设置费用项目、设置发运方式、录入期初余额。

## 18.2 实训资料

一、定义企业机构

（1）设置部门档案，数据见表18-1。

表 18-1

| 部门编码 | 部门名称 | 部门属性 |
| --- | --- | --- |
| 1 | 综合部 | 管理部门 |
| 101 | 总经理办公室 | 综合管理 |
| 102 | 财务部 | 财务管理 |
| 2 | 销售部 | 市场营销 |
| 201 | 销售一部 | 专售打印纸 |
| 202 | 销售二部 | 专售硬件 |
| 203 | 销售三部 | 专售软件 |
| 204 | 销售四部 | 售配套用品 |
| 3 | 供应部 | 采购供应 |
| 4 | 制造部 | 研发制造 |
| 401 | 产品研发 | 技术开发 |
| 402 | 生产车间 | 生产制造 |

(2）设置职员档案，数据见表18-2。

表 18-2

| 编 号 | 姓 名 | 所属部门 | 职员属性 | 编 号 | 姓 名 | 所属部门 | 职员属性 |
|---|---|---|---|---|---|---|---|
| 101 | 肖 剑 | 总经办 | 总经理 | 203 | 孙 平 | 销售三部 | 部门经理 |
| 102 | 陈 云 | 财务部 | 会计主管 | 204 | 王 兵 | 销售四部 | 经营人员 |
| 103 | 李 明 | 财务部 | 会计 | 301 | 刘 佳 | 供应部 | 部门经理 |
| 104 | 王 月 | 财务部 | 出纳 | 401 | 周 文 | 产品研发 | 部门经理 |
| 201 | 赵 斌 | 销售一部 | 部门经理 | 402 | 李 悦 | 生产车间 | 部门经理 |
| 202 | 宋 林 | 销售二部 | 经营人员 | | | | |

## 二、往来单位设置

（1）设置地区分类。分类如下：
01 东北地区
02 华北地区
03 华东地区
04 华南地区
05 西北地区
06 西南地区

（2）设置客户分类，数据见表18-3。

表 18-3

| 分类编码 | 分类名称 | 分类编码 | 分类名称 | 分类编码 | 分类名称 |
|---|---|---|---|---|---|
| 01 | 事业单位 | 02 | 企业单位 | 0203 | 金 融 |
| 0101 | 学 校 | 0201 | 工 业 | 03 | 其 他 |
| 0102 | 机 关 | 0202 | 商 业 | | |

（3）设置供应商分类。分类如下：
01 硬件供应商
02 软件供应商
03 材料供应商
04 其他

（4）付款条件，见表18-4。

表 18-4

| 编 码 | 信用天数 | 优惠天数1 | 优惠率1 | 优惠天数2 | 优惠率2 | 优惠天数3 | 优惠率3 |
|---|---|---|---|---|---|---|---|
| 01 | 20 | 5 | 2 | | | | |
| 02 | 60 | 5 | 4 | 15 | 2 | 30 | 1 |
| 03 | 90 | 5 | 4 | 20 | 2 | 45 | 1 |

(5) 设置客户档案，数据见表18-5。

表 18-5

| 客户编号 | 客户名称 | 客户简称 | 所属分类编码 | 所属地区 | 税号 | 开户银行 | 地　址 | 扣率 | 付款条件编码 | 发展日期 |
|---|---|---|---|---|---|---|---|---|---|---|
| 001 | 北京太和学校 | 太　和 | 0101 | 02 | 36542 | 工行 | 北京市海淀区上和路1号 | 5 | 01 | 2009-10-1 |
| 002 | 天津柯达 | 柯　达 | 0202 | 02 | 78356 | 工行 | 天津市开发区华苑路1号 | | | 2009-10-1 |
| 003 | 上海思科证券公司 | 思　科 | 0203 | 03 | 69325 | 工行 | 上海市徐汇区天平路8号 | | | 2009-10-1 |
| 004 | 哈尔滨飞机制造厂 | 哈　飞 | 0201 | 01 | 43810 | 中行 | 哈尔滨市和平区和平路116号 | | | 2009-10-1 |

备注：以上开户银行账号不能为空，自行录入。

(6) 设置供应商档案，数据见表18-6。

表 18-6

| 供应商编号 | 供应商名称 | 供应商简称 | 所属分类编码 | 所属地区 | 税　号 | 开户银行 | 地　址 | 发展日期 |
|---|---|---|---|---|---|---|---|---|
| 001 | 北京阳光有限公司 | 阳　光 | 02 | 02 | 11056 | 中行 | 北京市朝阳区8号 | 2009-10-1 |
| 002 | 北京联想分公司 | 联　想 | 01 | 02 | 11047 | 中行 | 北京市海淀区108号 | 2009-10-1 |
| 003 | 南京多媒体研究所 | 多媒体研究所 | 04 | 03 | 32088 | 工行 | 南京市湖北路104号 | 2009-10-1 |
| 004 | 上海记录纸厂 | 记录纸厂 | 03 | 01 | 31010 | 工行 | 上海市浦东新区1号 | 2009-10-1 |

## 三、存货设置

(1) 设置存货分类，数据见表18-7。

表 18-7

| 存货类别编码 | 存货类别名称 | 存货类别编码 | 存货类别名称 | 存货类别编码 | 存货类别名称 |
|---|---|---|---|---|---|
| 1 | 生产用原材料 | 3 | 其　他 | 30202 | 打印机 |
| 2 | 产成品 | 301 | 配套材料 | 303 | 配套软件 |
| 201 | 打印纸 | 30101 | 配套光盘 | 30301 | 电子商务软件 |
| 20101 | 普通纸 | 302 | 配套硬件 | 30302 | 财务软件 |
| 20102 | 专用纸 | 30201 | 计算机 | 9 | 应税劳务 |

（2）设置计量单位组及其下属计量单位，数据见表18-8。

表 18-8

| 计量单位组编码 | 计量单位组名称 | 计量单位组类别 | 计量单位编码 | 计量单位名称 |
|---|---|---|---|---|
| 1 | 无换算 | 无换算 | 101 | 吨 |
| | | | 102 | 箱 |
| | | | 103 | 张 |
| | | | 104 | 台 |
| | | | 105 | 套 |
| | | | 106 | 元 |

（3）设置存货档案，数据见表18-9。

表 18-9

| 存货编码 | 存货名称 | 规格型号 | 计量单位 | 所属类别 | 税率（%） | 存货属性 | 计划单价（元） | 参考成本（元） | 参考售价（元） | 启用日期 |
|---|---|---|---|---|---|---|---|---|---|---|
| 1001 | 原纸 | 铜板纸 | 吨 | 1 | 17 | 销售外购生产耗用 | 5 000 | 5 000 | 5 700 | 2009-10-1 |
| 2001 | 普通打印纸 | A4 | 箱 | 20101 | 17 | 自制销售 | 120 | 120 | 150 | 2009-10-1 |
| 2002 | 凭证套打纸 | 8X | 箱 | 20102 | 17 | 自制销售 | 160 | 160 | 210 | 2009-10-1 |
| 3001 | 管理革命 | | 张 | 30101 | 17 | 外购销售 | 80 | 80 | 98 | 2009-10-1 |
| 3002 | 星光灿烂 | | 张 | 30101 | 17 | 外购销售 | 39 | 39 | 50 | 2009-10-1 |
| 3003 | 联想天鹤 | PIII/500 | 套 | 30201 | 17 | 外购销售 | 9 659 | 9 659 | 9 999 | 2009-10-1 |
| 3004 | 联想天禧 | PIII/550 | 台 | 30201 | 17 | 外购销售 | 8 599 | 8 599 | 8 999 | 2009-10-1 |
| 3005 | 联想显示器 | 17寸 | 台 | 30201 | 17 | 外购销售 | 2 200 | 2 200 | 2 500 | 2009-10-1 |
| 3006 | 购销存系统 | G版 | 套 | 30302 | 17 | 外购销售 | 172 000 | 172 000 | 180 000 | 2009-10-1 |
| 3007 | 联想天禧套装 | PIII/550 | 套 | 30201 | 17 | 外购销售 | 10 799 | 10 799 | 11 499 | 2009-10-1 |
| 9001 | 运输费 | | 元 | 9 | 10 | 外购销售劳务费用 | | | 0 | 2009-10-1 |

备注：参考成本、参考售价、计划价均不含税。

## 四、财务

(1) 根据资料设置公司的会计科目体系,数据见表 18-10。

表 18-10

| 科目名称 | 辅助核算 | 方向 | 币别计量 | 累计借方发生额/元 | 累计贷方发生额/元 | 期初余额/元 |
|---|---|---|---|---|---|---|
| 现金 1001 | 日记 | 借 | | 18 889.65 | 18 860.65 | 6 875.70 |
| 银行存款 1002 | 银行日记 | 借 | | 469 251.88 | 370 000.35 | 488 009.16 |
| 工行存款 100201 | 银行日记 | 借 | | 469 251.88 | 370 000.35 | 193 829.16 |
| 中行存款 100202 | 银行日记 | 借 | | | | 294 180.00 |
| 应收账款 1122 | 客户往来 | 借 | | 60 000.00 | 20 000.00 | 157 600.00 |
| 其他应收款 1221 | 个人往来 | 借 | | | | 3 800.00 |
| 坏账准备 1231 | | 贷 | | 300.00 | 600.00 | 800.00 |
| 预付账款 1123 | 供应商往来 | 借 | | | | |
| 材料采购 1401 | | 借 | | | 294 180.00 | -294 180.00 |
| 生产用材料采购 140101 | | 借 | | | 101 000.00 | -101 000.00 |
| 其他材料采购 140102 | | 借 | | | 193 180.00 | -193 180.00 |
| 原材料 1403 | | 借 | | 293 180.00 | | 2 614 158.00 |
| 生产用原材料 140301 | 数量核算、数量 30 吨 | 借 | 吨 | 100 000.00 | | 150 000.00 |
| 其他原材料 140302 | 数量核算、数量 2205 吨 | 借 | | 193 180.00 | | 2 464 158.00 |
| 周转材料 1411 | | 借 | | | | |
| 材料成本差异 1404 | 数量核算、数量 30 吨 | 借 | | 5 230.81 | 7 410.81 | 1 000.00 |
| 库存商品 1405 | 数量核算、数量 4030 套 | 借 | | 140 142.54 | 90 000.00 | 544 000.00 |
| 委托加工物资 1408 | | 借 | | | | |
| 固定资产 1601 | | 借 | | | | 260 860.00 |
| 累计折旧 1602 | | 贷 | | | 39 511.89 | 47 120.91 |
| 在建工程 1604 | | 借 | | | | |
| 人工费 160401 | 项目核算 | 借 | | | | |
| 材料费 160402 | 项目核算 | 借 | | | | |
| 其他 160403 | 项目核算 | 借 | | | | |
| 待处理财产损益 1901 | | | | | | |
| 待处理流动资产损益 190101 | | | | | | |
| 待处理固定资产损益 190102 | | | | | | |
| 无形资产 1701 | | 借 | | | 58 500.00 | 58 500.00 |
| 短期借款 2001 | | 贷 | | | 200 000.00 | 200 000.00 |
| 应付账款 2202 | 供应商往来 | 贷 | | 150 557.26 | 60 000.00 | 571 030.00 |

续表

| 科目名称 | 辅助核算 | 方向 | 币别计量 | 累计借方发生额/元 | 累计贷方发生额/元 | 期初余额/元 |
|---|---|---|---|---|---|---|
| 预收账款 2203 | 客户往来 | 贷 | | | | |
| 应付职工薪酬 2211 | | 贷 | | | | |
| 应交税费 2221 | | 贷 | | 36 761.37 | 15 581.73 | -16 800.00 |
| 应交增值税 222101 | | 贷 | | 36 761.37 | 15 581.73 | -16 800.00 |
| 进项税额 22210101 | | 贷 | | 36 761.37 | | -33 800.00 |
| 销项税额 22210102 | | 贷 | | | 15 581.73 | 17 000.00 |
| 其他应付款 2241 | | 贷 | | | 2 100.00 | 2 100.00 |
| 实收资本 4001 | | 贷 | | | | 3 172 560.00 |
| 本年利润 4103 | | 贷 | | | | |
| 利润分配 4104 | | 贷 | | 13 172.74 | 9 330.55 | -119 022.31 |
| 未分配利润 410401 | | 贷 | | 13 172.74 | 9 330.55 | -119 022.31 |
| 生产成本 5001 | | 借 | | 8 711.37 | 10 121.64 | 17 165.74 |
| 直接材料 500101 | 项目核算 | 借 | | 4 800.00 | 5 971.00 | 10 000.00 |
| 直接人工 500102 | 项目核算 | 借 | | 861.00 | 900.00 | 4 000.74 |
| 制造费用 500103 | 项目核算 | 借 | | 2 850.00 | 3 050.00 | 2 000.00 |
| 折旧费 500104 | 项目核算 | 借 | | 200.37 | 200.64 | 1 165.00 |
| 其他 500105 | 项目核算 | 借 | | | | |
| 制造费用 5101 | | 借 | | | | |
| 工资 510101 | | 借 | | | | |
| 折旧费 510102 | | 借 | | | | |
| 主营业务收入 6001 | | 贷 | | 350 000.00 | 350 000.00 | |
| 其他业务收入 6051 | | 贷 | | 250 000.00 | 250 000.00 | |
| 主营业务成本 6401 | | 借 | | 300 000.00 | 300 000.00 | |
| 营业税金及附加 6403 | | 借 | | 8 561.28 | 8 561.28 | |
| 其他业务成本 6402 | | 借 | | 180 096.55 | 180 096.55 | |
| 销售费用 6601 | | 借 | | 5 000.00 | 5 000.00 | |
| 管理费用 6602 | | 借 | | 23 221.33 | 23 221.33 | |
| 工资 660201 | 部门核算 | 借 | | 8 542.96 | 8 542.96 | |
| 福利费 660202 | 部门核算 | 借 | | 1 196.01 | 1 196.01 | |
| 办公费 660203 | 部门核算 | 借 | | 568.30 | 568.30 | |
| 差旅费 660204 | 部门核算 | 借 | | 5 600.23 | 5 600.23 | |
| 招待费 660205 | 部门核算 | 借 | | 4 621.56 | 4 621.56 | |
| 折旧费 660206 | 部门核算 | 借 | | 2 636.27 | 2 636.27 | |
| 其他 660207 | 部门核算 | 借 | | 56.00 | 56.00 | |
| 财务费用 6603 | | 借 | | 8 000.00 | 8 000.00 | |
| 利息支出 660301 | | 借 | | 8 000.00 | 8 000.00 | |

（2）指定现金总账科目和银行总账科目。

现金总账科目为"现金 1001"。

银行总账科目为"银行存款 1002"。

(3) 在账套中设置凭证类别为"记账凭证"。
(4) 收付结算。

设置结算方式，见数据表 18-11。

表 18-11

| 结算方式编码 | 结算方式名称 | 票据管理 |
| --- | --- | --- |
| 1 | 现金 | 否 |
| 2 | 支票 | 否 |
| 201 | 现金支票 | 是 |
| 202 | 转账支票 | 是 |
| 3 | 其他 | 否 |

(5) 项目目录。

表 18-12

| 项目设置步骤 | 设置内容 |
| --- | --- |
| 项目大类 | 生产成本 |
| 核算科目 | 直接材料 500101<br>直接人工 500102<br>制造费用 500103<br>折旧费 500104<br>其他 500105 |
| 项目分类 | (1) 自行开发项目<br>(2) 委托开发项目 |
| 项目名称 | (1) 普通打印纸-A4（自行开发项目）<br>(2) 凭证套打纸-8X（自行开发项目） |

(6) 设置开户银行，数据如下所示：

开户银行编码：1
开户银行名称：工商银行北京分行中关村分理处
银行账号：831658796212
暂封标识：否

## 五、业务基础设置

(1) 根据资料设置仓库档案，数据见表 18-13。

表 18-13

| 仓库编码 | 仓库名称 | 部门编码 | 负责人 | 计价方式 |
| --- | --- | --- | --- | --- |
| 1 | 材料库 | 3 | 刘 佳 | 计划价法 |
| 2 | 产品库 | 201 | 赵 斌 | 先进先出法 |
| 3 | 硬件库 | 202 | 宋 林 | 全月平均法 |
| 4 | 软件库 | 203 | 孙 平 | 先进先出法 |
| 5 | 配套用品库 | 204 | 王 兵 | 先进先出法 |

（2）设置收发类别，数据见表18-14。

表 18-14

| 收发类别编码 | 收发类别名称 | 收发标志 | 收发类别编码 | 收发类别名称 | 收发标志 |
| --- | --- | --- | --- | --- | --- |
| 1 | 入库分类 | 收 | 2 | 出库分类 | 发 |
| 101 | 采购入库 | 收 | 201 | 材料领用 | 发 |
| 102 | 退料入库 | 收 | 202 | 采购退货 | 发 |
| 103 | 组装入库 | 收 | 203 | 销售出库 | 发 |
| 104 | 产成品入库 | 收 | 204 | 调拨出库 | 发 |
| 105 | 调拨入库 | 收 | 205 | 其他出库 | 发 |
| 106 | 其他入库 | 收 | 206 | 组装出库 | 发 |
| 107 | 暂估入库 | 收 | 207 | 盘亏出库 | 发 |
| 108 | 盘盈入库 | 收 | 208 | 出库调整 | 发 |
| 109 | 入库调整 | 收 | | | |

（3）设置采购类型，数据见表18-15。

表 18-15

| 采购类型编码 | 采购类型名称 | 入库类别 | 是否默认值 |
| --- | --- | --- | --- |
| 1 | 生产用材料采购 | 采购入库 | 是 |
| 2 | 其他材料采购 | 采购入库 | 否 |

（4）设置销售类型，数据见表18-16。

表 18-16

| 销售类型编码 | 销售类型名称 | 出库类别 | 是否默认值 |
| --- | --- | --- | --- |
| 1 | 批发 | 销售出库 | 否 |
| 2 | 零售 | 销售出库 | 是 |
| 3 | 代销 | 销售出库 | 否 |

（5）设置费用项目，数据见表18-17、表18-18。

表 18-17

| 费用项目分类编号 | 费用项目分类 |
| --- | --- |
| 1 | 费用类 |

表 18-18

| 费用项目编号 | 费用项目名称 | 备 注 |
| --- | --- | --- |
| 01 | 销售招待费 | |
| 02 | 广告宣传费 | |
| 03 | 运输费 | |
| 04 | 包装费 | |
| 05 | 保险费 | |

（6）设置发运方式，数据见表18-19。

表 18-19

| 发运方式编码 | 发运方式名称 |
|---|---|
| 01 | 公路 |
| 02 | 铁路 |

（7）录入期初余额。

① 总账期初余额表见"会计科目及期初余额表"。

② 辅助账期初余额表。

会计科目：1221 其他应收款　　余额：借 3 800.00 元

| 部　门 | 个　人 | 摘　要 | 方　向 | 期初余额 |
|---|---|---|---|---|
| 总经理办公室 | 肖　剑 | 出差借款 | 借 | 2 000.00 |
| 销售一部 | 赵　斌 | 出差借款 | 借 | 1 800.00 |

会计科目：1122 应收账款　　余额：借 157 600.00 元

| 客　户 | 方　向 | 金　额 | 业务员 |
|---|---|---|---|
| 太和学校 | 借 | 99 600.00 | 宋　林 |
| 柯达公司 | 借 | 58 000.00 | 宋　林 |

会计科目：2201 应付账款　　余额：贷 571 030.00 元

| 供应商 | 方　向 | 金　额 | 业务员 |
|---|---|---|---|
| 阳光 | 贷 | 276 850.00 | 刘　佳 |
| 联想 | 贷 | 193 180.00 | 刘　佳 |
| 记录纸厂 | 贷 | 101 000.00 | 刘　佳 |

会计科目：5001 生产成本　　余额：借 17 165.74 元

| 科目名称 | 普通打印纸 A4 | 凭证套打纸 8X | 合　计 |
|---|---|---|---|
| 直接材料 500101 | 4 000.00 | 6 000.00 | 10 000.00 |
| 直接人工 500102 | 1 500.00 | 2 500.74 | 4 000.74 |
| 制造费用 500103 | 800.00 | 1 200.00 | 2 000.00 |
| 折旧费 500104 | 500.00 | 665.00 | 1 165.00 |
| 合　计 | 6 800.00 | 10 365.74 | 17 165.74 |

## 18.3 实训内容及步骤

### 一、定义企业机构

1. 部门档案

**操作步骤**

（1）注册进入"企业应用平台"窗口，进入业务工作界面，见用友 ERP-U872 管理系统，如图 18-1 所示。

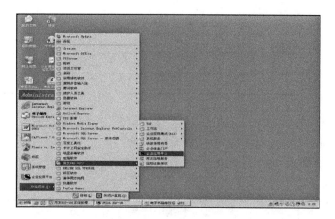

图 18-1

（2）执行"基础设置"/"基础档案"/"部门档案"命令，打开"部门档案"窗口，单击"增加"按钮。根据单位资料，输入部门编码、名称、负责人、部门属性、信用信息等信息，单击"保存"按钮，见用友 ERP-U872 管理系统，如图 18-2、图 18-3、图 18-4 所示。

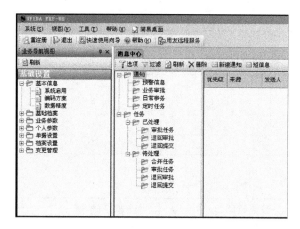

图 18-2

图 18-3

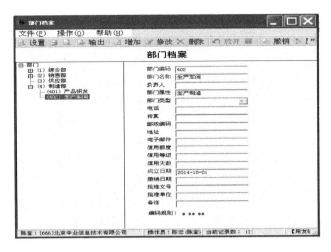

图 18-4

2. 人员档案

**操作步骤**

执行"基础设置"/"基础档案"/"人员档案"命令，打开"人员档案"窗口，单击"增加"按钮。根据单位资料，输入职员编号、名称、所属部门及职员属性等信息，单击"保存"按钮，见用友 ERP-U872 管理系统，如图 18-5、图 18-6 所示。

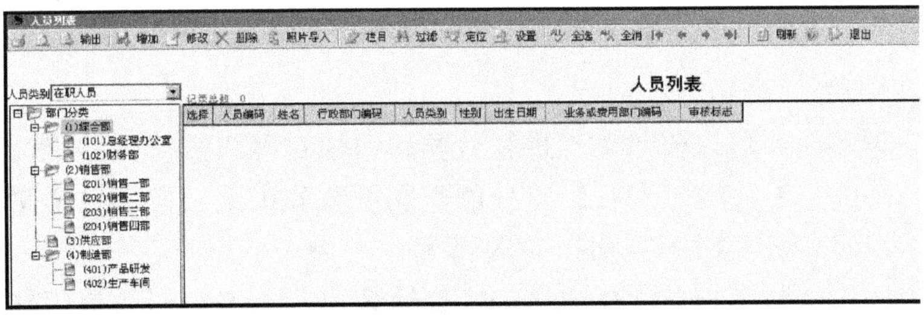

图 18-5

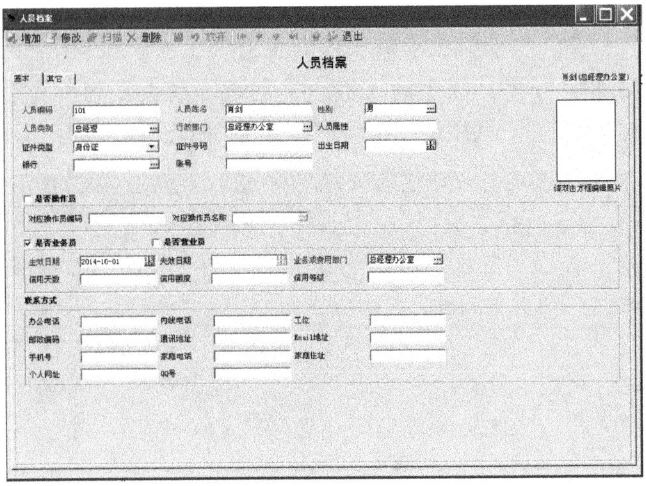

图 18-6

## 二、往来单位管理

### 1. 定义地区分类

如果需要对客户或供应商按地区进行统计,就应该建立地区分类体系,地区分类可以按大区、省、市进行分类,也可以按省、市、县进行分类,例如,将客户分为东北、华北、华东、华南、西北、西南等地区。

**操作步骤**

(1) 选择"基础设置"/"基础档案"/"客商信息"/"地区分类"菜单,打开"地区分类"窗口,单击"增加"按钮,依次输入地区类别编码及地区类别名称等有关信息。

(2) 单击"保存"按钮,见用友 ERP-U872 管理系统,如图 18-7 所示。

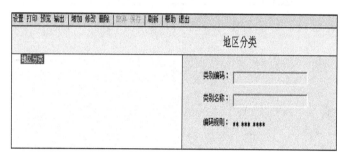

图 18-7

### 2. 定义客户分类

当往来客户较多时,可以先对客户进行分类,以便对客户进行分类统计和汇总,从而达到进行分类管理的目的,也就是说,客户的类别可以分级次,按事先定义的规则进行分类。例如,对客户进行分类时可以根据时间将客户分为长期客户、中期客户和短期客户,也可以根据客户的信用将客户分为优质客户、良性客户、一般客户和信用较差的客户,还可以按行业、地区或者与企业紧密程度等进行分类等。

**操作步骤**

(1) 选择"基础设置"/"基础档案"/"客商信息"/"客户分类"菜单,打开"客户分类"窗口,单击"增加"按钮,依次输入客户类别编码及类别名称等有关信息。

(2) 单击"保存"按钮,见用友 ERP-U872 管理系统,如图 18-8 所示。

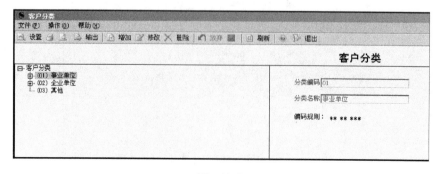

图 18-8

## 3. 设置供应商分类

供应商分类是指按照供应商的某种属性或某种特征，将供应商进行分类管理。如果企业的供应商较多，分布较广，则不仅需要对供应商进行分类，还需要对其地区进行分类，以便管理。如果建账时选择了供应商分类，则必须先进行分类，才能增加供应商档案。如是建账时没有选择，则可以直接建立供应商档案。

**操作步骤**

（1）选择"基础设置"/"基础档案"/"客商信息"/"供应商分类"菜单，打开"供应商分类"窗口。

（2）在"供应商分类"中，按实训资料输入供应商分类信息，结果如图18-9所示。

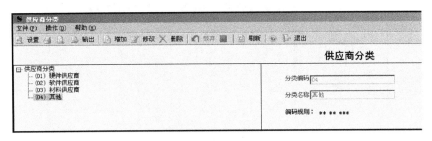

图 18-9

## 4. 付款条件

付款条件即为现金折扣，用来设置企业在经营过程中与往来单位协议规定的收、付折扣优惠方法。这种折扣条件一般可以表示为 2/10、1/20、n/30 等。

**操作步骤**

执行"收付结算"/"付款条件"命令，打开"付款条件"窗口。按所给资料输入全部付款条件，结果如图18-10所示。

| 序号 | 付款条件编码 | 付款条件名称 | 信用天数 | 优惠天数1 | 优惠率1 | 优惠天数2 | 优惠率2 | 优惠天数3 | 优惠率3 | 优惠天数4 | 优惠率4 |
|---|---|---|---|---|---|---|---|---|---|---|---|
| 1 | 01 | 2/5, n/20 | 20 | 5 | 2.000000 | 0 | 0.000000 | 0 | 0.000000 | 0 | 0.000000 |
| 2 | 02 | 4/5, 2/15, 1/30, n/50 | 50 | 5 | 4.000000 | 15 | 2.000000 | 30 | 1.000000 | 0 | 0.000000 |
| 3 | 03 | 4/5, 2/20, 1/45, n/90 | 90 | 5 | 4.000000 | 20 | 2.000000 | 45 | 1.000000 | 0 | 0.000000 |

图 18-10

## 5. 设置客户档案

客户档案列表反映的是已建客户档案的内容。其客户信息的主要内容及说明如下：

（1）客户编码和名称；

（2）类别；

（3）性质（可根据单位具体情况选取）。

此外还有开户行、账号、信誉额度、税号、本单位的业务员、联系人、电话、地址、邮编、传真、电子信箱、网址等信息。这些信息越详细越好，以便查询或系统调用。

**操作步骤**

(1) 选择"基础设置"/"基础档案"/"客商信息"/"客户档案"菜单,打开"客户档案"窗口。

(2) 在"客户档案"中,将光标移动到左侧列表框中的最末级客户分类上,单击"增加"按钮,打开"增加客户档案"选项卡,依次输入客户基本信息;继续打开"联系"选项卡,依次输入客户联系信息,输入各项内容后,单击"保存"按钮,见用友ERP-U872管理系统,如图18-11所示。

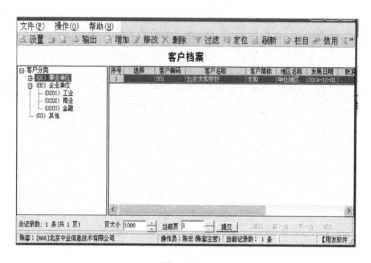

图 18-11

6. 供应商档案管理

**操作步骤**

(1) 选择"基础设置"/"基础档案"/"客商信息"/"供应商档案"菜单,打开"供应商档案"窗口。

(2) 在"供应商档案"窗口中,将光标移动到左侧列表框中的最末级供应商分类上,单击"增加"按钮,打开"增加供应商档案"对话框,见用友ERP-U872管理系统,如图18-12、图18-13所示。

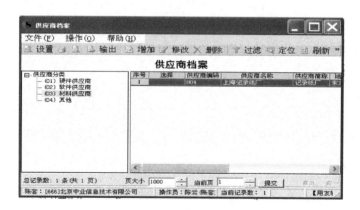

图 18-12

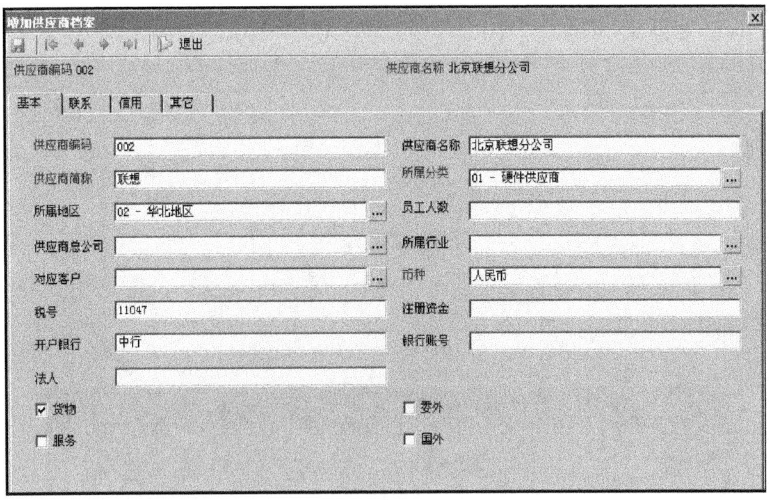

图 18-13

(3) 在"增加供应商档案"对话框中，打开"基本"选项卡，依次输入供应商编码、供应商名称、选择计量单位组等信息。
(4) 输入各项内容后，单击"保存"按钮。
(5) 重复以上操作，完成其他设置。
(6) 单击"退出"按钮，退出。

### 三、存货设置

存货设置包括存货分类设置、计量单位设置和存货档案设置等。

1. 存货分类

对存货进行分类，以便于企业统计和分析业务数据。

**操作步骤**

展开"存货"/"存货分类"菜单，打开"存货分类"窗口。输入存货分类信息，如图18-14 所示。

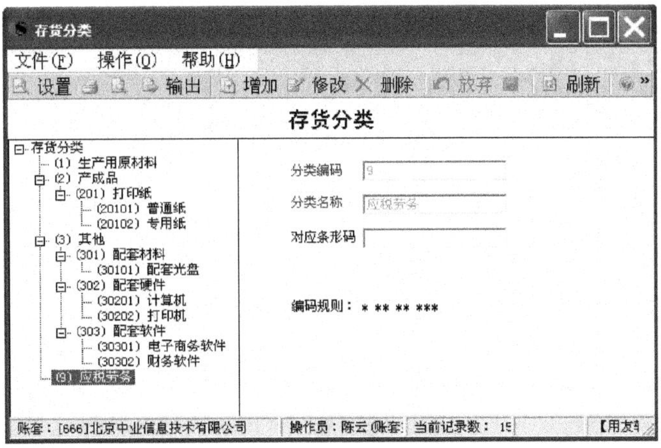

图 18-14

## 2. 计量单位

计量单位是系统在进行存货核算时，为不同存货设置的计量标准。设置计量单位前，应先对计量单位进行分组。

**操作步骤**

（1）展开"存货"/"计量单位"菜单，打开"计量单位"窗口。

（2）单击"分组"按钮，打开"计量单位组"窗口。

（3）单击"增加"按钮，输入计量单位组的编码、名称、换算类别等信息。输入计量单位信息，如图 18-15 所示。

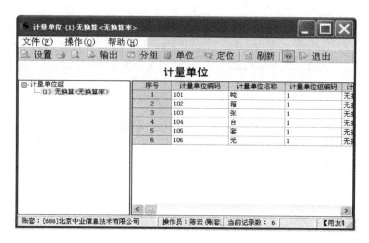

图　18-15

## 3. 存货档案

**操作步骤**

（1）展开"存货"/"存货档案"菜单，打开"存货档案"窗口。

（2）在"存货档案"窗口中，将光标移动到左侧列表框中的最末级存货分类上，单击"增加"按钮，打开"增加存货档案"对话框，见用友 ERP-U872 管理系统，如图 18-16 所示。

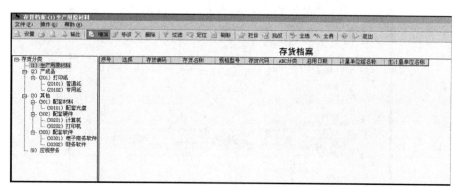

图　18-16

（3）在"增加存货档案"对话框中，打开"基本"选项卡，依次输入存货编码、存货名称；选择计量单位组等信息，见用友 ERP-U872 管理系统，如图 18-17 所示。

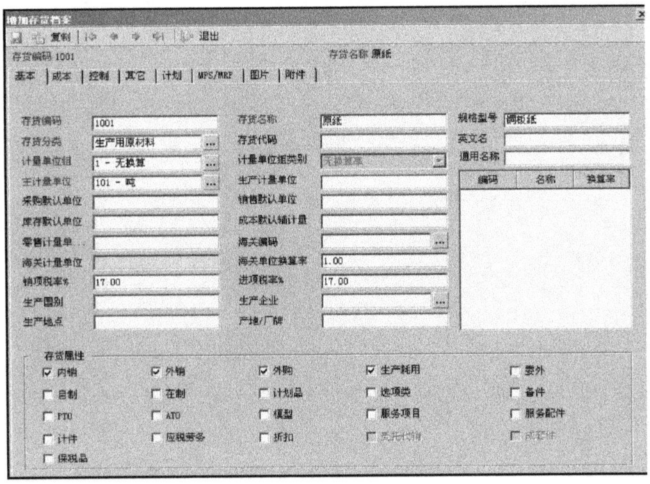

图 18-17

（4）打开"成本"选项卡，依次输入存货成本信息，输入各项内容后，单击"保存"按钮，见用友 ERP-U872 管理系统，如图 18-18 所示。

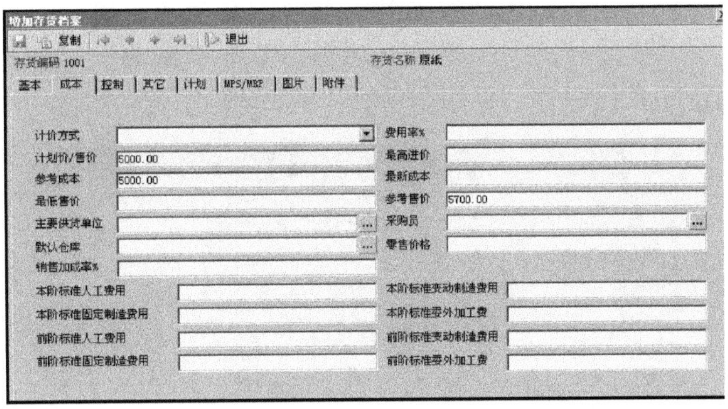

图 18-18

（5）重复以上操作，完成其他设置。
（6）单击"退出"按钮，退出。

### 四、财务

1. 设置会计科目
（1）增加会计科目

**操作步骤**

进入"企业应用平台"，执行"基础设置"/"基础档案"/"财务"/"会计科目"命令，打开"会计科目"窗口。单击"增加"按钮，打开"会计科目_新增"对话框，依次输入科目编码、科目名称等内容。单击"确定"按钮保存，见用友 ERP-U872 管理系统，如图 18-19 所示。

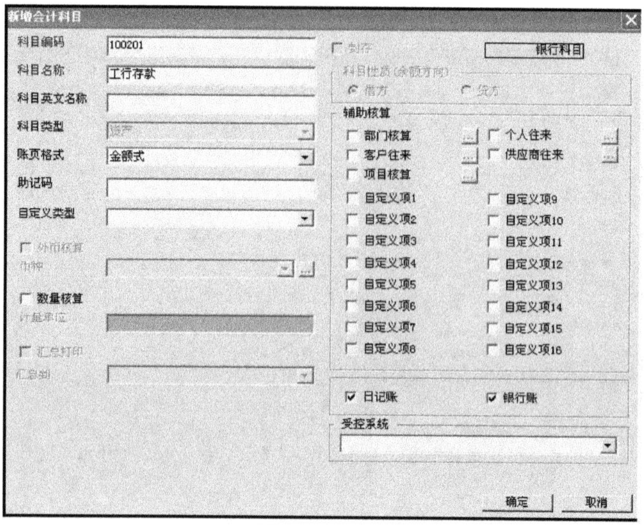

图 18-19

(2) 修改会计科目

**操作步骤**

在"会计科目"窗口中,将光标移动到需修改的科目上,单击"修改"按钮,或者双击该科目行,打开"会计科目_修改"对话框,单击"修改"按钮进入修改状态,修改完毕后单击"确定"按钮保存。见用友 ERP-U872 管理系统,如图 18-20 所示。

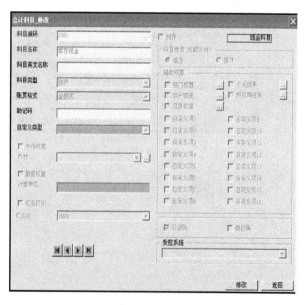

图 18-20

(3) 删除会计科目

**操作步骤**

在"会计科目"窗口中,将光标移动到需删除的科目上,单击"删除"按钮,打开

"删除记录"对话框，单击"确定"将该科目删除。见用友 ERP-U872 管理系统，如图18-21 所示。

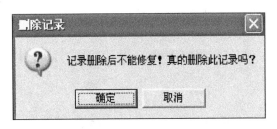

图 18-21

2．指定现金、银行及现金流量会计科目

**操作步骤**

（1）在"会计科目"窗口中，执行"编辑"/"指定科目"命令，打开"指定科目"对话框，见用友 ERP-U872 管理系统，如图 18-22 所示。

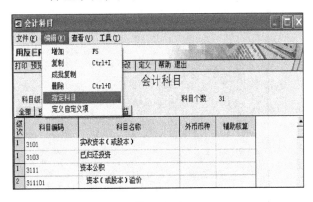

图 18-22

（2）选择"现金总账科目"单选按钮。

（3）在"待选科目"列表框中，选择"1001 现金"科目。单击" > "按钮，将"1001 现金"科目添加到"已选科目"列表框中。

（4）单击"确认"按钮保存。见用友 ERP-U872 管理系统，如图 18-23 所示。

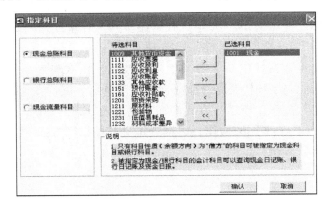

图 18-23

### 3. 设置凭证类型

（1）记账凭证。

（2）收款凭证、付款凭证、转账凭证。

（3）现金凭证、银行凭证、转账凭证。

（4）现金收款凭证、现金付款凭证、银行收款凭证、银行付款凭证、转账凭证。

（5）自定义。

**操作步骤**

（1）执行"设置"/"凭证类别"命令，打开"凭证类别预置"对话框。

（2）选择"记账凭证"单选按钮。

（3）单击"确定"按钮，打开"凭证类别"限制条件设置窗口。

（4）单击"退出"按钮，返回。

见用友 ERP-U872 管理系统，如图 18-24 所示。

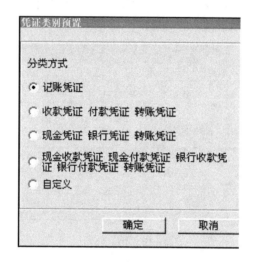

图 18-24

### 4. 定义结算方式

结算方式设置主要内容包括：结算方式编码、结算方式名称、票据管理标志等。

**操作步骤**

（1）进入"基础设置"窗口。执行"收付结算"/"结算方式"命令，打开"结算方式"窗口。见用友 ERP-U872 管理系统，如图 18-25 所示。

（2）在"结算方式"窗口中，单击"增加"按钮，依次输入结算方式编码及结算方式名称。如有票据管理，则选中"是否票据管理"复选框。

（3）单击"保存"按钮，该结算方式即在左侧列表框中列示。

（4）重复步骤（1）～（3）的操作，可继续定义其他结算方式。

（5）单击"退出"按钮，返回。

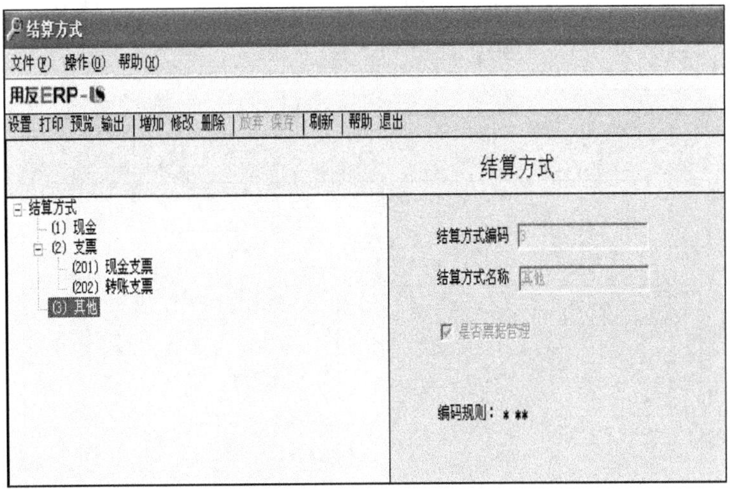

图 18-25

5. 设置项目目录

在项目目录设置中首先需定义进行项目核算的项目大类,然后再定义该项目大类的项目级次,接着在该项目大类下再定义项目小类,建立完成项目小类后,开始建立项目档案;最后为该项目大类指定对其进行核算的会计科目。

**操作步骤**

(1) 展开"财务"/"项目目录"菜单,系统弹出"项目档案"设置窗口。

(2) 增加项目大类:单击"增加"按钮,系统弹出"项目大类定义增加"窗口,输入新增加的项目大类名称"生产成本",单击"下一步"进入"项目级次"设置窗口,默认系统设置,单击"下一步",单击"完成",退出"定义项目栏目"窗口。

(3) 选择核算项目:从"项目大类"下拉框中选择要设置核算科目的项目名称"生产成本";点击"核算科目"页签,从"待选科目"中选择该项目所需核算科目至"已选科目";点击"确定"按钮保存设置,如图 18-26 所示。

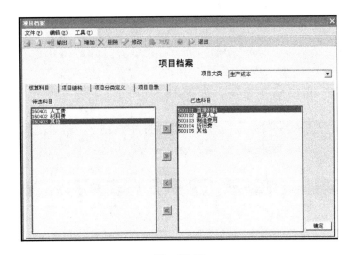

图 18-26

（4）定义项目分类：单击"项目分类定义"页签，在"项目档案"设置窗口中，根据实训资料输入项目分类信息，如图 18-27 所示。

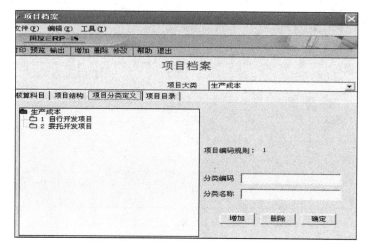

图　18-27

（5）项目目录维护：单击"项目目录"页签，点击"维护"按钮，单击"增加"，依次录入"项目编号""项目名称"等信息，如图 18-28 所示。

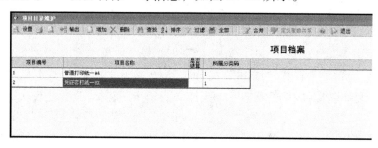

图　18-28

6．开户银行

**操作步骤**

（1）展开"收付结算"/"本单位开户银行"菜单，打开"本单位开户银行"窗口。

（2）在"开户银行"窗口中，单击"增加"按钮，依次输入开户银行编码、银行账号等。见用友 ERP-U872 管理系统，如图 18-29 所示。

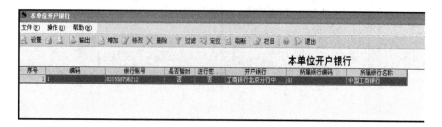

图　18-29

（3）单击"保存"按钮，该银行信息即在列表框中列示。
（4）重复步骤（1）～（3）的操作，可继续定义其他开户银行。
（5）单击"退出"按钮，返回。

### 五、业务基础设置

业务信息设置内容包括仓库档案、收发类别、采购类型、销售类型、产品结构、成套件、费用项目、发运方式、货位档案和非合理损耗类型等设置。

#### 1．仓库档案

仓库设置是应用供销链管理系统的前提。

**操作步骤**

展开"业务"/"仓库档案"菜单，打开"仓库档案"窗口。单击"增加"按钮，打开"增加仓库档案"对话框，按实训资料设置企业仓库。单击"确定"按钮保存。如图18-30 所示。

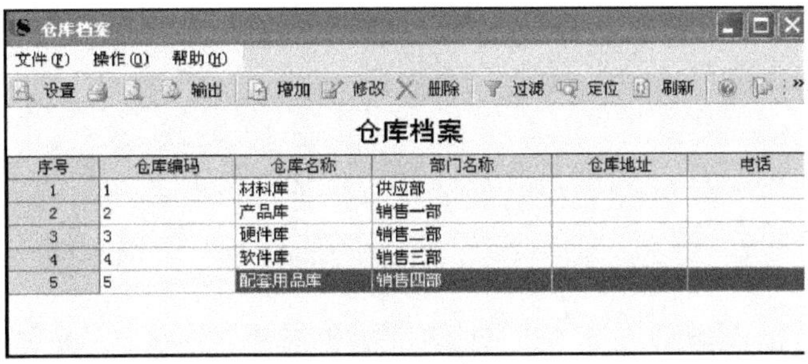

图 18-30

#### 2．收发类别

设置收发类别，是为了使用户对企业的出入库情况进行分类汇总、统计而设置的，用以标识材料的出入库类型。用户可以根据企业实际情况设置。

**操作步骤**

展开"业务"/"收发类别"菜单，打开"收发类别"窗口，按实训资料输入收发类别。全部收发类别设置结果如图18-31 所示。

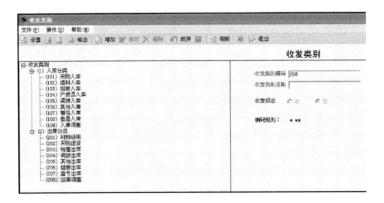

图 18-31

### 3. 采购类型

采购类型是用户对采购业务所作的一种分类，是采购单据上的必填项。如果企业需要按照采购类型进行采购统计，则必须设置采购类型。

**操作步骤**

展开"业务"/"采购类型"菜单，打开"采购类型"窗口。按实训资料输入采购类型。全部采购类型设置结果如图 18-32 所示。

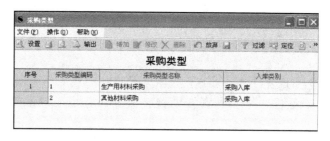

图 18-32

### 4. 销售类型

销售类型是用户自己定义销售业务的类型，目的在于可以根据销售类型对销售业务数据进行统计和分析。

**操作步骤**

展开"业务"/"销售类型"菜单，打开"销售类型"窗口。按实训资料输入销售类型。全部销售类型设置结果如图 18-33 所示。

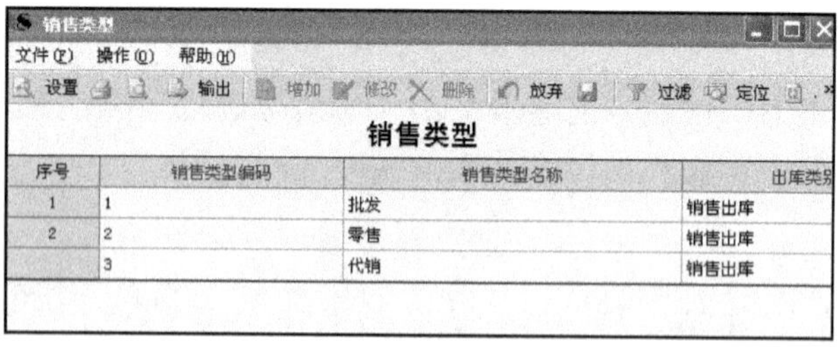

图 18-33

### 5. 费用项目

费用项目主要用于处理在销售活动中支付的代垫费用、各种销售费用等业务。

**操作步骤**

展开"基础档案"/"业务"/"费用项目"菜单，打开"费用项目"窗口。单击"增加"按钮，按实训资料输入费用项目。全部费用项目设置结果如图 18-34 所示。

### 6. 发运方式

发运方式是指设定采购业务、销售业务中存货的运输方式。

**操作步骤**

展开"基础档案"/"业务"/"发运方式"菜单，打开"发运方式"窗口。单击"增加"按钮，按实训资料输入发运方式。全部发运方式设置结果如图 18-35 所示。

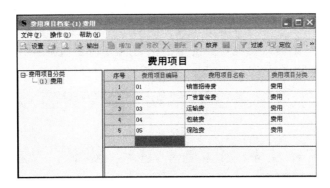

| 序号 | 费用项目编码 | 费用项目名称 | 费用项目分类 |
|---|---|---|---|
| 1 | 01 | 销售招待费 | 费用 |
| 2 | 02 | 广告宣传费 | 费用 |
| 3 | 03 | 运输费 | 费用 |
| 4 | 04 | 包装费 | 费用 |
| 5 | 05 | 保险费 | 费用 |

图　18-34

| 序号 | 发运方式编码 | 发运方式名称 | 发运方式英文 |
|---|---|---|---|
| 1 | 01 | 公路 | |
| 2 | 02 | 铁路 | |

图　18-35

7. 录入期初余额

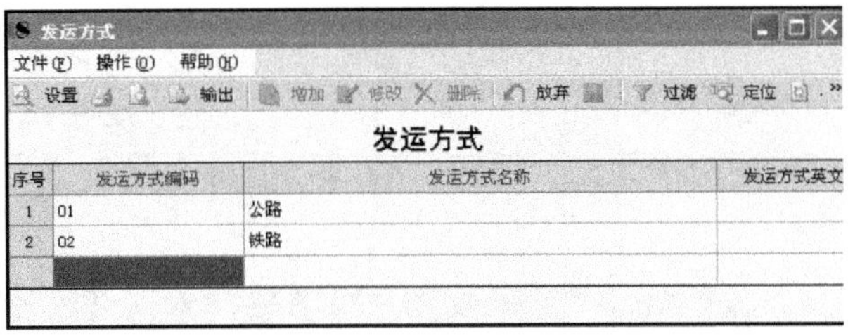

（1）启动总账子系统，展开“设置”/“期初余额”菜单，进入“期初余额录入”窗口。

（2）直接输入末级科目（底色为白色）的累计发生额和期初余额，非末级科目（底色为灰色）由系统自动汇总生成，如图 18-36 所示。

| 科目名称 | 方向 | 币别/计量 | 年初余额 | 累计借方 | 累计贷方 | 期初余额 |
|---|---|---|---|---|---|---|
| 库存现金 | 借 | | 23,846.70 | 1,889.65 | 18,860.65 | 6,875.70 |
| 银行存款 | 借 | | 94,577.63 | 469,251.88 | 370,000.35 | 193,829.16 |
| 工行存款 | 借 | | 94,577.63 | 469,251.88 | 370,000.35 | 193,829.16 |
| 中行存款 | 借 | | | | | |
| | 借 | 美元 | | | | |
| 其他货币资金 | 借 | | | | | |
| 交易性金融资产 | 借 | | | | | |
| 应收票据 | 借 | | | | | |
| 应收账款 | 借 | | | | | |
| 预付账款 | 借 | | | | | |
| 应收股利 | 借 | | | | | |
| 应收利息 | 借 | | | | | |
| 其他应收款 | 借 | | | | | |
| 坏账准备 | 贷 | | 500.00 | 300.00 | 600.00 | 800.00 |
| 材料采购 | 借 | | | | 294,180.00 | -294,180.00 |
| 生产用材料采购 | 借 | | | | 101,000.00 | -101,000.00 |
| 其他材料采购 | 借 | | | | 193,180.00 | -193,180.00 |
| 在途物资 | 借 | | | | | |
| 原材料 | 借 | | 1,765,028.00 | 293,180.00 | | 2,058,208.00 |
| 生产用原材料 | 借 | | 50,000.00 | 100,000.00 | | 150,000.00 |
| | 借 | 吨 | | | | |
| 其他原材料 | 借 | | 1,715,028.00 | 193,180.00 | | 1,908,208.00 |
| 材料成本差异 | 借 | | -1,410.27 | 2,410.27 | | 1,000.00 |
| 库存商品 | 借 | | 493,857.46 | 140,142.54 | 90,000.00 | 544,000.00 |
| 委托加工物资 | 借 | | | | | |
| 存货跌价准备 | 贷 | | | | | |
| 持有至到期投资 | 借 | | | | | |
| 持有至到期投资减值准备 | 贷 | | | | | |

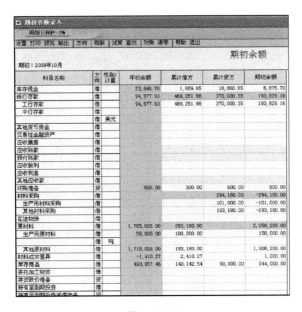

图　18-36

（3）设置了辅助核算的科目底色显示为黄色，其累计发生额可直接输入，但期初余额的录入要到相应的辅助账中进行。双击设置了辅助核算属性的科目的期初余额栏，进入相应的辅助账窗口，按明细输入每笔业务的金额，完成后单击"退出"按钮，辅助账余额自动转到总账，如图18-37所示。

图　18-37

（4）输完所有科目余额后，单击"试算"按钮，打开"期初试算平衡"对话框，若期初余额不平衡，则修改期初余额；若期初余额试算平衡，单击"退出"按钮。如图18-38所示。

图　18-38

想一想

供销存系统初始化需要启用哪些相关模块？

# 实训 19  采购系统初始化

（岗位设置：账套主管、会计主管）

## 19.1 实训目的

通过实训掌握购销存系统初始设置、期初余额录入的操作方法。对采购管理和库存管理或存货核算系统进行期初记账。

## 19.2 实训资料

### 一、设置系统参数

1. 设置采购管理系统参数
允许超订单到货及入库；
订单/到货单/发票单价录入方式：手工录入；
专用发票默认税率：17%。

2. 设置库存管理系统参数
有委托代销业务；有组装业务；采购入库审核时改现存量；销售出库审核时改现存量；其他出入库审核时改现存量；不允许超可用量出库；出入库检查可用量；自动带出单价的单据包括全部出库单；其他设置由系统默认。

3. 设置存货核算系统参数
核算方式：按仓库核算；
暂估方式：月初回冲；
销售成本核算方式：按销售出库单；
委托代销成本核算方式：按发出商品核算；
零成本出库按参考成本价核算；
结算单价与暂估单价不一致需调整出库成本；
其他设置由系统默认。
存货科目设置，见表19-1。

表 19-1

| 仓库编码 | 仓　库 | 存货科目 | 差异科目 |
|---|---|---|---|
| 1 | 材料库 | 生产用原材料 140301 | 材料成本差异 1404 |
| 2 | 产品库 | 库存商品 1405 | |
| 3 | 硬件库 | 其他原材料 140302 | |
| 4 | 软件库 | 其他原材料 140302 | |
| 5 | 配套用品库 | 其他原材料 140302 | |

对方科目设置，见表 19-2。

表 19-2

| 收发类别编码 | 收发类别 | 存货分类 | 对方科目 |
|---|---|---|---|
| 101 | 采购入库 | 生产用原材料 | 生产用材料采购 140101 |
| 106 | 其他入库 | | 其他材料采购 140102 |
| 103 | 组装入库 | | 其他原材料 140302 |
| 104 | 产成品入库 | | 生产成本/直接材料 500101 |
| 108 | 盘盈入库 | | 待处理流动资产损益 190101 |
| 201 | 材料领用 | | 生产成本/直接材料 500101 |
| 203 | 销售出库 | | 主营业务成本 6401 |
| 206 | 组装出库 | | 其他原材料 140302 |
| 207 | 盘亏出库 | | 待处理流动资产损益 190101 |

4．应付款管理系统参数设置和初始设置

（1）应付款管理系统选项。

　　应付款核销方式：按单据；
　　单据审核日期依据：单据日期；
　　汇兑损益方式：月末处理；
　　应付账款核算类型：详细核算；
　　是否自动计算现金折扣：是；
　　是否登记支票：是；
　　受控科目制单方式：明细到单据；
　　核销是否生成凭证：否；
　　月末结账前是否全部制单：是；
　　预付冲应付是否生成凭证：是；
　　是否根据信用额度自动报警：是。

（2）根据资料对应付系统的常用科目进行设置。

　　应付科目：2202；
　　预付科目：1123；
　　采购科目：140101；
　　采购税金科目：22210101；
　　其他暂可不设。

根据表 19-3 中资料对应付系统的结算方式科目进行设置。

表 19-3

| 结算方式 | 币　　种 | 科　　目 |
|---|---|---|
| 现金 | 人民币 | 1001 |
| 现金支票 | 人民币 | 100201 |
| 转账支票 | 人民币 | 100201 |

根据表 19-4 中资料对应付系统的账龄区间进行设置。

表 19-4

| 序　号 | 起止天数 | 总天数 |
|---|---|---|
| 01 | 0～30 天 | 30 |
| 01 | 31～60 天 | 60 |
| 03 | 61～90 天 | 90 |
| 04 | 91～120 天 | 120 |
| 05 | 121 天以上 | |

根据表 19-5 中资料对应付系统的报警级别进行设置。

表 19-5

| 序　号 | 起止比率 | 总比率 | 级别名称 |
|---|---|---|---|
| 01 | 0～10% | 10 | A |
| 02 | 10%～30% | 30 | B |
| 03 | 30%～60% | 60 | C |
| 04 | 60%以上 | | D |

## 二、录入期初数据

1. 采购管理系统（采购系统价格均为不含税价）

（1）9月24日，供应部收到北京联想分公司提供的"联想天鹤 PIII/500"，共计20套，暂估单价为9659元，商品已验收入硬件库，10月1日仍未收到发票。

（2）9月28日，供应部收到南京多媒体教学研究所开据的普通发票一张，商品为"星光灿烂"多媒体教学光盘，数量100张，单价为39元，由于天气变化影响运输，光盘10月1日还未到达。

（3）9月30日，供应部收到上海记录纸厂提供的铜版纸，共计20吨，暂估单价为5050元，商品已验收入材料库，10月1日仍未收到发票。

（4）9月30日，供应部收到北京阳光有限公司开据的专用发票一张，商品为G版购销存系统，数量2套，单价为172000元，税率17%，由于运输问题，光盘到12月1日还未到达。

## 2. 库存系统、存货系统期初数

9月30日，对各个仓库进行了盘点，结果如表19-6所示。

表 19-6

| 仓库名称 | 存货编码 | 存货名称 | 规格型号 | 数 量 | 单价/元 |
|---|---|---|---|---|---|
| 材料库 | 1001 | 原纸 | | 30 | 5 000.00 |
| 产品库 | 2001 | 普通打印纸 | A4 | 2520 | 120.00 |
| 产品库 | 2002 | 凭证套打纸 | 8X | 1510 | 160.00 |
| 硬件库 | 3003 | 联想天鹤 | | 25 | 9 659.00 |
| 硬件库 | 3004 | 联想天禧 | | 67 | 8 599.00 |
| 硬件库 | 3005 | 联想显示器 | | 58 | 2 200.00 |
| 硬件库 | 3007 | 联想天禧套装 | PIIII/550 | 50 | 10 799.00 |
| 软件库 | 3006 | 购销存系统 | | 5 | 172 000.00 |
| 配套用品库 | 3001 | 管理革命 | | 1 000 | 80.00 |
| 配套用品库 | 3002 | 星光灿烂 | | 1 000 | 39.00 |
| 材料库 | 1001 | 原纸 | | 期初材料成本差异： | 1 000.00 |

## 3. 期初记账

（1）采购管理系统期初记账。

（2）存货核算系统期初记账。

## 4. 应付款管理系统期初余额见表19-7。

表 19-7 应付账款期初余额

| 单据类型 | 日 期 | 供应商 | 摘 要 | 方 向 | 金 额 | 部 门 | 业务员 |
|---|---|---|---|---|---|---|---|
| 其他应付单 | 2009.09.20 | 阳光 | 购销存系统 | 贷 | 276 850 | 供应部 | 刘 佳 |

# 19.3 实训内容及步骤

## 一、设置系统参数

### 1. 设置采购管理系统参数

采购管理系统参数的设置，是指在处理日常采购业务之前，确定采购业务的范围、类型及对各种采购业务的核算要求，因此采购管理系统初始化是一项重要工作。

**操作步骤**

（1）在供应链平台中，展开"采购管理"菜单，打开采购管理系统。

（2）在系统菜单下，执行"设置"/"采购选项"命令，弹出"采购系统选项设置—请按照贵单位的业务认真设置"对话框，如图19-1所示。

（3）打开"业务及权限控制"选项卡，对本单位需要的参数进行选择。选中"是否允许超订单到货及入库"和"订单\到货单\发票单价录入方式"选项区域中的"手工录入"复选框，其他选项可以按系统默认设置。

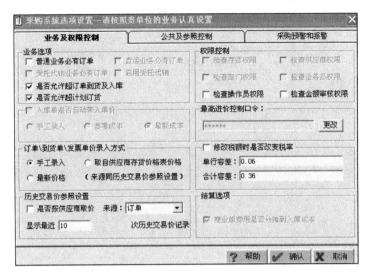

图 19-1

(4) 打开"公共及参照控制"选项卡,修改"专用发票默认税率"为17%,如图19-2所示。

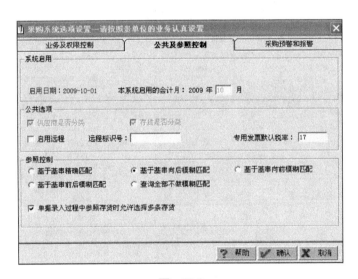

图 19-2

(5) 所有参数选定后,单击"确定"按钮,保存系统参数设置。

2. 设置库存管理系统参数

库存管理系统参数的设置,是指在处理日常库存业务之前,确定库存业务的范围、类型及对各种库存业务的核算要求,因此库存管理系统初始化是一项重要工作。

**操作步骤**

(1) 展开"库存管理"/"初始设置"/"选项"菜单,弹出"库存选项设置"对话框。

(2) 选中"通用设备"选项卡中的"有无委托代销业务"、"有无组装拆卸业务"等复选框,如图19-3所示。

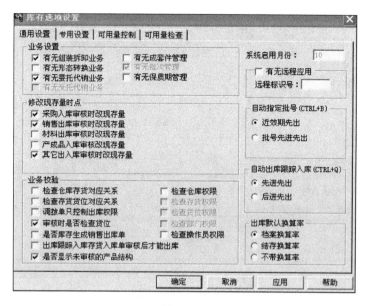

图　19-3

（3）打开"专用设置"选项卡，在"自动带出单价的单据"选项区域选中"销售出库单"、"材料出库单"、"其他出库单"和"调拨单"复选框，如图19-4所示。

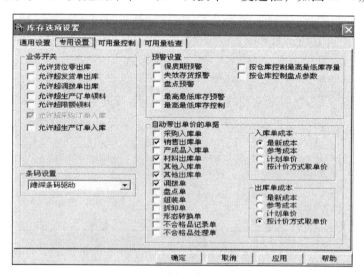

图　19-4

（4）打开"可用量控制"选项卡，默认不允许超可用量出库。

（5）打开"可用量检查"选项卡，选中"出入库是否检查可用量"复选框。单击"确定"按钮，保存库存系统参数设置。

3．设置存货核算系统参数

存货核算系统参数的设置，是指在处理日常存货业务之前，确定存货业务的核算方式、核算要求，因此存货核算系统初始化是一项重要工作。

**操作步骤**

(1) 在供应链平台中,展开"存货核算"菜单,打开存货核算系统。

(2) 展开"初始设置"/"选项"菜单,打开"选项录入"对话框。

(3) 在"核算方式"选项卡中设置核算参数。核算方式:按仓库核算,暂估方式:月初回冲,销售成本核算方式:按销售发票,委托代销成本核算方式:按普通销售核算,零成本出库按参考成本价核算,如图19-5所示。

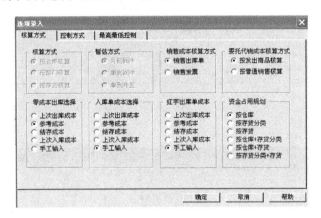

图 19-5

(4) 打开"控制方式"选项卡,选中"结算单价与暂估单价不一致是否需要调整出库成本"复选框,如图19-6所示。其他选项由系统默认。

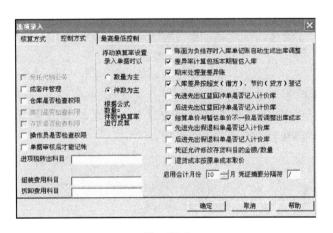

图 19-6

(5) 单击"确定"按钮,保存库存系统参数设置。

(6) 设置存货科目。执行"初始设置"/"科目设置"/"存货科目"命令,弹出"存货科目"对话框,单击"增加"按钮,依次录入各项存货科目资料,如图19-7所示。

(7) 设置对方科目。执行"初始设置"/"科目设置"/"对方科目"命令,弹出"对方科目设置"对话框,单击"增加"按钮,依次录入各项存货科目资料,如图19-8所示。

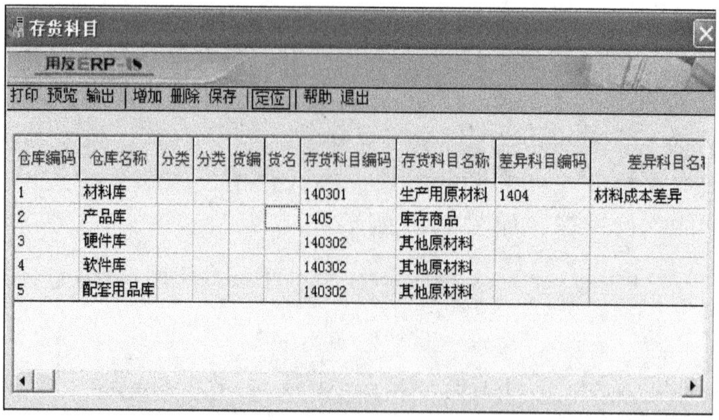


| 仓库编码 | 仓库名称 | 分类 | 分类 | 货编 | 货名 | 存货科目编码 | 存货科目名称 | 差异科目编码 | 差异科目名 |
|---|---|---|---|---|---|---|---|---|---|
| 1 | 材料库 | | | | | 140301 | 生产用原材料 | 1404 | 材料成本差异 |
| 2 | 产品库 | | | | | 1405 | 库存商品 | | |
| 3 | 硬件库 | | | | | 140302 | 其他原材料 | | |
| 4 | 软件库 | | | | | 140302 | 其他原材料 | | |
| 5 | 配套用品库 | | | | | 140302 | 其他原材料 | | |

图 19-7

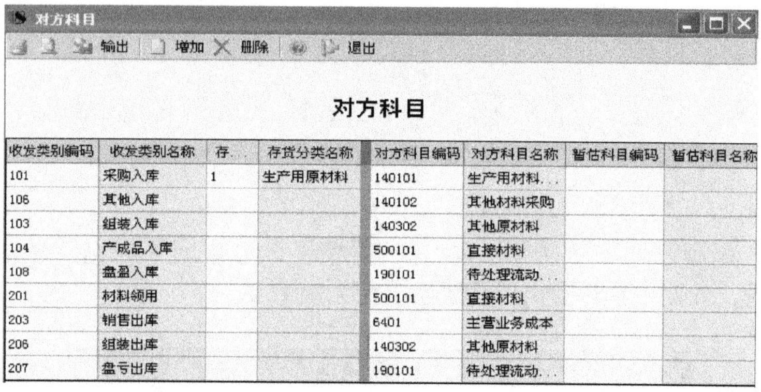


| 收发类别编码 | 收发类别名称 | 存... | 存货分类名称 | 对方科目编码 | 对方科目名称 | 暂估科目编码 | 暂估科目名称 |
|---|---|---|---|---|---|---|---|
| 101 | 采购入库 | 1 | 生产用原材料 | 140101 | 生产用材料... | | |
| 106 | 其他入库 | | | 140102 | 其他材料采购 | | |
| 103 | 组装入库 | | | 140302 | 其他原材料 | | |
| 104 | 产成品入库 | | | 500101 | 直接材料 | | |
| 108 | 盘盈入库 | | | 190101 | 待处理流动... | | |
| 201 | 材料领用 | | | 500101 | 直接材料 | | |
| 203 | 销售出库 | | | 6401 | 主营业务成本 | | |
| 206 | 组装出库 | | | 140302 | 其他原材料 | | |
| 207 | 盘亏出库 | | | 190101 | 待处理流动... | | |

图 19-8

4．应付款管理系统参数设置和初始设置

应付款管理系统与采购管理系统在联用情况下，存在着数据传递关系。因此，启用采购管理系统的同时，应该启用应付款管理系统。

**操作步骤**

（1）展开“财务会计”，进入应付款管理系统。

（2）展开“设置”/“选项”，弹出“账套参数设置”对话框。

（3）打开“常规”选项卡，单击“编辑”按钮，使所有参数处于可修改状态。然后根据资料修改各项参数。

（4）单击“确定”按钮，保存应付款管理系统的参数设置。

（5）展开“设置”/“初始设置”菜单，打开“初始设置”对话框。根据实训要求对应付款管理系统的基本科目、结算方式科目、账龄区间、报警级别等进行设置。

## 二、录入期初数据

采购系统共有四笔期初数据，第一笔和第三笔属于货到票未到业务类型，应调用期初采购入库单录入；第二笔和第四笔属于票到货未到业务类型，应调用期初采购发票功能录入。注意：四笔期初数据的入库类别均为“采购入库”，部门均为“供应部”。

1. 采购管理系统期初数据录入
（1）货到票未到业务处理。

**操作步骤**

① 启用采购管理系统，展开"采购管理"/"采购入库"，打开"期初采购入库单"窗口。

② 单击"增加"按钮，按实训资料要求录入期初采购入库单信息，如图19-9所示。

图 19-9

③ 单击"保存"按钮，保存期初采购入库单信息。

（2）票到货未到业务处理。

**操作步骤**

① 展开"业务"/"发票"，打开"普通采购发票"窗口。打开"期初普通发票录入"窗口。

② 单击"增加"按钮，选择"增加普通发票"，单击"确认"按钮。按实训资料要求录入期初采购发票信息，结果如图19-10所示。

图 19-10

2. 录入存货/库存期初数据

存货/库存管理系统期初数据录入方法有两种：一是直接录入，二是从库存/存货核算系统取数。

**操作步骤**

（1）录入存货期初数据。

① 启动存货核算系统，展开"初始设置"/"期初数据"菜单，打开"期初余额"窗口。

② 选择仓库，如"材料库"，单击"增加"按钮，按实训资料依次输入各仓库的存

货。结果如图 19-11 所示。

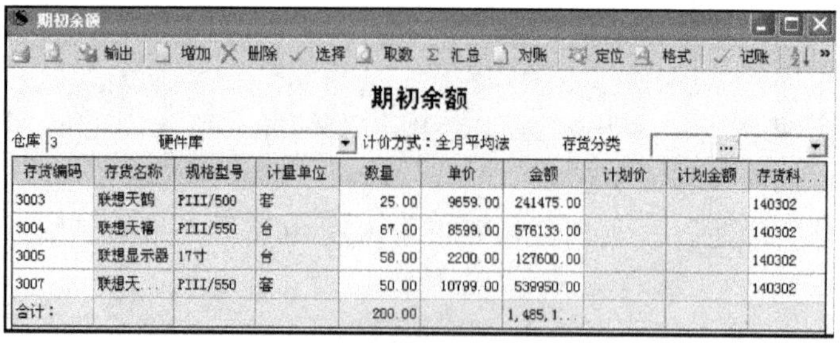

期初余额

仓库 3 硬件库 计价方式：全月平均法 存货分类

| 存货编码 | 存货名称 | 规格型号 | 计量单位 | 数量 | 单价 | 金额 | 计划价 | 计划金额 | 存货科... |
|---|---|---|---|---|---|---|---|---|---|
| 3003 | 联想天鹤 | PIII/500 | 套 | 25.00 | 9659.00 | 241475.00 | | | 140302 |
| 3004 | 联想天禧 | PIII/550 | 台 | 67.00 | 8599.00 | 576133.00 | | | 140302 |
| 3005 | 联想显示器 | 17寸 | 台 | 58.00 | 2200.00 | 127600.00 | | | 140302 |
| 3007 | 联想天... | PIII/550 | 套 | 50.00 | 10799.00 | 539950.00 | | | 140302 |
| 合计： | | | | 200.00 | | 1,485,1... | | | |

图 19-11

（2）录入存货期初差异。

如果某仓库选择了计划价核算，需要将启用日期前发生的存货差异录入系统。

① 展开“初始设置”/“期初数据”/“期初差异”菜单，进入“期初差异”窗口。

② 选择仓库“材料库”，出现材料库存货列表。

③ 定位存货编码为 1001 的存货，在“差异”一栏输入“1 000”，在“差异科目”一栏输入“材料成本差异”。

④ 单击“退出”按钮，如图 19-12 所示。

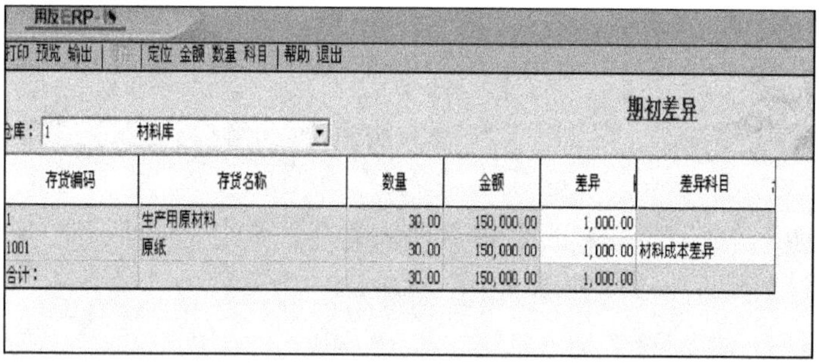

期初差异

仓库：1 材料库

| 存货编码 | 存货名称 | 数量 | 金额 | 差异 | 差异科目 |
|---|---|---|---|---|---|
| 1 | 生产用原材料 | 30.00 | 150,000.00 | 1,000.00 | |
| 1001 | 原纸 | 30.00 | 150,000.00 | 1,000.00 | 材料成本差异 |
| 合计： | | 30.00 | 150,000.00 | 1,000.00 | |

图 19-12

（3）录入库存商品期初数据，如图 19-13 所示。

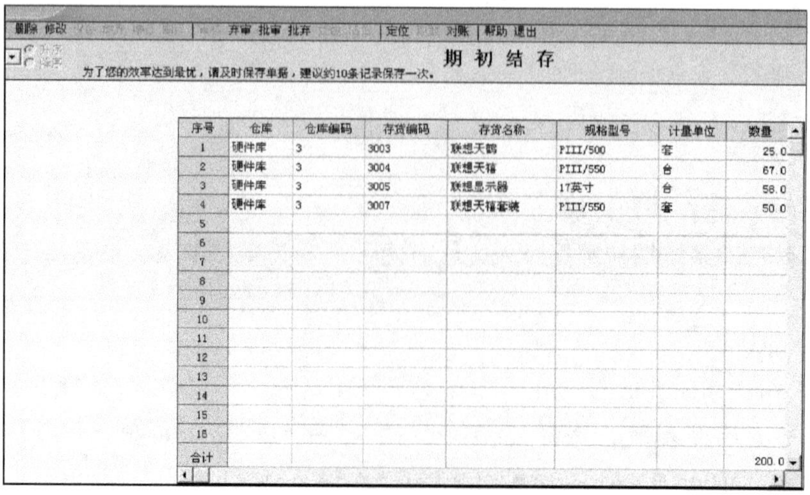

期 初 结 存

为了您的效率达到最优，请及时保存单据，建议约10条记录保存一次。

| 序号 | 仓库 | 仓库编码 | 存货编码 | 存货名称 | 规格型号 | 计量单位 | 数量 |
|---|---|---|---|---|---|---|---|
| 1 | 硬件库 | 3 | 3003 | 联想天鹤 | PIII/500 | 套 | 25.0 |
| 2 | 硬件库 | 3 | 3004 | 联想天禧 | PIII/550 | 台 | 67.0 |
| 3 | 硬件库 | 3 | 3005 | 联想显示器 | 17英寸 | 台 | 58.0 |
| 4 | 硬件库 | 3 | 3007 | 联想天禧套装 | PIII/550 | 套 | 50.0 |
| 5 | | | | | | | |
| 6 | | | | | | | |
| 7 | | | | | | | |
| 8 | | | | | | | |
| 9 | | | | | | | |
| 10 | | | | | | | |
| 11 | | | | | | | |
| 12 | | | | | | | |
| 13 | | | | | | | |
| 14 | | | | | | | |
| 15 | | | | | | | |
| 16 | | | | | | | |
| 合计 | | | | | | | 200.0 |

图 19-13

3. 期初记账

期初记账是指将有关期初数据记入相应的账表中，它标志着供应链管理系统各个子系统的初始工作全部结束，相关的参数和期初数据不能修改、删除。

（1）采购管理系统期初记账。

**操作步骤**

展开"采购管理"/"设置"/"采购期初记账"菜单，打开"期初记账"对话框，如图19-14所示。

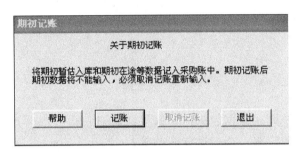

图 19-14

单击"记账"按钮，弹出"期初记账完毕"信息提示框。

（2）存货核算系统期初记账。

**操作步骤**

展开"存货核算系统"/"初始设置"/"期初数据"/"期初余额"菜单，打开"期初余额"窗口。

单击"记账"按钮，系统弹出"期初记账成功"信息提示框。完成期初记账工作。

4. 应付款管理系统期初余额录入

（1）输入期初采购发票，如图19-15所示。

图 19-15

（2）期初对账。

展开"应付款管理"/"设置"/"期初余额"菜单，打开"期初余额明细账"窗口。单击"对账"按钮，实现应付款管理系统与总账系统期初数的核对，如图19-16所示。

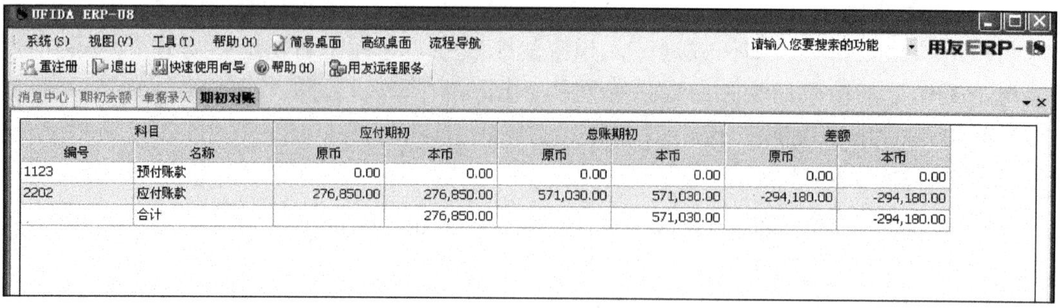


| 科目 | | 应付期初 | | 总账期初 | | 差额 | |
|---|---|---|---|---|---|---|---|
| 编号 | 名称 | 原币 | 本币 | 原币 | 本币 | 原币 | 本币 |
| 1123 | 预付账款 | 0.00 | 0.00 | 0.00 | 0.00 | 0.00 | 0.00 |
| 2202 | 应付账款 | 276,850.00 | 276,850.00 | 571,030.00 | 571,030.00 | -294,180.00 | -294,180.00 |
| | 合计 | | 276,850.00 | | 571,030.00 | | -294,180.00 |

图 19-16

## 想一想

1. 在录入采购系统期初数据后为何要执行期初记账？
2. 如果不执行期初记账，会产生什么结果？

# 实训 20　采购管理系统日常业务处理

（岗位设置：采购会计）

## 20.1　实训目的

通过本次实训掌握企业日常采购业务处理方法，理解采购管理与其他系统之间的数据传递关系。

## 20.2　实训资料

2009 年 10 月份采购业务如下：

（1）10 月 5 日，向北京联想公司订货一批，货物为联想天鹤 PIII/500，数量为 50 套，单价为 9 659 元，预计到货日期为本月 8 日。

（2）10 月 6 日，收到北京联想分公司提供的联想天禧 PIII/550，数量为 20 台，暂估单价为 8 599 元，商品已验收入硬件库，未收到发票。

（3）10 月 8 日，收到北京联想分公司提供的联想 17 英寸显示器，共计 30 台，商品已验收入硬件库，并收到专用发票一张，单价为 2 200 元，总金额为 77 220 元，已用转账支票支付，支票号 2356。

（4）10 月 8 日，收到向北京联想分公司所订的联想天鹤 PIII/500，入库数量为 50 套，单价为 9 659 元，已验收入硬件库。同时，收到专用发票一张，款未付（注：可立即进行采购结算）。

（5）10 月 10 日，收到上海记录纸厂提供的上月已验收入库的 20 吨铜版纸的专用采购发票，发票单价为 5 060 元；同时收到运费发票一张，金额为 5 000 元，税率为 10%，货款均未付（注：运费需分摊至采购成本中）。

（6）10 月 10 日，收到南京多媒体教学研究所提供的 100 张《星光灿烂》光盘，验收入配套用品库，发票上月已到。

（7）10 月 15 日，收到北京阳光公司 G 版进销存系统 2 套，发票上月已到，验收入软件库。

（8）10 月 18 日，向南京多媒体教学研究所订货一批，货物为《管理革命》多媒体教学光盘，数量为 100 张，单价为 80 元，预计到货日期为 10 月 23 日。

（9）10 月 23 日，收到向南京多媒体教学研究所订的《管理革命》光盘，入库数量为 100 张，已验收入配套用品库。同时，收到专用发票一张，单价为 80 元。立即用转账支票付款，支票号 1803，银行账号 8316587962。

（10）10 月 30 日，将 23 日收到的南京多媒体教学研究所订的《管理革命》光盘 20 张退货，单价为 80 元，结算金额为 1 872 元。

# 20.3 实训内容及步骤

## 采购业务 1

业务类型：采购订货。

### 操作步骤

1. 在采购管理系统中填制采购订单

（1）启用采购管理系统，展开“采购订货”/“采购订单”菜单，单击“增加”按钮，进入“采购订单”窗口。

（2）单击“增加”按钮，输入日期“2009-10-05”，选择供货单位“联想”。

（3）选择存货编号“3003 联想天鹤”，输入数量“50”、单价“9 659”、计划到期“2009-10-08”，如图 20-1 所示。

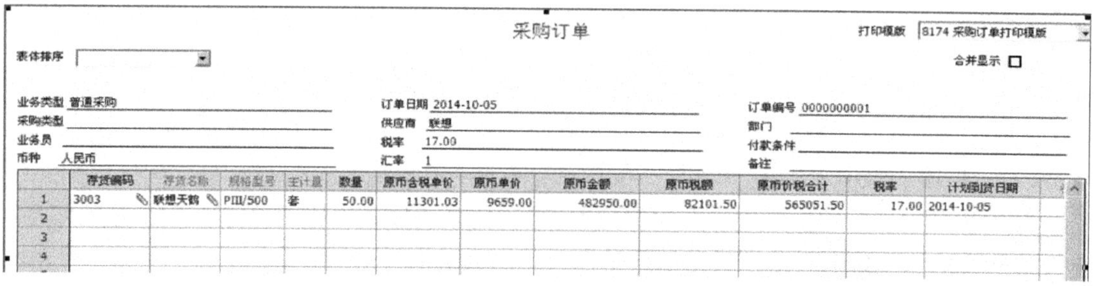

采购订单

打印模版 8174 采购订单打印模版

表体排序

合并显示 □

业务类型 普通采购　订单日期 2014-10-05　订单编号 0000000001

采购类型　供应商 联想　部门

业务员　税率 17.00　付款条件

币种 人民币　汇率 1　备注

| | 存货编码 | 存货名称 | 规格型号 | 主计量 | 数量 | 原币含税单价 | 原币单价 | 原币金额 | 原币税额 | 原币价税合计 | 税率 | 计划到货日期 |
|---|---|---|---|---|---|---|---|---|---|---|---|---|
| 1 | 3003 | 联想天鹤 | PIII/500 | 套 | 50.00 | 11301.03 | 9659.00 | 482950.00 | 82101.50 | 565051.50 | 17.00 | 2014-10-05 |
| 2 | | | | | | | | | | | | |
| 3 | | | | | | | | | | | | |
| 4 | | | | | | | | | | | | |

图　20-1

（4）单击“保存”按钮。

（5）单击“退出”按钮，退出“采购订单”窗口。

2. 在采购管理系统中审核采购订单

（1）展开“采购订货”/“采购订单”菜单，进入“采购订单”窗口。

（2）通过“上张”“下张”按钮定位到需要审核的采购订单，单击“审核”按钮。

（3）单击“退出”按钮，退出“采购订单”窗口。

## 采购业务 2

业务类型：货到票未到——暂估入库业务。

### 操作步骤

1. 在库存管理系统中填制暂估入库单

（1）启用库存管理系统，展开“入库业务”/“采购入库单”菜单，进入“采购入库单”窗口。

（2）单击“增加”按钮，输入日期“2009-10-06”，选择仓库“硬件库”、入库类别“暂估入库”、供货单位“联想”。

（3）选择存货编号“3004 联想天禧”，输入数量“20”。单击“保存”按钮。

2. 在库存管理系统中审核暂估入库单

（1）展开“入库业务”/“采购入库单”菜单，进入“采购入库单”窗口。

（2）通过“上张”、“下张”按钮定位到需要审核的采购入库单，单击“审核”按钮。

（3）单击“审核”按钮，系统自动签上审核人的姓名。结果如图 20-2 所示。

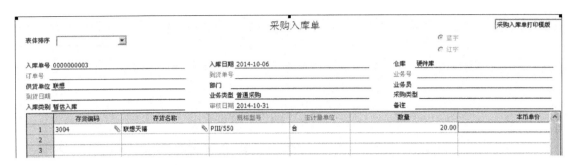

图 20-2

3．在存货核算系统中输入采购入库单的暂估单价

如果月末该笔业务的发票仍然未到，需要在存货核算系统中暂估入库成本，以便于记入材料明细账。

（1）启用存货核算系统，展开“日常业务”/“采购入库单”菜单，进入“采购入库单”窗口。

（2）通过“上张”“下张”按钮定位到需要修改的采购入库单，单击“修改”按钮。

（3）输入存货的暂估单价“8 599”，单击“保存”按钮。结果如图 20-3 所示。

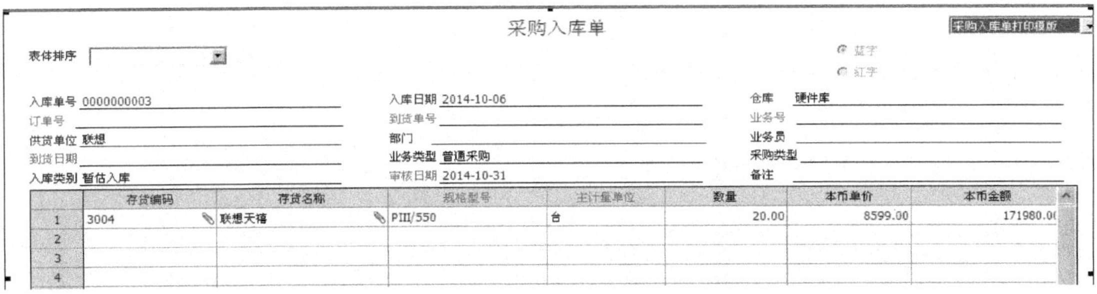

图 20-3

4．在存货核算系统中对采购入库单进行记账

（1）展开“业务核算”/“正常单据记账”菜单，进入“正常单据记账条件”对话框。

（2）单击“确认”按钮，进入“正常单据记账”窗口。

（3）单击需要记账的单据前的“选择”栏，出现“√”标记，或单击工具栏的“全选”按钮选择所有单据，单击“记账”按钮。

（4）单击“确认”按钮，系统开始进行单据记账。记账完成后，单据不再显示。结果如图 20-4 所示。

正常单据记账列表

记录总数：1

| 选择 | 日期 | 单据号 | 存货编码 | 存货名称 | 规格型号 | 仓库名称 | 收发类别 | 数量 | 单价 | 金额 |
|---|---|---|---|---|---|---|---|---|---|---|
| | 2014-10-06 | 0000000003 | 3004 | 联想天禧 | PIII/550 | 硬件库 | 暂估入库 | 20.00 | 8,599.00 | 171,980.00 |
| 小计 | | | | | | | | 20.00 | | 171,980.00 |

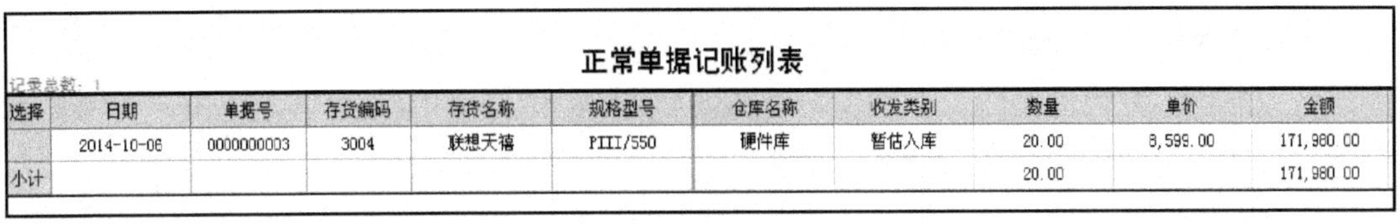

图 20-4

5．在存货核算系统中生成入库凭证

（1）展开“财务核算”/“生成凭证”菜单，单击“选择”按钮，打开“查询条件”

对话框。单击“确认”按钮，进入“未生成凭证单据一览表”窗口。

（2）单击需要生成凭证的单据前的“选择”栏，或单击工具栏的“全选”或“全消”按钮，单击工具栏中的“确定”按钮，进入“生成凭证”窗口，如图 20-5 所示。

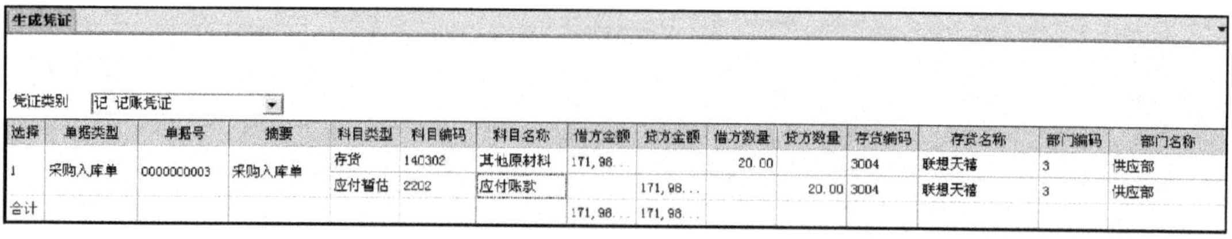
生成凭证

凭证类别 记 记账凭证

| 选择 | 单据类型 | 单据号 | 摘要 | 科目类型 | 科目编码 | 科目名称 | 借方金额 | 贷方金额 | 借方数量 | 贷方数量 | 存货编码 | 存货名称 | 部门编码 | 部门名称 |
|---|---|---|---|---|---|---|---|---|---|---|---|---|---|---|
| 1 | 采购入库单 | 0000000003 | 采购入库单 | 存货 | 140302 | 其他原材料 | 171, 98... | | 20.00 | | 3004 | 联想天禧 | 3 | 供应部 |
| | | | | 应付暂估 | 2202 | 应付账款 | | 171, 98... | | 20.00 | 3004 | 联想天禧 | 3 | 供应部 |
| 合计 | | | | | | | 171, 98... | 171, 98... | | | | | | |

图 20-5

（3）录入对方会计科目编码“2202”，单击“生成”按钮，进入填制凭证窗口。

（4）修改制单日期，输入“附单据数”，单击“保存”按钮，凭证左上角显示“已生成”红字标记，表示已将凭证传递到总账系统，如图 20-6 所示。

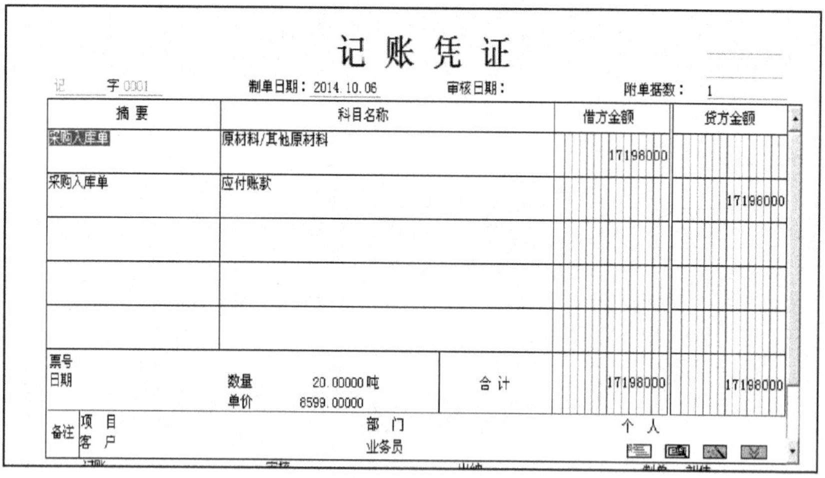


图 20-6

**注意：**本例采用的是月初回冲方式，月初自动生成“红字回冲单”，自动记入存货明细账，回冲上月的暂估业务。

## 采购业务 3

业务类型：单货同行业务。

### 操作步骤

1. 在库存管理系统中录入采购入库单

（1）启用库存管理系统，展开“入库业务”/“采购入库单”菜单，单击“增加”按钮，进入“采购入库单”窗口。

（2）单击“增加”按钮，输入日期“2009-10-08”，选择仓库“硬件库”、采购类型“其他材料采购”、供货单位“联想”。

（3）选择存货编号“3005 联想显示器”，输入数量“30”，单价“2200”。

（4）单击“保存”按钮，如图 20-7 所示。

图 20-7

2. 在采购管理系统中根据采购入库单生成采购发票

（1）展开"采购入库"/"采购入库单"菜单，进入"采购入库单"窗口。

（2）单击"生成"按钮，再单击"过滤"按钮，进入"入库单成批生成凭证窗口"。在"发票类型"处选择"专用发票"。单击"选择"栏，出现"Y"标记，如图 20-8 所示。

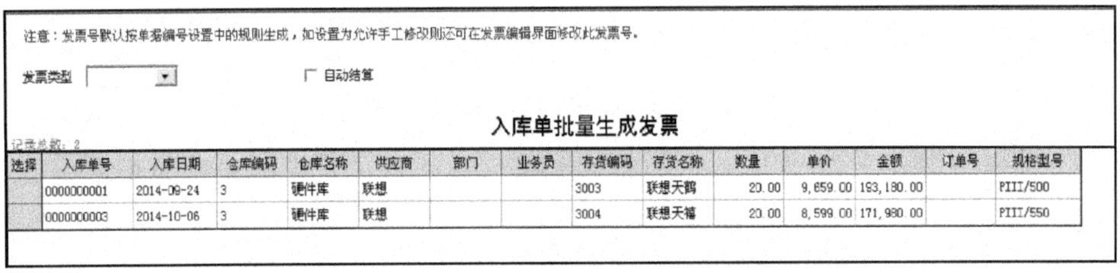

图 20-8

（3）单击"生单"按钮，再单击"确定"按钮即可生成采购专用发票。结果可通过"采购管理"/"采购发票"/"专用发票列表"命令进行查看，如图 20-9 所示。

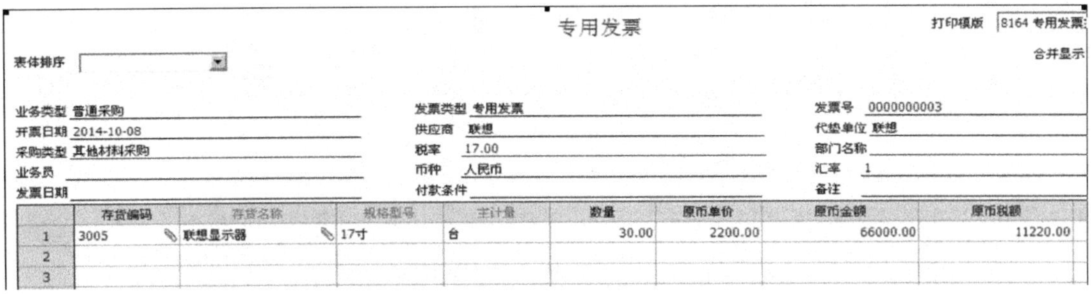

图 20-9

3. 在采购管理系统中进行采购结算

本例利用自动结算功能进行采购结算。

（1）执行"采购管理"/"采购结算"/"自动结算"命令，打开"自动结算"对话框。

（2）输入结算范围，单击"开始结算"按钮。

（3）系统显示自动结算进度。

（4）单击"退出"按钮。

**注意**：结算结果可以在"采购结算列表"中查询。

结算完成后，在"手工结算"窗口，看不到已结算的入库单和发票。

由于某种原因需要修改或删除入库单、采购发票时，需先取消采购结算。

由于结算日期自动选择注册日期，且不可修改。结算日期最好与发票日期一致。

4．在库存管理系统中审核采购入库单，在存货核算系统中对采购入库单进行记账并生成入库凭证

操作步骤参见采购业务 2 中的步骤 2、4、5，结果如图 20-10 所示。

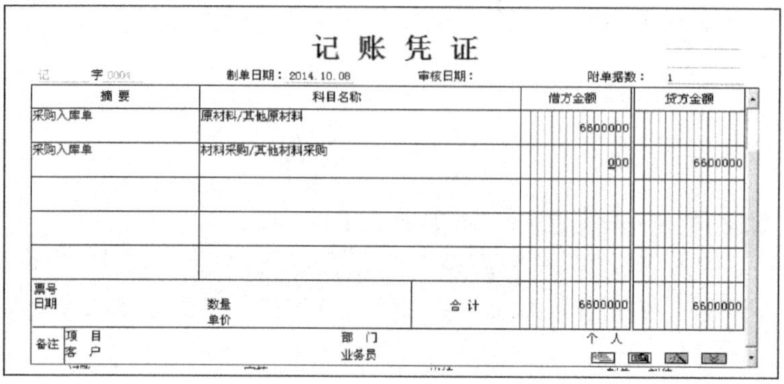

记账凭证

记 字 0004 制单日期：2014.10.08 审核日期： 附单据数：1

| 摘要 | 科目名称 | 借方金额 | 贷方金额 |
|---|---|---|---|
| 采购入库单 | 原材料/其他原材料 | 6600000 | |
| 采购入库单 | 材料采购/其他材料采购 | 000 | 6600000 |
| | | | |
| | | | |
| | | | |
| 票号 日期 | 数量 单价 合计 | 6600000 | 6600000 |

备注 项目 客户 部门 业务员 个人

图 20-10

5．在应付款管理系统中对采购发票制单（应由会计操作）

（1）启动应付款系统，展开“应付单据处理”/“应付单据审核”菜单，进入“应付单据列表”对话框。

（2）单击“全选”按钮，选择发票并对发票进行审核，然后退出。

（3）执行“制单处理”命令，选中“发票制单”复选框，单击“确认”按钮，进入“采购发票制单”窗口。

（4）选择发票，单击“制单”按钮，系统根据发票生成凭证，如图 20-11 所示。

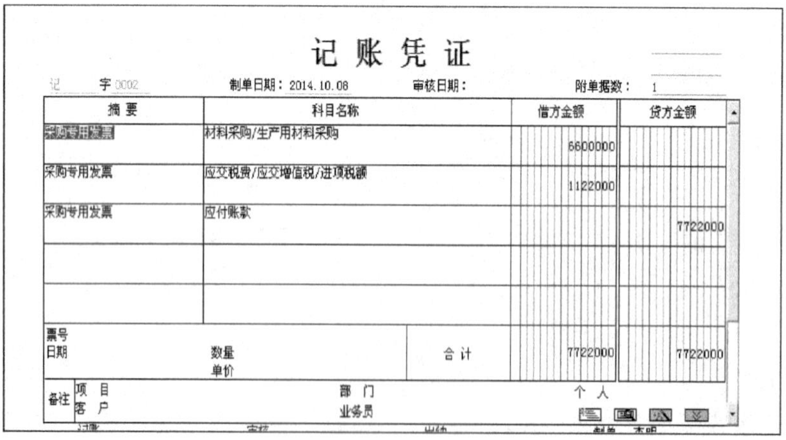

记账凭证

记 字 0002 制单日期：2014.10.08 审核日期： 附单据数：1

| 摘要 | 科目名称 | 借方金额 | 贷方金额 |
|---|---|---|---|
| 采购专用发票 | 材料采购/生产用材料采购 | 6600000 | |
| 采购专用发票 | 应交税费/应交增值税/进项税额 | 1122000 | |
| 采购专用发票 | 应付账款 | | 7722000 |
| | | | |
| | | | |
| 票号 日期 | 数量 单价 合计 | 7722000 | 7722000 |

备注 项目 客户 部门 业务员 个人

图 20-11

6．在应付款管理系统中进行付款结算处理并生成凭证

（1）执行“选择付款”命令，选中供应商“联想”，单击“确认”按钮。

（2）输入付款金额“77220”，单击“确认”按钮。

（3）录入结算方式“202 转账支票”和票据号“2356”，单击“确定”按钮。

（4）执行“制单处理”命令，单击“查询”按钮，选择“收付款单制单”，单击“确认”按钮，选择需制单的付款单，单击“制单”按钮，系统根据结算单生成凭证，如

图 20-12 所示。

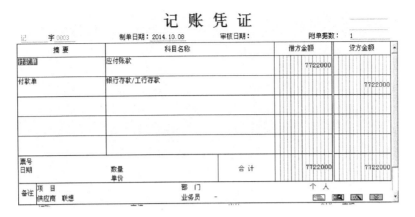

图 20-12

## 采购业务 4

业务类型：单货同行业务。业务特征：该业务前已下订单（见采购业务 1）。

**操作步骤**

1. 在库存管理系统中参照采购订单生成采购入库单
（1）展开"入库业务"/"采购入库单"菜单，进入"采购入库单"窗口。
（2）单击"生单"按钮，选择"采购订单（蓝字）"。
（3）单击"过滤"按钮，双击"选择"栏，单击"确定"按钮。然后再选择"硬件库"。
（4）双击"选择"栏，单击"确定"按钮，生成采购入库单，如图 20-13 所示。

图 20-13

2. 在采购管理系统中根据采购入库单生成采购专用发票
操作步骤参照采购业务 3 中的步骤 2，结果如图 20-14 所示。
3. 在库存管理系统中审核采购入库单，在存货核算系统中对采购入库单进行记账并生成入库凭证
操作步骤参见采购业务 2 中的步骤 2、4，结果如图 20-15 所示。

专用发票

打印模版 8164 专用发票打印模版

表体排序

合并显示 □

| | | |
|---|---|---|
| 业务类型 普通采购 | 发票类型 专用发票 | 发票号 0000000004 |
| 开票日期 2014-10-08 | 供应商 联想 | 代垫单位 联想 |
| 采购类型 | 税率 17.00 | 部门名称 |
| 业务员 | 币种 人民币 | 汇率 1 |
| 发票日期 | 付款条件 | 备注 |

| | 存货编码 | 存货名称 | 规格型号 | 主计量 | 数量 | 原币单价 | 原币金额 | 原币税额 | 原币价税 |
|---|---|---|---|---|---|---|---|---|---|
| 1 | 3003 | 联想天鹤 | PIII/500 | 套 | 50.00 | 9659.00 | 482950.00 | 82101.50 | |
| 2 | | | | | | | | | |
| 3 | | | | | | | | | |
| 4 | | | | | | | | | |

图 20-14

记账凭证

记 字 0005 制单日期：2014.10.08 审核日期： 附单据数：1

| 摘要 | 科目名称 | 借方金额 | 贷方金额 |
|---|---|---|---|
| 采购入库单 | 原材料/其他原材料 | 48295000 | |
| 采购入库单 | 材料采购/其他材料采购 | | 48295000 |
| | | | |
| | | | |
| | | | |
| 票号 日期 | 数量 50.00000吨 单价 9659.00000 合计 | 48295000 | 48295000 |
| 备注 项目 客户 | 部门 业务员 个人 | | |

图 20-15

4．在采购管理系统中进行采购结算

操作步骤参见采购业务3中的步骤3。

5．在应付款管理系统中对采购发票进行制单

操作步骤参见采购业务3中的步骤5，结果如图20-16所示。

记账凭证

记 字 0006 制单日期：2014.10.08 审核日期： 附单据数：1

| 摘要 | 科目名称 | 借方金额 | 贷方金额 |
|---|---|---|---|
| 采购专用发票 | 材料采购/生产用材料采购 | 48295000 | 000 |
| 采购专用发票 | 应交税费/应交增值税/进项税额 | 8210150 | |
| 采购专用发票 | 应付账款 | | 56505150 |
| | | | |
| | | | |
| 票号 日期 | 数量 单价 合计 | 56505150 | 56505150 |
| 备注 项目 客户 | 部门 业务员 个人 | | |

图 20-16

## 采购业务 5

业务类型：上月暂估业务，本月发票已到。业务特征：发票单价与入库单单价不同。

### 操作步骤

1．在采购管理系统中根据采购入库单生成采购专用发票

参照采购业务 3 中的步骤 2，根据采购入库单生成采购发票。

**注意：**将入库单内容带入发票后，修改存货单价“5060”（操作方法：“采购发票”/“采购发票列表”，单击“修改”按钮），结果如图 20-17 所示。

已结算 已审核

专用发票

打印模版 8164 专用发票打印模版

表体排序

合并显示

| | | | | | |
|---|---|---|---|---|---|
| 业务类型 | 普通采购 | 发票类型 | 专用发票 | 发票号 | 0000000005 |
| 开票日期 | 2014-10-10 | 供应商 | 记录纸厂 | 代垫单位 | 记录纸厂 |
| 采购类型 | | 税率 | 17.00 | 部门名称 | |
| 业务员 | | 币种 | 人民币 | 汇率 | 1 |
| 发票日期 | | 付款条件 | | 备注 | |

| | 存货编码 | 存货名称 | 规格型号 | 主计量 | 数量 | 原币单价 | 原币金额 | 原币税额 |
|---|---|---|---|---|---|---|---|---|
| 1 | 1001 | 原纸 | 铜板纸 | 吨 | 20.00 | 5060.00 | 101200.00 | 17204. |
| 2 | | | | | | | | |

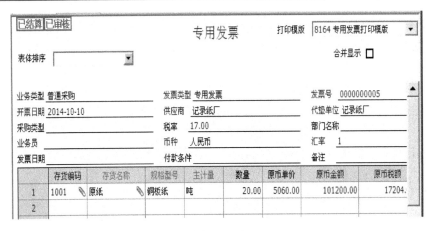

图 20-17

2．在采购管理系统中输入运费发票

（1）展开“采购发票”/“运费发票”菜单。

（2）单击“增加”按钮，输入开票日期“2009-10-10”，选择供货单位“记录纸厂”。

（3）存货编码“9001 运输费”，金额“5 000”，生成采购运费发票。结果如图 20-18 所示。

已结算 已审核

运费发票

打印模版 8168 运费发票打印模版

表体排序

合并显示

| | | | | | |
|---|---|---|---|---|---|
| 业务类型 | 普通采购 | 发票类型 | 运费发票 | 发票号 | 0000000001 |
| 开票日期 | 2014-10-10 | 供应商 | 记录纸厂 | 代垫单位 | 记录纸厂 |
| 采购类型 | | 税率 | 7.00 | 部门名称 | |
| 业务员 | | 币种 | 人民币 | 汇率 | 1 |
| 发票日期 | | 付款条件 | | 备注 | |

| | 存货编码 | 存货名称 | 规格型号 | 主计量 | 数量 | 原币金额 | 原币税额 | 税率 |
|---|---|---|---|---|---|---|---|---|
| 1 | 9001 | 运输费 | | 元 | | 5000.00 | 550.00 | 11. |
| 2 | | | | | | | | |
| 3 | | | | | | | | |

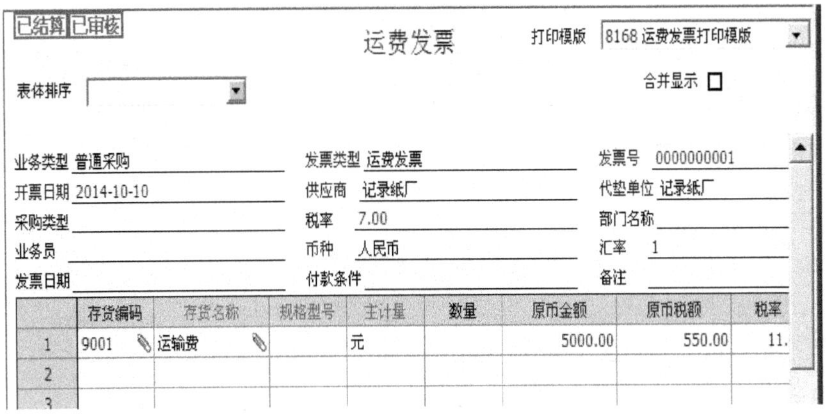

图 20-18

(4) 单击"保存"按钮。

3. 在采购管理系统中进行采购结算

本例采用手工结算方式。

(1) 展开"采购结算"/"手工结算"菜单,进入"手工结算"窗口。

(2) 单击"选单"按钮,打开"结算选单"对话框,单击"过滤"按钮,进入"结算选单"对话框。

(3) 选择要结算的货物发票和运费发票及入库单。单击"确认"按钮返回。

(4) 在"手工结算"窗口单击"分摊"按钮。再单击"结算"按钮,系统提示"完成结算"。

4. 在存货核算系统中进行暂估处理

采购业务5属于上月暂估业务,本月发票已到,需要在存货核算系统中进行暂估处理。

(1) 展开"业务核算"/"结算成本处理"菜单,打开"暂估处理查询"对话框。

(2) 单击"全选"按钮,选择所有仓库,单击"确认"按钮,进入"结算成本处理"窗口。

(3) 单击需要暂估的单据前的"选择"栏,出现"√"标记。

(4) 单击"暂估"按钮,退出"暂估结算表"窗口。

5. 在存货核算系统中生成回冲凭证及报销凭证

(1) 展开"财务核算"/"生成凭证"菜单,单击"选择"按钮,单击"确定"按钮,进入"未生成凭证单据一览表"窗口。

(2) 单击"材料库"所在行的"选择"栏,单击"确定"按钮,将凭证的会计科目补充完成,即可生成采购凭证,单击"保存"按钮,结果如图20-19、图20-20所示。

6. 在应付款系统对采购专用发票和运费发票进行制单

对应付单据审核,再进行制单处理。参照采购业务3中的步骤5,结果如图20-21、图20-22所示。

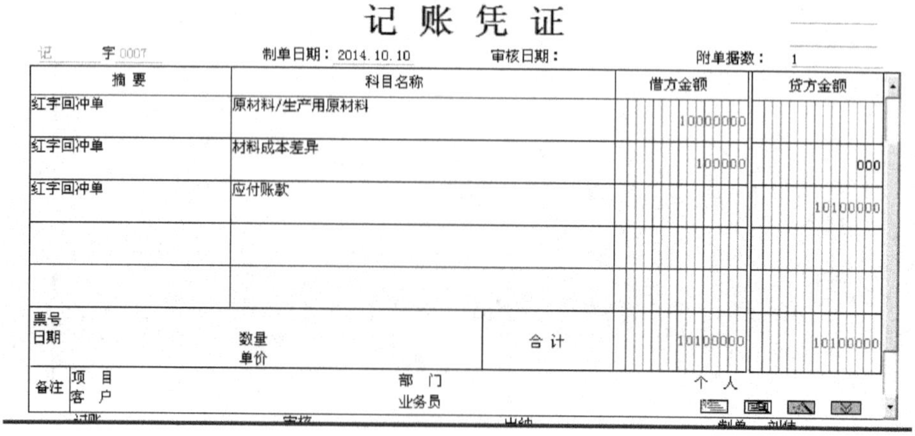

图 20-19

## 记 账 凭 证

记 字 0008　　制单日期：2014.10.10　　审核日期：　　附单据数：1

| 摘要 | 科目名称 | 借方金额 | 贷方金额 |
|---|---|---|---|
| 蓝字回冲单 | 原材料/生产用原材料 | 10000000 | |
| 蓝字回冲单 | 材料成本差异 | 585000 | |
| 蓝字回冲单 | 材料采购/生产用材料采购 | | 10565000 |

票号
日期　　数量　20.00000 吨　　合计　10565000　10565000
　　　　单价　5000.00000
备注　项目　　　　　　　　部门　　　　　　　个人
　　　客户　　　　　　　　业务员

图　20-20

## 记 账 凭 证

记 字 0009　　制单日期：2014.10.10　　审核日期：　　附单据数：1

| 摘要 | 科目名称 | 借方金额 | 贷方金额 |
|---|---|---|---|
| 采购专用发票 | 材料采购/生产用材料采购 | 10120000 | |
| 采购专用发票 | 应交税费/应交增值税/进项税额 | 1720400 | |
| 采购专用发票 | 应付账款 | | 11840400 |

票号
日期　　数量　　　　　　　合计　11840400　11840400
　　　　单价
备注　项目　　　　　　　　部门　　　　　　　个人
　　　客户　　　　　　　　业务员

图　20-21

## 记 账 凭 证

记 字 0010　　制单日期：2014.10.10　　审核日期：　　附单据数：1

| 摘要 | 科目名称 | 借方金额 | 贷方金额 |
|---|---|---|---|
| 运费发票 | 材料采购/生产用材料采购 | 445000 | |
| 运费发票 | 应交税费/应交增值税/进项税额 | 55000 | |
| 运费发票 | 应付账款 | | 500000 |

票号
日期　　数量　　　　　　　合计　500000　500000
　　　　单价
备注　项目　　　　　　　　部门　　　　　　　个人
　　　客户　　　　　　　　业务员

图　20-22

## 采购业务 6

业务类型：期初在途业务，货物已到。

### 操作步骤

1．在库存管理系统中录入采购入库单并进行审核

操作步骤参见采购业务 3 中的步骤 1，结果如图 20-23 所示。

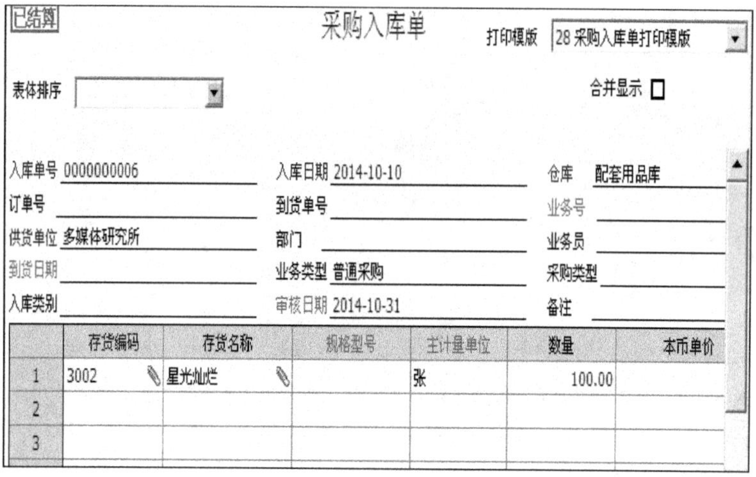

已结算

采购入库单

打印模版 28 采购入库单打印模版

表体排序

合并显示

入库单号 0000000006　入库日期 2014-10-10　仓库 配套用品库

订单号　到货单号　业务号

供货单位 多媒体研究所　部门　业务员

到货日期　业务类型 普通采购　采购类型

入库类别　审核日期 2014-10-31　备注

| | 存货编码 | 存货名称 | 规格型号 | 主计量单位 | 数量 | 本币单价 |
|---|---|---|---|---|---|---|
| 1 | 3002 | 星光灿烂 | | 张 | 100.00 | |
| 2 | | | | | | |
| 3 | | | | | | |

图　20-23

2．在采购管理系统中进行采购结算

操作步骤参见采购业务 3 中的步骤 3，结果如图 20-24 所示。

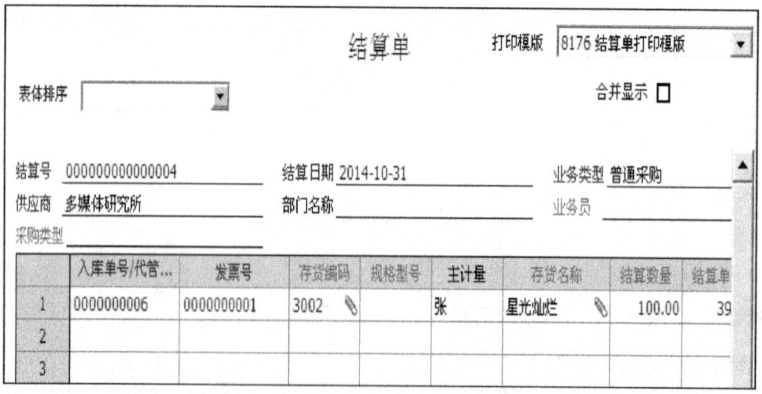

结算单

打印模版 8176 结算单打印模版

表体排序

合并显示

结算号 00000000000004　结算日期 2014-10-31　业务类型 普通采购

供应商 多媒体研究所　部门名称　业务员

采购类型

| | 入库单号/代管… | 发票号 | 存货编码 | 规格型号 | 主计量 | 存货名称 | 结算数量 | 结算单 |
|---|---|---|---|---|---|---|---|---|
| 1 | 0000000006 | 0000000001 | 3002 | | 张 | 星光灿烂 | 100.00 | 39 |
| 2 | | | | | | | | |
| 3 | | | | | | | | |

图　20-24

3．在存货核算系统中对采购入库单记账并生成凭证

操作步骤参见采购业务 2 中的步骤 4、5，结果如图 20-25 所示。

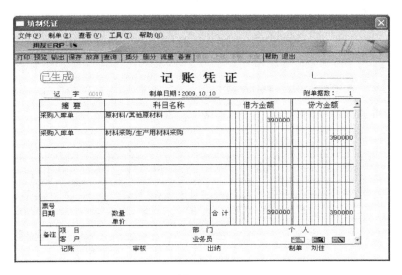

图 20-25

## 采购业务 7

业务类型：期初在途业务，货物已到。

处理流程同采购业务 6。结果如图 20-26、图 20-27、图 20-28 所示。

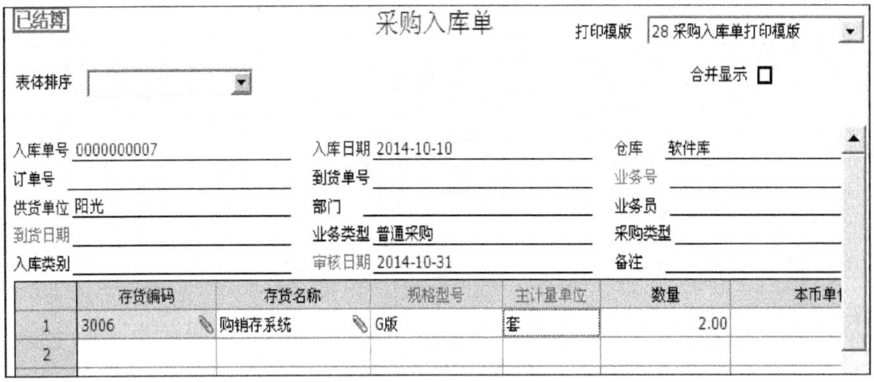

图 20-26

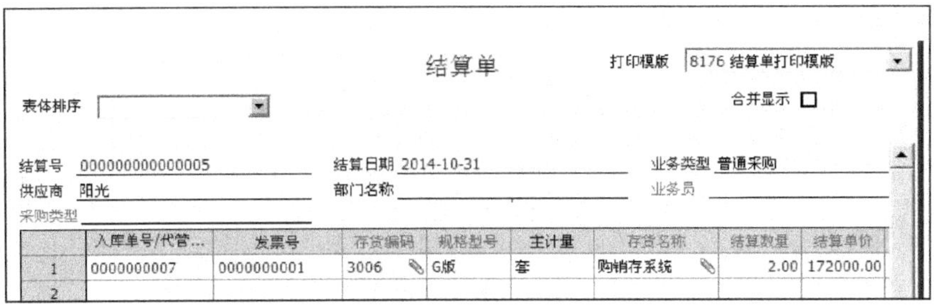

图 20-27

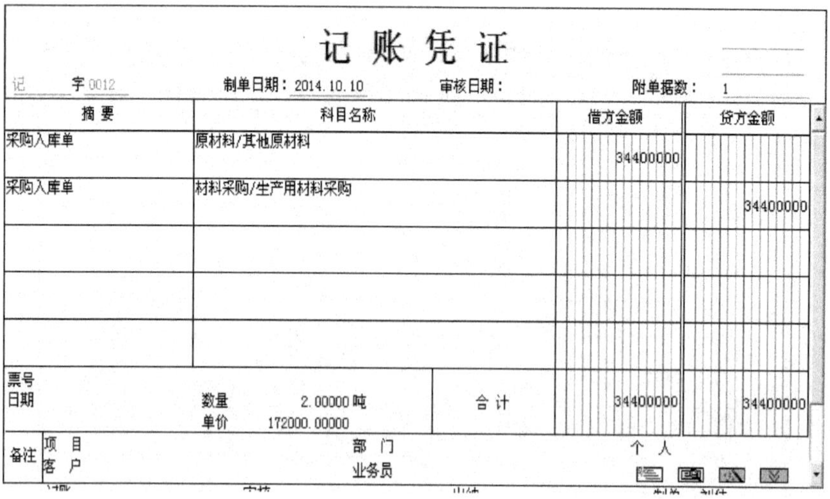

记账凭证

记 字 0012 制单日期：2014.10.10 审核日期： 附单据数：1

| 摘要 | 科目名称 | 借方金额 | 贷方金额 |
|---|---|---|---|
| 采购入库单 | 原材料/其他原材料 | 34400000 | |
| 采购入库单 | 材料采购/生产用材料采购 | | 34400000 |
| | | | |
| | | | |
| | | | |
| 票号 日期 | 数量 2.00000吨 单价 172000.00000 | 合计 | 34400000 | 34400000 |

备注 项目 部门 个人

客户 业务员

图 20-28

## 采购业务 8

业务类型：采购订货。

业务流程同采购业务 1，结果如图 20-29 所示。

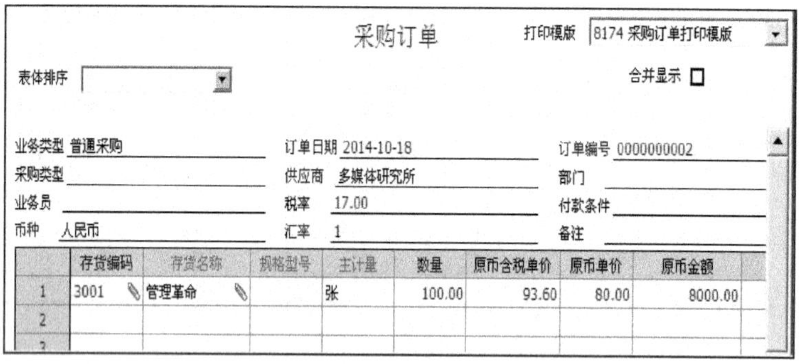

采购订单 打印模版 8174 采购订单打印模版

表体排序 合并显示 □

业务类型 普通采购 订单日期 2014-10-18 订单编号 0000000002

采购类型 供应商 多媒体研究所 部门

业务员 税率 17.00 付款条件

币种 人民币 汇率 1 备注

| | 存货编码 | 存货名称 | 规格型号 | 主计量 | 数量 | 原币含税单价 | 原币单价 | 原币金额 |
|---|---|---|---|---|---|---|---|---|
| 1 | 3001 | 管理革命 | | 张 | 100.00 | 93.60 | 80.00 | 8000.00 |
| 2 | | | | | | | | |

图 20-29

## 采购业务 9

业务类型：单货同行。业务特征：前已下订单、立即付款。

**操作步骤**

1．在库存管理系统中参照采购订单生成采购入库单

操作步骤参见采购业务 4 中的步骤 1，结果如图 20-30 所示。

2．在采购管理系统中根据采购入库单生成采购发票

操作步骤参见采购业务 4 中的步骤 2，结果如图 20-31 所示。

图 20-30

图 20-31

3．在采购管理系统中进行现付处理

（1）定位到采购专用发票，单击工具栏中的"现付"按钮，打开"输入付款方式"对话框。

（2）选择结算方式"转账支票"，输入结算金额"9360"，票据号"1803"。

（3）单击"确定"按钮，单击"结算"按钮，发票上显示"已现付"和"已结算"，结果如图20-32所示。

图 20-32

4．在库存管理系统审核采购入库单，在存货管理系统中对采购入库单记账并生成凭证

操作步骤参见采购业务2中的步骤2、4、5，结果如图20-33所示。

**记 账 凭 证**

记 字 0013　　制单日期：2014.10.23　　审核日期：　　附单据数：1

| 摘要 | 科目名称 | 借方金额 | 贷方金额 |
|---|---|---|---|
| 采购入库单 | 原材料/其他原材料 | 800000 | |
| 采购入库单 | 材料采购/其他材料采购 | | 800000 |
| | | | |
| | | | |
| | | | |
| 票号 日期 | 数量 100.00000吨 单价 80.00000 合 计 | 800000 | 800000 |
| 备注 项目 客户 | 部门 业务员 个人 | | |

图 20-33

5．在应付款管理系统中进行现结制单

（1）进入应付款系统，展开“应付单据处理”/“应付单据审核”菜单，选中“包含已现结发票”，单击“确定”按钮，进入“应付单据列表”窗口。

（2）双击“选择”栏，再单击“审核”按钮，然后退出。

（3）执行“制单处理”，选中“现结制单”复选框，单击“确认”按钮，进入“现结制单”窗口。

（4）单击需要制单的单据行的“选择标志”栏，单击工具栏中的“制单”按钮，生成凭证。单击“保存”按钮。结果如图 20-34 所示。

**记 账 凭 证**

记 字 0014　　制单日期：2014.10.23　　审核日期：　　附单据数：1

| 摘要 | 科目名称 | 借方金额 | 贷方金额 |
|---|---|---|---|
| 现结 | 材料采购/生产用材料采购 | 800000 | |
| 现结 | 应交税费/应交增值税/进项税额 | 136000 | |
| 现结 | 银行存款/工行存款 | | 936000 |
| | | | |
| | | | |
| 票号 日期 | 数量 单价 合 计 | 936000 | 936000 |
| 备注 项目 客户 | 部门 业务员 个人 | | |

图 20-34

## 采购业务 10

业务类型：采购退货。业务状态为已录入入库单、发票且已结算、已付款。

**操作步骤**

1．在库存管理系统中录入采购入库单

（1）展开“入库业务”/“采购入库单”菜单，进入“采购入库单”窗口。

（2）单击“增加”按钮。

(3)将入库类型改为"退料入库",单击"红字",录入数量"-20"、本币单价"80"。
(4)单击"保存"按钮,退出。结果如图20-35所示。

2. 在采购管理系统中根据采购入库单生成红字专用发票

(1)展开"采购发票"/"红字专用采购发票"菜单,进入"采购发票"窗口。
(2)单击"生成"按钮,单击"过滤"选择所录入的采购入库单,即可生成红字专用发票。单击"保存"按钮,结果如图20-36所示。

图 20-35

图 20-36

3. 在采购管理系统中进行自动结算

操作步骤见采购业务3中的步骤3,结果如图20-37所示。

图 20-37

4. 在库存管理系统对采购退货单"负数采购入库单"进行审核,在存货核算系统中对采购退货单进行记账,生成凭证

操作步骤参见采购业务2中的步骤2、4、5,结果如图20-38所示。

5. 在应付款系统中对采购红字发票进行制单

操作步骤见采购业务3中的步骤5,结果如图20-39所示。

6. 在应付款系统中填一张收款单,进行收款结算

(1)执行"付款单据处理"/"付款单据录入"命令,进入"付款单"窗口。
(2)单击"切换"按钮,进入到"收款单"窗口。根据题意录入各项目,单击"保存"按钮,结果如图20-40所示。

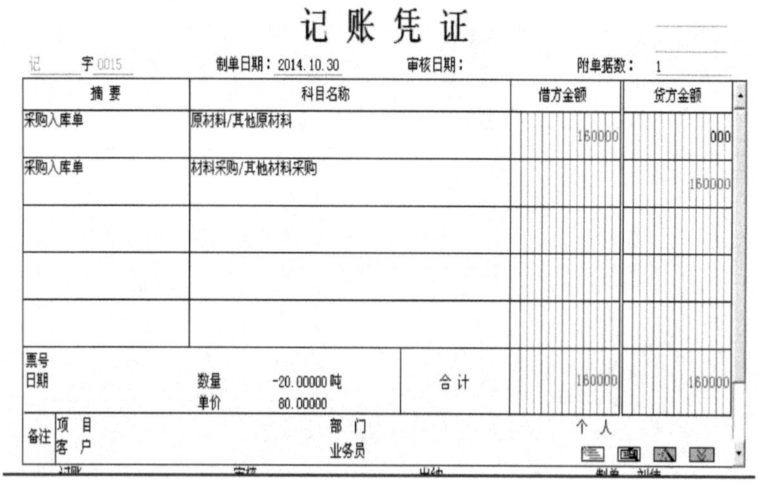

记账凭证

记 字 0015 制单日期：2014.10.30 审核日期： 附单据数：1

| 摘要 | 科目名称 | 借方金额 | 贷方金额 |
| --- | --- | --- | --- |
| 采购入库单 | 原材料/其他原材料 | 160000 | 000 |
| 采购入库单 | 材料采购/其他材料采购 | | 160000 |
| | | | |
| | | | |
| | | | |
| 票号 日期 数量 -20.00000吨 单价 80.00000 | 合计 | 160000 | 160000 |

备注 项目 客户 部门 业务员 个人

图 20-38

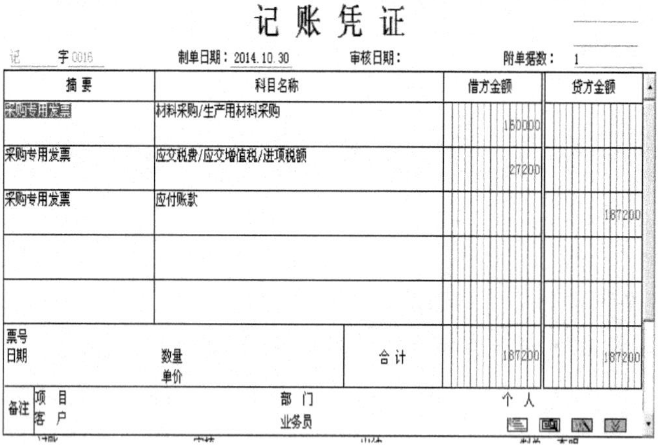

记账凭证

记 字 0016 制单日期：2014.10.30 审核日期： 附单据数：1

| 摘要 | 科目名称 | 借方金额 | 贷方金额 |
| --- | --- | --- | --- |
| 采购专用发票 | 材料采购/生产用材料采购 | 160000 | |
| 采购专用发票 | 应交税费/应交增值税/进项税额 | 27200 | |
| 采购专用发票 | 应付账款 | | 187200 |
| | | | |
| | | | |
| 票号 日期 数量 单价 | 合计 | 187200 | 187200 |

备注 项目 客户 部门 业务员 个人

图 20-39

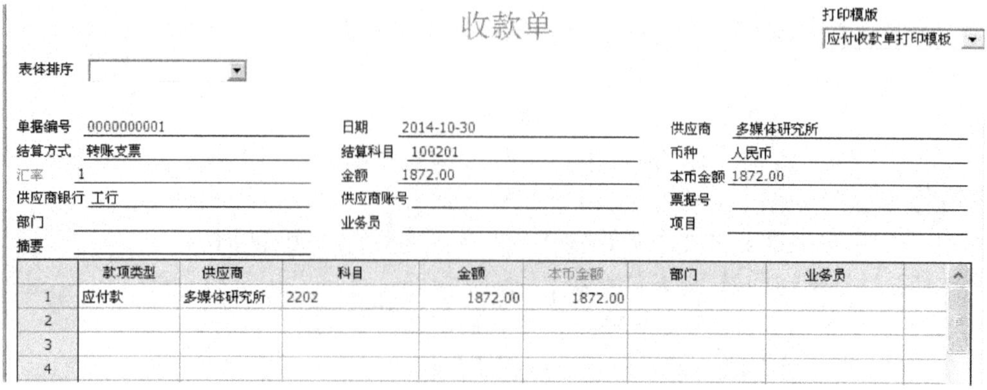

收款单

打印模版 应付收款单打印模板

表体排序

单据编号 0000000001　日期 2014-10-30　供应商 多媒体研究所
结算方式 转账支票　结算科目 100201　币种 人民币
汇率 1　金额 1872.00　本币金额 1872.00
供应商银行 工行　供应商账号　票据号
部门　业务员　项目
摘要

| | 款项类型 | 供应商 | 科目 | 金额 | 本币金额 | 部门 | 业务员 |
| --- | --- | --- | --- | --- | --- | --- | --- |
| 1 | 应付款 | 多媒体研究所 | 2202 | 1872.00 | 1872.00 | | |
| 2 | | | | | | | |
| 3 | | | | | | | |
| 4 | | | | | | | |

图 20-40

（3）单击"审核"，单击"确定"，生成凭证，结果如图20-41所示。

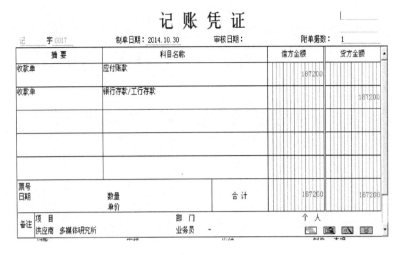

图 20-41

想一想

1. 归纳采购入库业务有哪几种类型？
2. 不同业务类型相应的处理方式有何不同？

# 实训 21　销售管理系统初始化

（岗位设置：账套主管、会计主管）

## 21.1　实训目的

通过实训要求掌握销售管理、应收款管理系统参数的设置、销售管理系统期初余额录入的操作方法。

## 21.2　实训资料

### 一、设置系统参数

1. 设置销售管理系统参数

有零售日报业务；有销售调拨业务；有委托代销业务；销售生成出库单；销售报价不含税；新增退货单参照发货；新增发票参照发货单生成；其他设置由系统默认。

2. 应收款管理系统参数设置和初始设置

（1）应收款管理系统选项

　　　应收款核销方式：按单据；
　　　单据审核日期依据：单据日期；
　　　控制科目依据：按客户；
　　　非受控科目制单方式：明细到单据；
　　　销售科目依据：按存货；
　　　坏账处理方式：应收余额百分比法；
　　　代垫费用类型：其他应收单；
　　　应收账款核算类型：详细核算；
　　　核销是否生成凭证：否；
　　　月末结账前是否全部制单：是；
　　　预收冲应收是否生成凭证：是；
　　　是否根据信用额度自动报警：是。

（2）根据资料对应收款系统的常用科目进行设置

　　　基本科目设置：应收科目：1122；预收科目：2203；销售收入6001；
　　　　　　　　　税金科目：22210102。
　　　控制科目设置（按客户设置）：应收科目：1122；预收科目：2203。

产品科目设置（按产品设置）：销售收入及销售退回科目：6001；
应交增值税科目：22210102。

坏账准备设置：提取比例"1%"，期初余额"800"，坏账准备科目1231，对方科目6701，其他暂可不设。

根据表21-1中的资料对应收系统的结算方式科目进行设置。

表 21-1

| 结算方式 | 币 种 | 科 目 |
|---|---|---|
| 现金 | 人民币 | 1001 |
| 现金支票 | 人民币 | 100201 |
| 转账支票 | 人民币 | 100201 |

根据表21-2中的资料对应收系统的账龄区间进行设置。

表 21-2

| 序 号 | 起止天数 | 总天数 |
|---|---|---|
| 01 | 0～30 | 30 |
| 02 | 31～60 | 60 |
| 03 | 61～90 | 90 |
| 04 | 91～120 | 120 |
| 05 | 121以上 | |

根据表21-3中的资料对应收系统的报警级别进行设置。

表 21-3

| 序 号 | 起止比率 | 总比率 | 级别名称 |
|---|---|---|---|
| 01 | 0～10% | 10 | A |
| 02 | 10%～30% | 30 | B |
| 03 | 30%～60% | 60 | C |
| 04 | 60%以上 | | D |

## 二、录入期初数据

应收款管理系统期初余额见表21-4。

表 21-4

会计科目：1122 应收账款　　　　余额：借157 600元

普通发票：

| 开票日期 | 客　户 | 销售部门 | 科　目 | 货物名称 | 数　量 | 单　价 | 金额/元 |
|---|---|---|---|---|---|---|---|
| 2009-09-25 | 太和学校 | 销售四部 | 1122 | 星光灿烂 | 1992 | 50 | 99 600 |

增值税发票：

| 开票日期 | 客户 | 销售部门 | 科目 | 货物名称 | 数量/元 | 单价/元 | 税率 | 金额/元 |
|---|---|---|---|---|---|---|---|---|
| 2009-09-10 | 柯达公司 | 销售二部 | 1122 | 联想显示器 | 18 | 2 500 | 17 | 52 650 |

其他应收单：

| 单据日期 | 科目编号 | 客户 | 销售部门 | 金额/元 | 摘要 |
|---|---|---|---|---|---|
| 2009-09-10 | 1122 | 柯达公司 | 销售二部 | 5 350 | 代垫运费 |

## 21.3 实训内容及步骤

### 一、设置系统参数

1. 设置销售管理系统参数

销售管理系统参数的设置，是指在处理日常销售业务之前，确定销售业务的范围、类型及对各种销售业务的核算要求，因此销售管理系统初始化是一项重要工作。因为一旦销售管理开始处理日常业务，有的系统参数就不能修改，有的也不能重新设置，所以在系统初始化时应该设置好相关的系统参数。

**操作步骤**

（1）在供应链平台中，执行"销售管理"命令，打开销售管理系统。

（2）在系统菜单下，展开"设置"/"销售选项"菜单，打开"选项"对话框。

（3）打开"业务控制"选项卡，对本单位需要的参数进行选择。选中"是否有零售日报业务""是否有委托代销业务"和"是否有销售调拨业务"复选框，其他选项可以按系统默认设置，如图21-1所示。

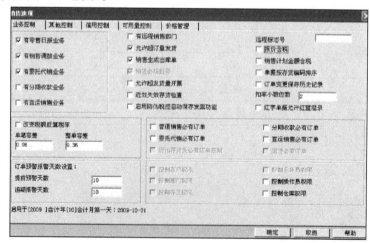

图 21-1

（4）打开"其他控制"选项卡，"新增发货单默认"中选择"参照订单"，"新增退货单默认"中选择"参照发货"，"新增发票默认"中选择"参照发货单生成"，如图21-2所示。

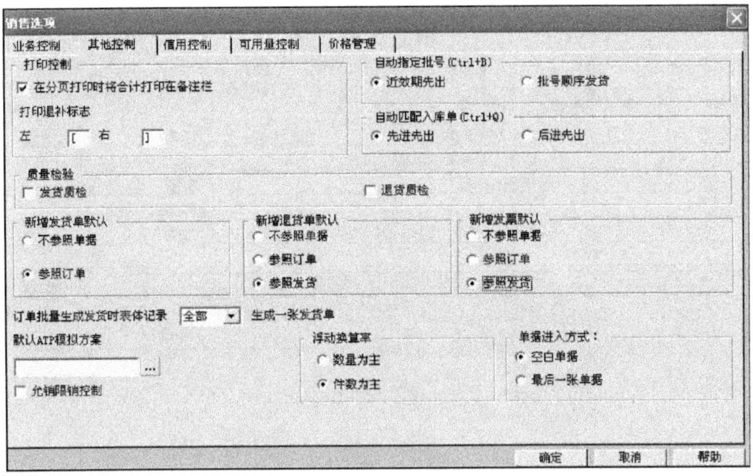

图 21-2

（5）所有参数选定后，单击"确定"按钮，保存销售系统参数设置。

2. 应收款管理系统参数设置和初始设置

应收款管理系统与销售管理系统在联用情况下，两个系统存在着数据传递关系。因此，启用销售管理系统的同时，应该启用应收款管理系统。

**操作步骤**

（1）展开"财务会计"菜单，进入应收款管理系统。

（2）在系统菜单下，展开"设置"/"选项"菜单，弹出"账套参数设置"对话框。

（3）打开"常规"选项卡，单击"编辑"按钮，使所有参数处于可修改状态，按实训资料要求设置系统参数。

（4）打开"凭证"选项卡，按实训资料要求修改凭证参数设置。

（5）单击"确定"，保存应收款管理系统的参数设置。

（6）展开"设置"/"初始设置"菜单，打开"初始设置"对话框。根据实训要求对应收款管理系统的基本科目、控制科目设置、产品科目设置、结算方式科目等进行设置、坏账准备设置。完成以上应收款管理设置，单击"退出"按钮，退出初始设置。

## 二、录入期初数据

录入应收款管理系统期初数据。

1. 输入期初销售发票

（1）展开"设置"/"期初余额"菜单，打开"期初余额查询条件"对话框。

（2）单击"确认"按钮，进入"期初余额明细表"窗口。

（3）单击"增加"按钮，打开"单据类别"对话框。

（4）选择单据名称"销售发票"，单据类型"普通发票"。

（5）单击"确认"按钮，进入"期初录入—销售普通发票"窗口。

（6）输入开票日期"2014-09-25"，客户名称"太和学校"，销售部门"销售四部"，科目"1122"。

（7）选择货物名称"星光灿烂"，输入数量"1 992"，单击"保存"按钮。按实训资料依次录入期初销售发票。结果如图 21-3、图 21-4 所示。

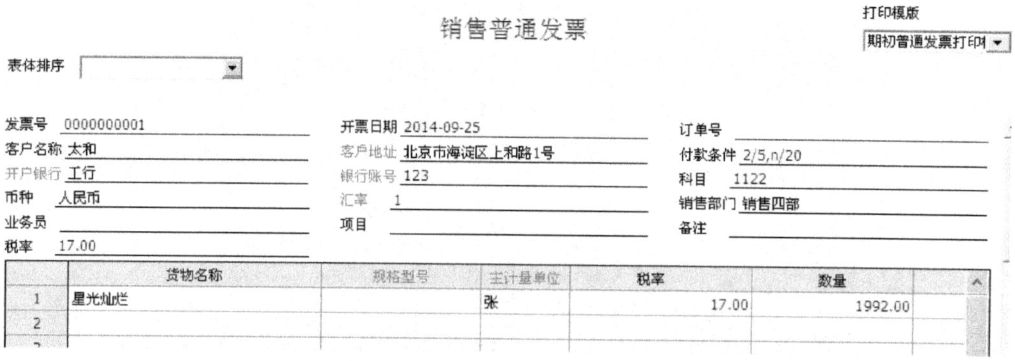


图 21-3

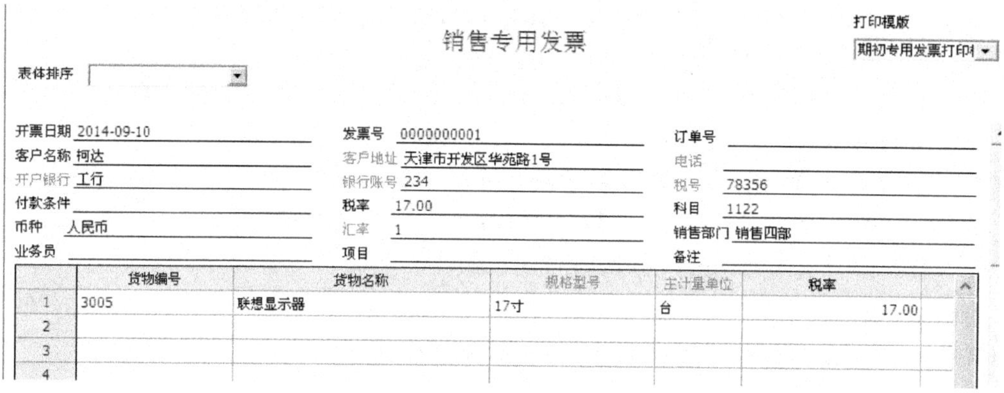


图 21-4

2. 输入期初其他应收单

（1）在“期初余额明细表”窗口中，单击“增加”按钮，打开“单据类别”对话框。

（2）选择单据名称“应收单”，单据类型“其他应收单”，单击“确认”按钮，进入“期初录入—其他应收单”窗口。

（3）输入单据日期“2009-09-10”，科目编码“1122”，客户“柯达公司”，销售部门“销售二部”，金额“5350”，摘要“代垫费用”，单击“保存”按钮。

3. 期初对账

（1）在“期初余额明细表”窗口中，单击“对账”按钮，进入“期初对账”窗口。

（2）查看应收系统与总账系统的期初余额是否平衡，如图 21-5 所示。

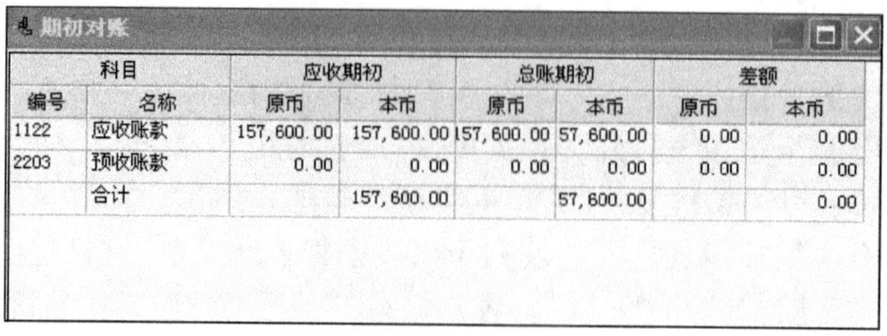


| 科目 | | 应收期初 | | 总账期初 | | 差额 | |
|---|---|---|---|---|---|---|---|
| 编号 | 名称 | 原币 | 本币 | 原币 | 本币 | 原币 | 本币 |
| 1122 | 应收账款 | 157,600.00 | 157,600.00 | 157,600.00 | 57,600.00 | 0.00 | 0.00 |
| 2203 | 预收账款 | 0.00 | 0.00 | 0.00 | 0.00 | 0.00 | 0.00 |
| | 合计 | | 157,600.00 | | 57,600.00 | | 0.00 |

图 21-5

(3) 关闭"期初对账",返回"期初余额明细表"窗口。

**注意:** 应收系统与总账系统的期初余额的差额应为零,即两个系统的客户往来科目的期初余额应完全一致。

**想一想**

如何录入销售管理系统中的期初数据?

# 实训 22　销售管理系统日常业务处理

（岗位设置：销售会计、应收会计）

## 22.1　实训目的

通过本次实训掌握企业日常销售业务处理流程、处理方法和处理步骤，理解销售管理与其他系统之间的数据传递关系。

## 22.2　实训资料

2009年10月份销售业务如下（销售系统价格均为不含税价）：

（1）10月1日，销售一部，从产品库发出"普通打印纸—A4"共计100箱，每箱售价130元，委托北京太和学校代为销售，货已发出，未结算。

（2）10月1日，销售一部，从产品库发出"凭证套打纸—8X"，共计50箱，售价180元，委托天津柯达公司代为销售，货已发出，未结算。

（3）10月10日，销售四部，向北京太和学校公司出售"管理革命"光盘，共计1 000张，单位售价为98元，成本单价为80元。由配套用品库发货。给予9折的折扣。同时开据销售普通发票一张，款未收。

（4）10月12日，销售一部，向哈尔滨飞机制造厂出售2002"凭证套打纸—8X"，共计100箱，按参考售价为210元出售，成本单价为160元。由产品库发货。同时开据销售专用发票一张。收到24 570元的转账支票一张，支票号2345做现结处理。

（5）10月15日，销售一部，收到北京太和学校委托代销结算单一张，结算"普通打印纸—A4"，共计100箱，结算单价为130元。立即开据销售普通发票给北京太和学校，款未收。

（6）10月18日，销售二部，收到哈尔滨飞机制造厂订单一张，订购"联想天禧套装"，共计50套，订购单价为11 499元。预计本月28日发货。

（7）10月18日，销售二部，从硬件库发出"联想天鹤PIII/500"，共计20套，售价为9 959元，成本单价为9 659元。委托上海思科证券代为销售，货已发出，还未结算。

（8）10月21日，销售一部，收到天津柯达公司的委托代销结算单一张，结算"凭证套打纸"，计30箱，单价为210元，售价为6 300元。立即开据销售专用发票给天津柯达公司，款未收。

## 22.3 实训内容及步骤

### 销售业务 1

业务类型：委托代销业务。

**操作步骤**

1. 在销售管理系统中填制并审核委托代销发货单

（1）启用销售管理系统，展开"委托代销"/"委托代销发货单"菜单，进入"委托代销发货单"窗口。

（2）单击"增加"按钮，系统弹出过滤条件选择参照订单窗口，单击"取消"，进入委托代销发货单界面。

（3）输入发货日期"2009-10-1"，销售类型"代销"，客户"太和学校"，销售部门"销售一部"。

（4）选择仓库"产品库"，货物名称"普通打印纸—A4"，输入数量"100"、无税单价"130"。

（5）单击"保存"按钮，保存委托代销发货单。

（6）单击"审核"按钮，完成对该单据的审核，单击"退出"按钮。结果如图 22-1 所示。

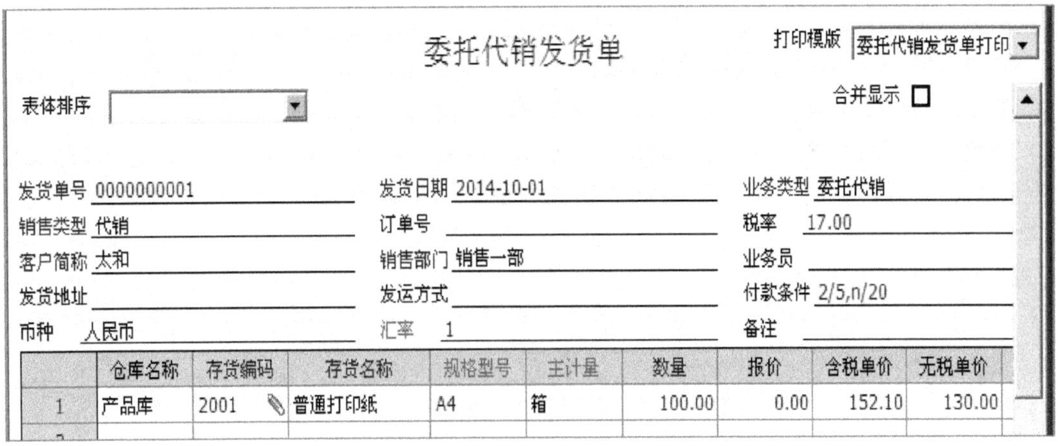

图 22-1

2. 在库存管理系统中审核系统自动生成的销售出库单。结果如图 22-2 所示。

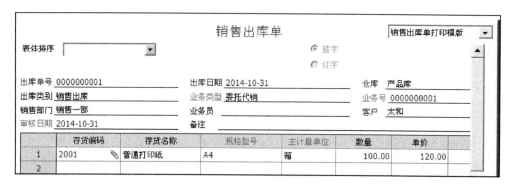

图 22-2

3．在存货核算系统中对销售出库单进行记账

（1）展开“业务核算”/“发出商品记账”菜单，进入“未记账单据一览表”对话框。

（2）单击需要记账的单据前的“选择”栏，出现“√”标记，单击“记账”按钮。

（3）单击“记账”按钮，系统开始进行单据记账，记账完成后，单据不再显示。结果如图 22-3 所示。

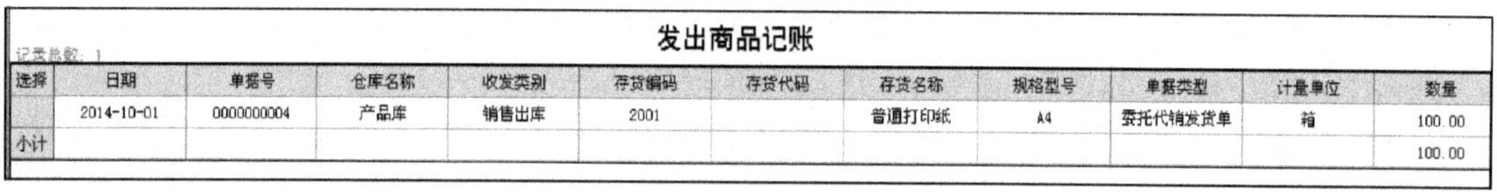
发出商品记账

记录总数：1

| 选择 | 日期 | 单据号 | 仓库名称 | 收发类别 | 存货编码 | 存货代码 | 存货名称 | 规格型号 | 单据类型 | 计量单位 | 数量 |
|---|---|---|---|---|---|---|---|---|---|---|---|
| | 2014-10-01 | 0000000004 | 产品库 | 销售出库 | 2001 | | 普通打印纸 | A4 | 委托代销发货单 | 箱 | 100.00 |
| 小计 | | | | | | | | | | | 100.00 |

图 22-3

4．在存货核算系统中生成出库凭证

（1）展开“财务核算”/“生成凭证”菜单，进入“生成凭证”窗口。

（2）单击需要生成凭证的单据前的“选择”栏，单击工具栏中的“确定”按钮，进入生成凭证界面，单击“生成”按钮，生成凭证。结果如图 22-4 所示。

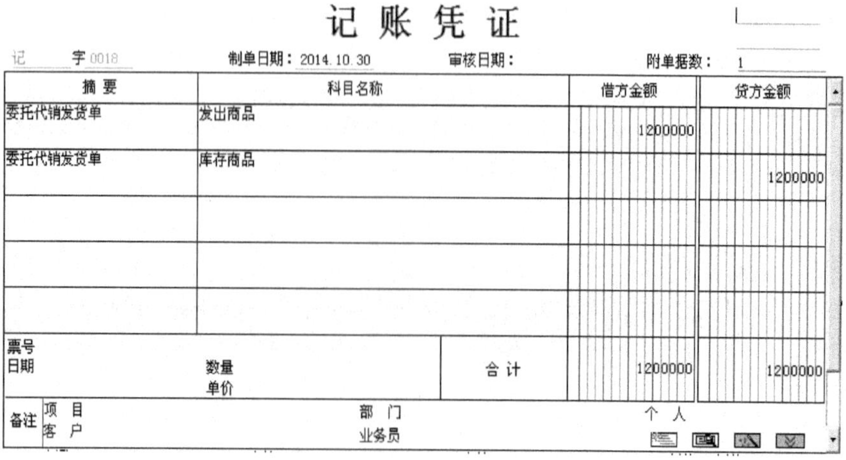


图 22-4

## 销售业务 2

业务类型：委托代销业务。
操作步骤：同销售业务 1。

## 销售业务 3

业务类型：一般销售业务；业务特征：商业折扣。

**操作步骤**

1. 在销售管理系统中填制并审核发货单

（1）启用销售管理系统，展开"销售发货"/"发货单"菜单，进入"发货单"窗口。

（2）单击"增加"按钮，系统弹出"选择订单"对话框，单击"关闭"按钮。

（3）输入发货日期"2009-10-10"，销售类型"批发"，客户"太和学校"，销售部门"销售四部"。

（4）选择仓库"配套用品库"，货物名称"管理革命"光盘，输入数量"1 000"、无税单价"98"、折扣额"11 466"，单击"确认"按钮。

（5）单击"保存"按钮，保存发货单。

（6）单击"审核"按钮，完成对该单据的审核，单击"退出"按钮。结果如图22-5所示。

图 22-5

2. 在销售管理系统中根据发货单生成销售发票并审核

（1）展开"销售开票"/"销售普通发票"菜单，进入"销售普通发票"窗口。

（2）单击"增加"按钮，打开"选择发货单"对话框。

（3）单击"请选择客户"参照按钮，选择下拉列表中的"太和学校"选项，窗口上半部显示太和学校已审核发货单列表，在选中的发货单前空白栏单击，出现"√"标记，同时窗口下半部显示发货单上的所有存货列表，单击"确认"按钮，出现根据所选发货单生成的销售发票。

（4）输入开票日期，单击"保存"按钮。

（5）单击"复核"按钮，完成对该发票的审核。结果如图22-6所示。

3. 在库存管理系统中审核销售出库单

（1）展开"出库业务"/"销售出库单"菜单，进入"销售出库单"窗口。

（2）通过单击下张按钮，选择需要审核的入库单。

（3）单击“审核”按钮，系统自动签上审核人的姓名。

4．在存货核算系统中对销售出库单进行记账

（1）展开“业务核算”/“正常单据记账”菜单，进入“单据一览表查询”对话框。

（2）选中“配套用品库”复选框，保留“销售出库单”单据类型，单击“确定”按钮，进入“未记账单据一览表”窗口。

（3）单击需要记账的单据前的“选择”栏，出现“√”标记，或单击工具栏的“全选”按钮选择所有单据，单击“记账”按钮。

（4）单击“确认”按钮，系统开始进行单据记账，记账完成后，单据不再显示。

销售普通发票
打印模版 销售普通发票打印模
表体排序
合并显示
发票号 0000000002
开票日期 2014-10-10
业务类型 普通销售
销售类型 批发
订单号
发货单号 0000000001
客户简称 太和
销售部门 销售四部
业务员
付款条件 2/5,n/20
客户地址 北京市海淀区上和路1号
联系电话
开户银行 工行
银行账号 123
税率 17.00
币种 人民币
汇率 1
备注

| | 仓库名称 | 存货编码 | 存货名称 | 规格型号 | 主计量 | 数量 | 报价 | 含税单价 | 无税单价 |
|---|---|---|---|---|---|---|---|---|---|
| 1 | 配套用品库 | 3001 | 管理革命 | | 张 | 1000.00 | 98.00 | 103.19 | 88.20 |

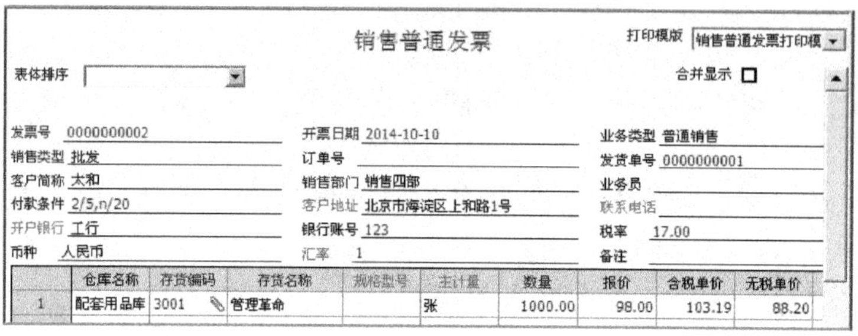

图 22-6

5．在存货核算系统中生成出库凭证

（1）展开“财务核算”/“生成凭证”菜单，进入“生成凭证”窗口。

（2）单击需要生成凭证的单据前的“选择”栏，或单击工具栏的“全选”或“全消”按钮，单击工具栏中的“生成”按钮，进入“请先修改或确认科目”窗口。

（3）修改制单日期，输入“附件数”单击“保存”按钮，凭证左上角显示“已生成”红字标记，表示已将凭证传递到总账系统。结果如图22-7所示。

记 账 凭 证
记 字 0036 制单日期：2014.10.31 审核日期： 附单据数：1

| 摘要 | 科目名称 | 借方金额 | 贷方金额 |
|---|---|---|---|
| 销售出库单 | 主营业务成本 | 8000000 | |
| 销售出库单 | 库存商品 | | 8000000 |
| 票号 日期 | 数量 单价 合计 | 8000000 | 8000000 |

备注 项目 客户 部门 业务员 个人

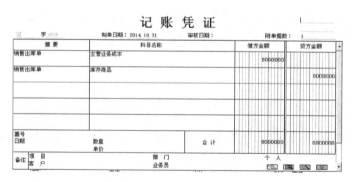

图 22-7

6．在应收款管理系统中进行发票制单

（1）启动应收款系统，展开“应收单据处理”/“应收单据审核”菜单，进入“应收单据列表”对话框。

（2）单击“全选”按钮，选择发票并对发票进行审核。

（3）执行“制单处理”命令，选中“发票制单”复选框，单击“确认”按钮，进入“销售发票制单”窗口。

（4）单击“制单”按钮，系统根据发票生成凭证，如图22-8所示。

图 22-8

## 销售业务 4

业务类型：现结销售。

**操作步骤**

1. 在销售管理系统中填制并审核发货单

操作步骤参见销售业务 1 中的步骤 1。

2. 在销售管理系统中根据发货单生成销售专用发票

操作步骤参见销售业务 1 中的步骤 2。

3. 在销售管理系统中进行现结处理

（1）在销售专用发票界面，单击"现结"按钮，打开"现收款"对话框。

（2）选择结算方式为"转账支票"，输入收款金额"24 570"，支票号"2345"，银行账号"8316587962129"，单击"确定"按钮。结果如图 22-9 所示。

**注意：** 应在销售发票审核前进行现结处理。"现结"结算时，必须全额结算。

4. 在销售管理系统中审核销售发票

在上述界面中单击"复核"按钮，完成结销售发票的审核。

5. 在库存管理系统中审核销售出库单

操作步骤参见销售业务 1 中的步骤 3。

图 22-9

6. 在存货核算系统中对销售出库单记账并生成凭证

操作步骤参见销售业务 1 中的步骤 4、5。结果如图 22-10 所示。

记账凭证

记 字 0022　制单日期：2014.10.30　审核日期：　附单据数：1

| 摘要 | 科目名称 | 借方金额 | 贷方金额 |
|---|---|---|---|
| 销售出库单 | 主营业务成本 | 1600000 | |
| 销售出库单 | 库存商品 | | 1600000 |
| 票号 日期 | 数量 单价 合计 | 1600000 | 1600000 |

备注　项目　部门　个人　客户　业务员

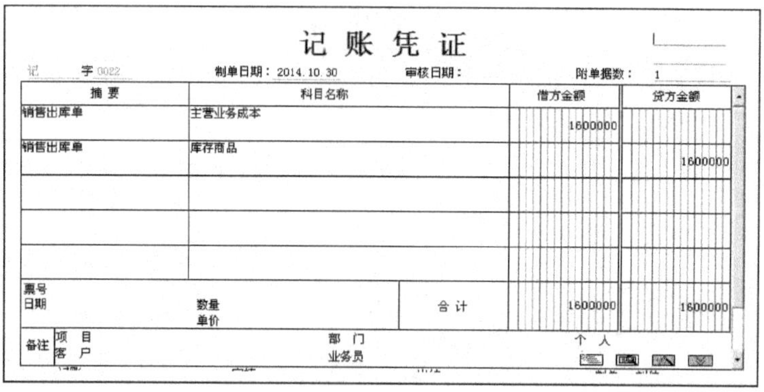

图　22-10

7．在应收款管理系统中进行现结制单

（1）启动应收款系统，展开“应收单据处理”/“应收单据审核”菜单，进入“应收单据列表”对话框。

（2）单击“全选”按钮，选择发票并对发票进行审核。

（3）执行“制单处理”命令，打开“制单查询”对话框。

（4）选中“现结制单”复选框，单击“确认”按钮，进入“现结制单”窗口。

（5）单击“保存”按钮，凭证左上角显示“已生成”红字标记，表示已将凭证传递到总账系统。结果如图 22-11 所示。

记账凭证

记 字 0023　制单日期：2014.10.30　审核日期：　附单据数：1

| 摘要 | 科目名称 | 借方金额 | 贷方金额 |
|---|---|---|---|
| 现结 | 银行存款/工行存款 | 2457000 | |
| 现结 | 主营业务收入 | | 2100000 |
| 现结 | 应交税费/应交增值税/销项税额 | | 357000 |
| 票号 202－2345 日期 2014.10.12 | 数量 单价 合计 | 2457000 | 2457000 |

备注　项目　部门　个人　客户　业务员

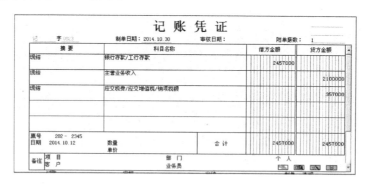

图　22-11

## 销售业务 5

业务类型：委托代销结算。

### 操作步骤

1．在销售管理系统中填制并审核委托代销结算单

（1）展开“委托代销”/“委托代销结算单”菜单，进入“委托代销结算单”窗口。

（2）单击“增加”按钮，打开“选择委托代销发货单”对话框。

（3）选择客户“太和学校”，出现太和学校委托代销发货单列表，选择委托代销发货单中需结算的货物，单击“确定”按钮，返回“委托代销结算单”窗口，单击“保存”按钮。

（4）单击“审核”按钮，选择发票类型“普通发票”，生成销售普通发票。如图

22-12 所示。

图 22-12

2．在销售管理系统查看并审核销售普通发票

操作步骤见销售业务 1 中的步骤 2。

3．在应收款管理系统中进行发票制单

操作步骤见销售业务 1 中的步骤 6。结果如图 22-13 所示。

图 22-13

## 销售业务 6

业务类型：销售订货业务。

**操作步骤**

1．在销售管理系统填制销售订单

（1）展开"销售订货"/"销售订单"菜单，进入"销售订单"窗口。

（2）单击"增加"按钮，输入日期"2009-10-18"，选择销售类型"批发"，客户名称"哈飞"，销售部门"销售二部"。

（3）选择货物名称"联想天禧套装"，输入数量"50"、无税单价"11 499"，输入预计发货日期"2009-10-28"。单击"保存"按钮，退出销售订单录入界面。

2．在销售管理系统中审核销售订单

（1）展开"销售订单"/"订单列表"菜单，进入"销售订单"窗口。

（2）双击需要审核的订单。

（3）单击"审核"按钮，退出销售订单审核界面。结果如图 22-14 所示。

图 22-14

## 销售业务 7

业务类型：委托代销业务。

**操作步骤**

在销售管理系统填制并审核委托代销发货单。

（1）展开"业务"/"委托代销"/"委托代销发货单"菜单，进入"委托代销发货单"窗口。

（2）单击"增加"按钮，输入发货日期"2009-10-18"，选择销货类型"代销"，客户名称"思科证券"，销售部门"销售二部"。

（3）选择仓库"硬件库"，货物名称"联想天鹤"，输入数量"20"，无税单价"9959"，单击"保存"按钮。

（4）单击"审核"按钮，完成对委托代销发货单的审核，结果如图 22-15 所示。

图 22-15

## 销售业务 8

业务类型：委托代销结算；业务特征：结算部分货物。

1. 在销售管理系统中参照委托代销发货单生成委托代销结算单

操作步骤参见销售业务 3 中的步骤 1。

**注意**：本次结算只结算部分货物，因此在参照委托代销发货单生成委托代销结算单后，需输入本次结算数量"30"、无税单价"210"，再保存委托代销结算单。

2. 在销售管理系统中对委托代销结算单进行审核

操作步骤参见销售业务 3 中的步骤 1。

**注意**：在"请选择发票类型"窗口中，需单击"专用发票"。结果如图 22-16 所示。

图 22-16

3. 在销售管理系统中对根据委托代销结算单生成的销售专用发票进行审核

操作步骤参见销售业务 1 中的步骤 2。

4. 在应收款管理系统中进行发票制单

操作步骤参见销售业务 1 中的步骤 6。结果如图 22-17 所示。

图 22-17

 想一想

1. 归纳销售管理系统中进行现结的处理流程。
2. 若应收款系统或库存管理系统或存货核算系统已结账，销售系统能否取消结账？
3. 销售退货业务流程及委托代销业务处理流程。

# 实训 23　库存管理系统日常业务处理

（岗位设置：材料会计）

## 23.1　实训目的

通过本次实训，应从了解库存管理的初始设置、各种出入库业务、盘点业务和一些特殊业务等入手，进而了解库存管理与采购管理、销售管理、存货核算模块之间的关系。加深对库存管理的认识，了解企业中库存管理的重要作用。

## 23.2　实训资料

2009年10月份库存业务如下：

（1）10月3日，生产车间从材料库领用20吨铜版纸用于生产普通打印纸A4。

（2）10月5日，销售一部，从生产车间调拨普通打印纸A4和凭证套打纸8X各500箱。

（3）10月9日，销售二部，收到赠品联想17英寸显示器一台，单价为2 200元。

（4）10月12日，收到制造车间普通打印纸A4，共计100箱，验收入产品库。

（5）10月15日，销售一部，领取样品普通打印纸A4和凭证套打纸8X各1箱。

（6）10月31日，配套用品库进行盘点，"管理革命"光盘实际库存998张，"星光灿烂"光盘实际库存1 100张。

## 23.3　实训内容及步骤

### 库存业务1

业务类型：材料出库业务。

**操作步骤**

1. 在库存管理系统中输入材料出库单并审核

（1）启用库存管理系统，展开"出库业务"/"材料出库单"菜单，进入"材料出库单"窗口。

（2）单击"增加"按钮，选择"材料出库单"，单击"确定"按钮。

（3）选择仓库"材料库"，输入出库日期"2009-10-03"，出库类别"材料领用"、部门"生产车间"。

（4）选择材料编码"1001 原纸"，输入数量"20"，单击"保存"按钮，如图23-1所示。

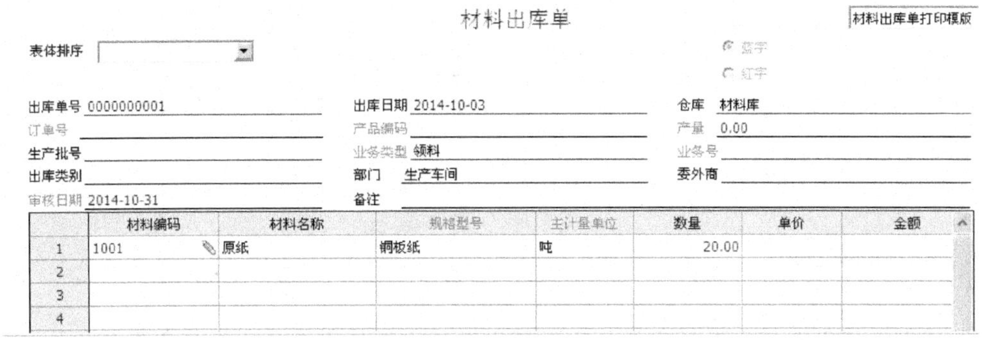

图 23-1

（5）单击"审核"按钮，完成对该单据的审核，单击"退出"按钮。
2．在存货核算系统中对材料出库单记账
（1）启动存货核算系统，展开"业务核算"/"特殊单据记账"菜单。
（2）选中"材料库"复选框，单击进入"未记账单据一览表"窗口。
（3）单击单据行前的"选择"栏，出现选中标记"√"，单击工具栏中的"记账"按钮，进行单据的记账。
（4）单据记账完成，单击工具栏中的"退出"按钮。
3．在存货核算系统中生成凭证
（1）展开"财务核算"/"生成凭证"菜单，进入"生成凭证"窗口。
（2）单击"选择"按钮，打开"查询条件"对话框。选中"材料出库单"复选框，单击"确认"按钮，进入"选择单据"窗口。
（3）单击单据行前的"选择"栏，出现选中标记，单击工具栏中的"生成"按钮，系统自动生成凭证。单击"保存"退出。

## 库存业务 2

业务类型：库存调拨——部门调拨。
1．在库存管理系统中填制调拨单并审核
（1）展开"调拨业务"菜单，进入"调拨单"窗口。
（2）单击"增加"按钮，输入调拨日期"2009-10-05"，选择转出部门"生产车间"，转入部门"销售一部"，转出仓库"产品库"，转入仓库"产品库"，出库类别"调拨出库"，入库类别"调拨入库"。
（3）选择存货编码"2001 普通打印纸—A4"，数量"500"；选择存货编码"2002 凭证套打纸8X"，数量"500"。单击"保存"按钮。单击"审核"按钮。结果如图23-2所示。

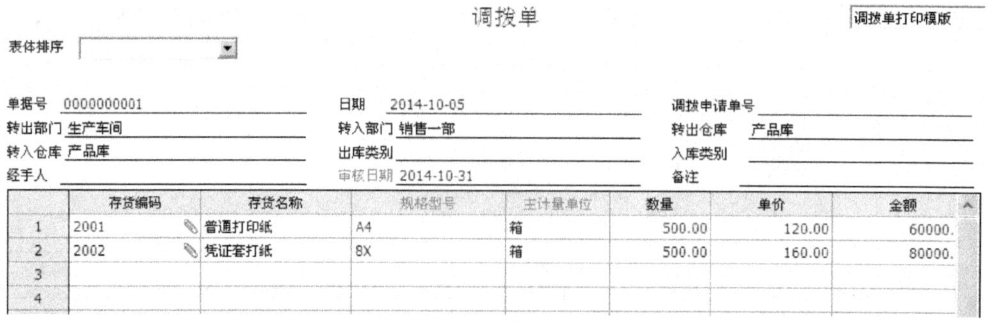
调拨单

调拨单打印模版

表体排序

单据号 0000000001　日期 2014-10-05　调拨申请单号

转出部门 生产车间　转入部门 销售一部　转出仓库 产品库

转入仓库 产品库　出库类别　入库类别

经手人　审核日期 2014-10-31　备注

| | 存货编码 | 存货名称 | 规格型号 | 主计量单位 | 数量 | 单价 | 金额 |
|---|---|---|---|---|---|---|---|
| 1 | 2001 | 普通打印纸 | A4 | 箱 | 500.00 | 120.00 | 60000. |
| 2 | 2002 | 凭证套打纸 | 8X | 箱 | 500.00 | 160.00 | 80000. |
| 3 | | | | | | | |
| 4 | | | | | | | |

图　23-2

2. 在存货核算系统中对其他出入库单记账

（1）展开“业务核算”/“特殊单据记账”菜单，进入“单据一览表查询”对话框。

（2）选中“产品库”复选框，单击“确认”按钮，进入“未记账单据一览表”窗口。

（3）单击“全选”按钮，选择所有单据，单击工具栏中的“记账”按钮，进行单据的记账。

（4）单据记账完成，单击工具栏中的“退出”按钮。

单据类型，单击“确定”按钮。

**注意：**在“库存商品”科目不分明细的情况下，库存调拨业务不会涉及账务处理，因此，对库存调拨业务生成的其他出入库单暂不进行制单。

## 库存业务 3

业务类型：其他入库——赠品入库。

### 操作步骤

1. 在库存管理系统中录入其他入库单并审核

（1）展开“入库业务”/“其他入库单”菜单，进入“其他入库单”窗口。

（2）单击“增加”按钮，输入入库日期“2009-10-09”，选择仓库“硬件库”，入库类别“其他入库”，部门“销售二部”。

（3）选择存货编码“3005 联想显示器”，输入数量“1”，单价“2 200”。

（4）在工具栏中单击“保存”按钮。再单击“审核”按钮，完成对该单据的审核。结果如图 23-3 所示。

2. 在存货核算系统中对其他入库单记账

操作步骤见库存业务 2 中的步骤 2。

3. 在存货核算系统中生成凭证

操作步骤见库存业务 1 中的步骤 3。结果如图 23-4 所示。

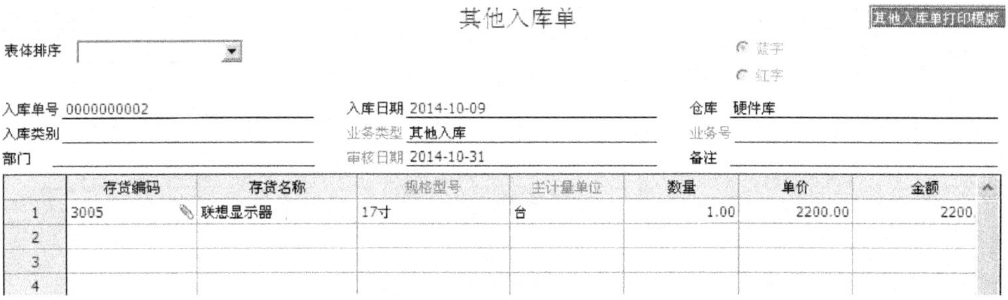

其他入库单

其他入库单打印模版

表体排序

蓝字

红字

| 入库单号 | 0000000002 | 入库日期 | 2014-10-09 | 仓库 | 硬件库 |
|---|---|---|---|---|---|
| 入库类别 | | 业务类型 | 其他入库 | 业务号 | |
| 部门 | | 审核日期 | 2014-10-31 | 备注 | |

| | 存货编码 | 存货名称 | 规格型号 | 主计量单位 | 数量 | 单价 | 金额 |
|---|---|---|---|---|---|---|---|
| 1 | 3005 | 联想显示器 | 17寸 | 台 | 1.00 | 2200.00 | 2200. |
| 2 | | | | | | | |
| 3 | | | | | | | |
| 4 | | | | | | | |

图 23-3

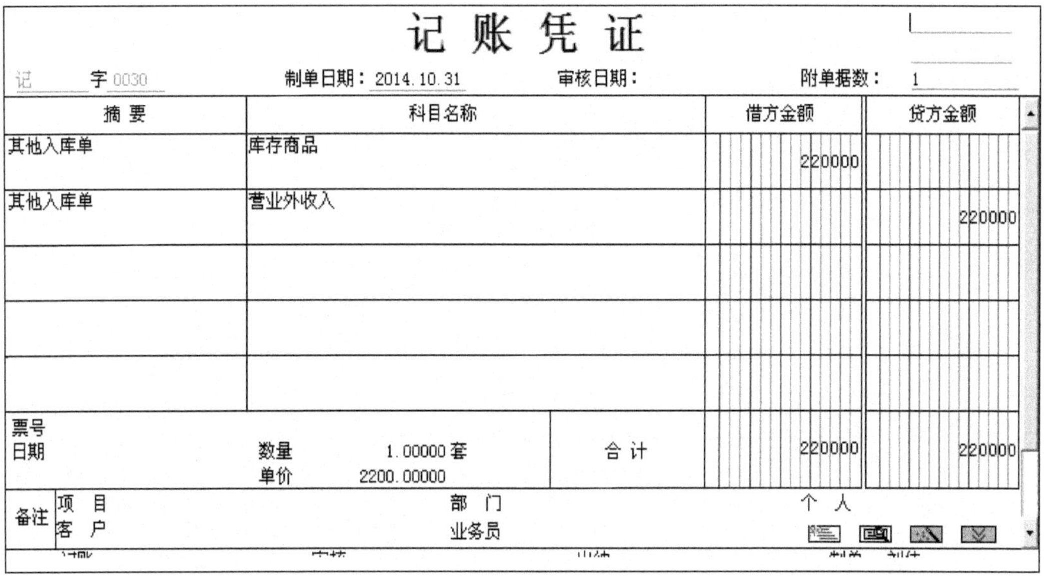

记账凭证

记 字 0030 制单日期：2014.10.31 审核日期： 附单据数： 1

| 摘要 | 科目名称 | 借方金额 | 贷方金额 |
|---|---|---|---|
| 其他入库单 | 库存商品 | 220000 | |
| 其他入库单 | 营业外收入 | | 220000 |
| | | | |
| | | | |
| | | | |
| 票号 日期 | 数量 1.00000套 单价 2200.00000 合计 | 220000 | 220000 |

备注 项 目 部 门 个 人

客 户 业务员

图 23-4

## 库存业务 4

业务类型：产成品入库。

### 操作步骤

1. 在库存管理系统中录入产成品入库单并审核

（1）展开“入库业务”/“产成品入库单”菜单，打开“产成品入库单”窗口。

（2）单击“增加”按钮，选择仓库“产品库”，输入入库日期“2009-10-12”，入库类别“产成品入库”，部门“生产车间”。

（3）选择存货编码“2001 普通打印纸—A4”，输入数量“100”。

（4）单击“保存”按钮。

（5）单击“审核”按钮，完成对该单据的审核。结果如图 23-5 所示。

2. 在存货核算系统中录入生产总成本

（1）执行“日常业务”/“产成品入库单”命令，进入“产成品入库单”窗口。

（2）单击“修改”按钮，在单据行中输入存货“普通打印纸 A4”的金额为“12 000”。

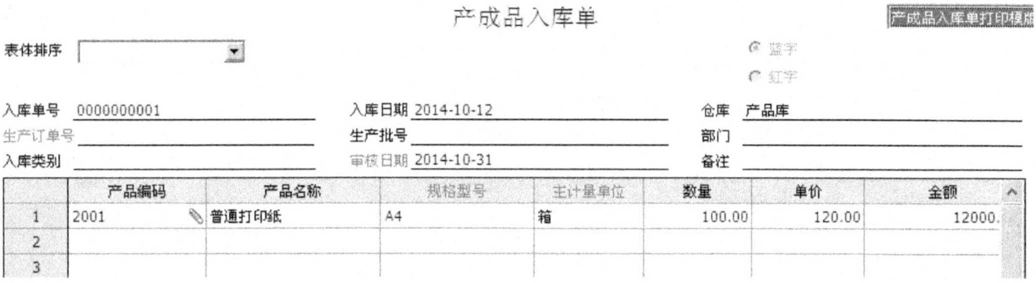
产成品入库单　　产成品入库单打印模版

表体排序

◉ 蓝字　○ 红字

入库单号 0000000001　　入库日期 2014-10-12　　仓库 产品库

生产订单号　　生产批号　　部门

入库类别　　审核日期 2014-10-31　　备注

| | 产品编码 | 产品名称 | 规格型号 | 主计量单位 | 数量 | 单价 | 金额 |
|---|---|---|---|---|---|---|---|
| 1 | 2001 | 普通打印纸 | A4 | 箱 | 100.00 | 120.00 | 12000. |
| 2 | | | | | | | |
| 3 | | | | | | | |

图　23-5

（3）单击“保存”按钮，退出。

3．在存货核算系统中对产成品入库单记账

操作步骤见库存业务 2 中的步骤 2。

4．在存货核算系统中生成凭证

操作步骤见库存业务 3 中的步骤 3。结果如图 23-6 所示。

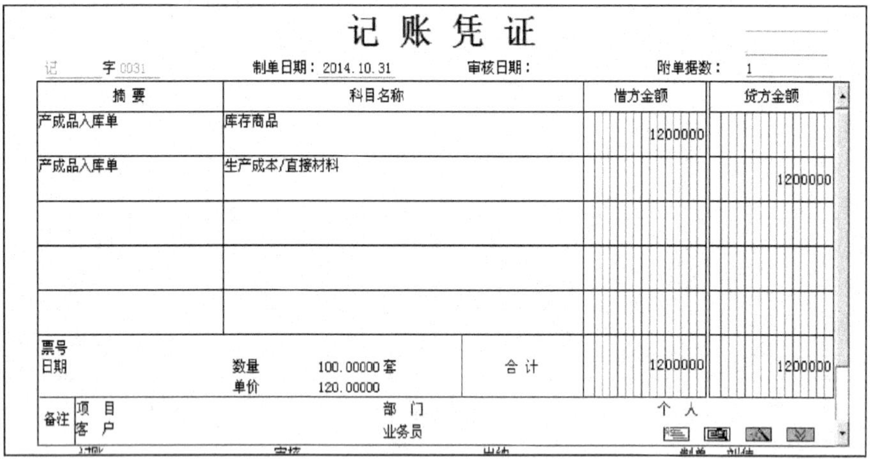
记 账 凭 证

记　字 0031　　制单日期：2014.10.31　　审核日期：　　附单据数：1

| 摘要 | 科目名称 | 借方金额 | 贷方金额 |
|---|---|---|---|
| 产成品入库单 | 库存商品 | 1200000 | |
| 产成品入库单 | 生产成本/直接材料 | | 1200000 |
| | | | |
| | | | |
| | | | |
| 票号<br>日期 | 数量 100.00000套<br>单价 120.00000 合计 | 1200000 | 1200000 |

备注　项　目　　部　门　　个　人

客　户　　业务员

图　23-6

## 库存业务 5

业务类型：其他出库——样品出库。

**操作步骤**

1．在库存管理系统中输入其他出库单并审核

（1）展开“出库业务”/“其他出库单”菜单。

（2）单击“增加”按钮，输入出库日期“2009-10-15”选择仓库“产品库”，出库类别“其他出库”，部门“销售一部”。

（3）选择存货编码“2001 普通打印纸 A4”，输入数量“1”；选择存货编码“2002 凭证套打纸 8X”，输入数量“1”。

（4）单击“保存”按钮。

（5）单击“审核”按钮，完成对该单据的审核。

2. 在存货核算系统中对其他出库单记账

操作步骤见库存业务 2 中的步骤 2。

3. 在存货核算系统中生成凭证（填入对方科目：6601）

操作步骤见库存业务 3 中的步骤 3。结果如图 23-7 所示。

**记 账 凭 证**

记 字 0032　　制单日期：2014.10.31　　审核日期：　　附单据数：1

| 摘要 | 科目名称 | 借方金额 | 贷方金额 |
|---|---|---|---|
| 其他出库单 | 销售费用 | 28000 | |
| 其他出库单 | 库存商品 | | 28000 |
| | | | |
| | | | |
| | | | |
| 票号 日期 | 数量 单价 合计 | 28000 | 28000 |

备注　项目　部门　个人

　　　客户　业务员

图 23-7

## 库存业务 6

业务类型：盘点业务。

1. 在库存管理系统中填制盘点单并审核

（1）展开“盘点业务”菜单，进入“盘点”窗口。

（2）单击“增加”按钮，输入日期“2009-10-31”，选择盘点仓库“配套用品库”，部门“销售四部”，出库类别“盘亏出库”，入库类别“盘盈入库”。

（3）单击“盘库”按钮，屏幕提示“盘库将删除未保存的所有记录是否继续”，单击“是”。输入存货“3001”的盘点数量“998”和存货“3002”的盘点数量“1 100”。

（4）单击“保存”按钮。单击“审核”按钮。结果如图 23-8 所示。

**盘点单**　　盘点单打印模版

表体排序　　◉ 普通仓库盘点　○ 倒冲仓库盘点

盘点会计期间　　盘点单号 0000000001　　盘点日期 2014-10-31

账面日期 2014-10-31　　盘点仓库 配套用品库　　出库类别

入库类别　　部门　　经手人

备注

| | 存货编码 | 存货名称 | 主… | 账面数量 | 账面调节数量 | 盘点数量 | 盘点金额 | 盈亏数量 | 盈亏金额 | 合 |
|---|---|---|---|---|---|---|---|---|---|---|
| 1 | 3001 | 管理革命 | 张 | 80.00 | 80.00 | 998.00 | | 918.00 | | |
| 2 | 3002 | 星光灿烂 | 张 | 1100.00 | 1100.00 | 1100.00 | | 0.00 | | |
| 3 | | | | | | | | | | |

图 23-8

**注意：**盘点单保存后，系统自动生成相应的其他入库单和其他出库单。单击“盘库”按钮，表示选择盘点仓库中所有的存货进行盘点，单击“选择”按钮，表示按存货分类批量选择存货进行盘点。盘点单中输入的盘点数量是实际库存盘点的结果。盘点单记账后，不能再取消记账。

2. 在库存管理系统中对盘点单生成的其他入库单、其他出库单审核

操作步骤参见存货业务 2 中的步骤 1。

3. 在存货核算系统中输入盘盈入库存货单价

在存货核算系统中输入盘盈入库存货"管理革命"光盘的入库单价"80"。

4. 在存货核算系统中对其他入库单记账

操作步骤参见存货业务 2 中的步骤 2。

5. 在存货核算系统中生成凭证

操作步骤参见存货业务 1 中的步骤 3。结果如图 23-9 所示。

图 23-9

想一想

1. 如果同时启用了销售管理、库存管理、存货核算,应在哪个系统中输入销售出库单?

2. 如果同时启用了库存管理、存货核算,则应在哪个系统中输入销售出库单?

3. 如果只启用了存货核算系统呢?

# 实训 24 存货核算系统日常业务处理

（岗位设置：材料会计）

## 24.1 实训目的

通过本次实训应从了解存货核算的初始设置、暂估成本录入、单据记账和特殊单据记账、存货期末处理等入手，了解存货核算与其他模块之间的关系，存货核算的作用。

## 24.2 实训资料

2009 年 10 月存货业务如下：

（1）10 月 8 日，收到北京联想分公司提供的 17 英寸显示器 30 台，商品已验收入硬件库，并收到专用发票一张，单价 2 200 元，总金额 77 220 元，已用转账支票支付，支票号 2356，银行账号 8316587962（见采购业务 3）。

（2）10 月 10 日，销售四部向北京太和学校出售"管理革命"光盘 1 000 张，单价为 98 元，由配套用品库发货，给予 9 折的折旧。同时开具销售普通发票一张，款未收（见销售业务 1）。

（3）10 月 20 日，将 10 月 8 日发生的采购联想显示器的入库成本增加 1 000 元。

（4）10 月 30 日，调整 10 月 10 日出售给北京太和学校的"管理革命"光盘的出库成本 500 元。

## 24.3 实训内容及步骤

### 存货业务 1

操作步骤参见采购业务 3，本笔业务在采购业务中已完成。

### 存货业务 2

操作步骤参见销售业务 1，本笔业务在销售业务中已完成。

### 存货业务 3

1. 在存货核算系统中录入调整单据

**操作步骤**

（1）展开"日常业务"/"入库调整单"，进入"入库调整单"窗口。

（2）单击"增加"按钮，输入日期"2009-10-20"，选择仓库"硬件库"，选择收发类别"采购入库"，部门"销售二部"，供应商"联想"。

（3）选择存货编码"3005 联想显示器"，调整金额"1000"元。

（4）在工具栏中单击"保存"，并单击"记账"按钮。结果如图24-1所示。

图 24-1

2．在存货核算系统中生成入库调整凭证

（1）展开"财务核算"/"生成凭证"菜单，进入"生成凭证"窗口。

（2）单击"选择"按钮，打开"查询条件"对话框。

（3）选中"入库调整单"复选框，单击"确认"按钮，进入"选择单据"窗口。

（4）单击单据行前的"选择"栏，出现选中标记，单击"确定"按钮。

（5）单击"生成"按钮，系统显示生成的记账凭证。结果如图24-2所示。

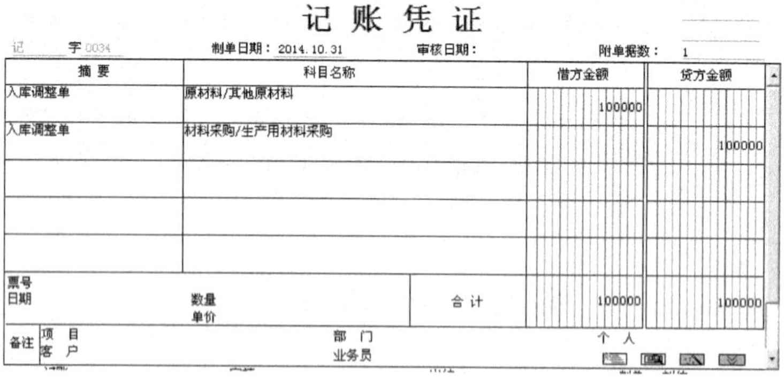

图 24-2

## 存货业务 4

1．在存货核算系统中录入调整单据

**操作步骤**

（1）展开"日常业务"/"出库调整单"，进入"出库调整单"窗口。

（2）单击"增加"按钮，输入日期"2009-10-30"，选择仓库"配套用品库"，选择收发类别"销售出库"，部门"销售四部"，客户"太和学校"。

（3）选择存货编码"3001 管理革命"，调整金额"500"元。

（4）在工具栏中单击"保存"，并单击"记账"按钮。结果如图24-3所示。

◉ 其他　　○ 销售　　**出库调整单**　　出库调整单打印模版

表体排序

| 仓库 配套用品库 | 日期 2014-10-30 | 单据号 0000000002 |
|---|---|---|
| 收发类别 销售出库 | 部门 销售四部 | 客户 |
| 业务员 | 备注 | |

| | 存货编码 | 存货名称 | 规格型号 | 计量单位 | 金额 | 记账人 |
|---|---|---|---|---|---|---|
| 1 | 3001 | 管理革命 | | 张 | 500.00 | 刘佳 |
| 2 | | | | | | |

图 24-3

2．在存货核算系统中对出库调整单并生成出库调整凭证

操作步骤参见存货业务 3 中的步骤 2、3。结果如图 24-4 所示。

**记 账 凭 证**

记 字 0035　　制单日期：2014.10.31　　审核日期：　　附单据数：1

| 摘 要 | 科目名称 | 借方金额 | 贷方金额 |
|---|---|---|---|
| 出库调整单 | 主营业务成本 | 50000 | |
| 出库调整单 | 库存商品 | | 50000 |
| | | | |
| | | | |
| | | | |
| 票号 日期　数量 单价 | 合 计 | 50000 | 50000 |

备注　项 目　　部 门　　个 人

客 户　　业务员

图 24-4

## 想一想

存货核算期末处理需要在哪些系统结账后进行？

# 实训 25　期末处理

（岗位设置：总账、应收、应付、采购、销售、材料会计）

## 25.1　实训目的

通过本次实训掌握供应链系统的月末处理方法。

## 25.2　实训资料

1. 采购管理系统月末结账

月末结账将当月的单据数据封存，结账后不允许再对该会计期的采购单据进行修改、删除处理。

2. 销售管理系统月末结账

月末结账将当月的单据数据封存，结账后不允许再对该会计期的采购单据进行修改、删除处理。

3. 库存管理系统月末结账

月末结账将当月的单据数据封存，并将当月的出入库数据记入到有关账表中。在手工会计处理中，都有结账的过程，在电算化会计处理中也有这一过程，以符合会计制度的要求。结账只能每月进行一次，结账后本月不能再填制单据。

4. 存货核算系统月末结账

存货核算系统的月末处理工作包括期末处理和结账部分。

（1）期末处理

当存货核算系统日常业务全部完成后，进行期末处理，系统自动计算全月平均单价及本会计月出库成本，自动计算差异率以及本会计月的分摊差异/差价，并对已完成日常业务的仓库/部门做处理标志。

（2）月末结账

存货核算系统期末处理完成后，就可以进行月末结账。如果是集成应用模式，必须采购管理、销售管理、库存管理全部结账后，存货核算系统才能结账。

（3）与总账系统对账

为保证业务与财务数据的一致性，需要进行对账。对存货核算系统记录的存货明细账数据与总账系统存货科目和差异科目的结存金额和数量进行核对。

5. 应收、应付款管理系统月末结账

月末结账将当月的单据数据封存，结账后不允许再对该会计期的采购单据进行修改、删除处理。应收款管理系统的期末处理工作主要包括汇兑损益和期末结账。

6. 总账系统月末结账

一个会计期间结束之后（一般情况是指每个月月末时），就可以进行期末处理了，总账系统中的期末处理是在其他系统的期末处理之后才能进行。总账系统中提供6种结转形式。

## 25.3 实训内容及步骤

1. 采购管理系统月末结账

**操作步骤**

（1）展开"月末结账"菜单，打开"月末结账"对话框。
（2）单击"选择标记"栏，出现"选中"标记。
（3）单击"结账"按钮，系统显示结账进程。
（4）结账完成后，系统提示"完成结账"对话框，单击"确定"按钮，"是否结账"一栏显示"已结账"。
（5）单击"退出"按钮。结果如图25-1所示。

图 25-1

**取消结账**

（1）展开"业务"/"月末结账"菜单，打开"月末结账"对话框。
（2）单击"选择标记"栏，出现"选中"标记。
（3）单击"取消结账"按钮，系统显示取消结账进程。
（4）取消结账完成后，系统提示"完成取消结账"对话框，单击"确定"按钮，"是否结账"一栏显示"未结账"。
（5）单击"退出"按钮。

注意：若应付款系统或库存管理系统或存货核算系统已结账，采购系统不能取消结账。

2. 销售管理系统月末结账

**操作步骤**

（1）展开"业务"/"销售月末结账"菜单，打开"月末结账"对话框，其中蓝条位置是当前会计月。

（2）单击"月末结账"按钮，系统开始结账。

（3）结账完成后，"是否结账"一栏显示"是"。

（4）单击窗口右上角"关闭"返回。结果如图25-2所示。

图 25-2

**取消结账**

（1）展开"业务"/"取消结账"菜单，打开"取消结账"对话框。

（2）单击"取消结账"按钮，系统开始取消结账。

（3）结账完成后，"是否结账"一栏显示"否"。

（4）单击窗口右上角"关闭"返回。

**注意**：若应收款系统或库存管理系统或存货核算系统已结账，销售系统不能取消结账。

3. 库存管理系统月末结账

**对账操作步骤**

展开"对账"/"库存与存货对账"菜单，打开"库存存货对账月份"对话框。输入对账月份"10"，单击"确定"按钮，进入"对账报告"窗口。窗口中显示库存管理系统和存货核算系统中存货的入库、出库和结余情况。

**月末结账操作步骤**

（1）展开"月末结账"菜单，打开"结账处理"对话框。其中蓝条位置是当前会计月。

(2) 单击"结账"按钮，系统开始结账。
(3) 结账完成后，"是否结账"一栏显示"是"，完成。结果如图 25-3 所示。

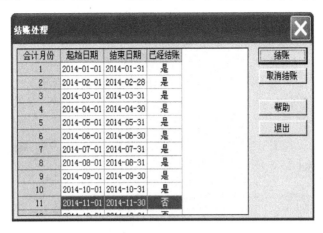

图 25-3

4．存货核算系统月末结账

**期末处理操作步骤**

(1) 展开"业务核算"/"期末处理"菜单，打开"期末处理"对话框。
(2) 单击"全选"按钮，单击"确定"按钮，系统对所选仓库进行期末处理。
(3) 单击"确定"按钮，系统弹出"期末处理完毕"。
(4) 单击"确定"返回。

**月末结账操作步骤**

(1) 展开"处理"/"月末结账"菜单，打开"月末结账"对话框。
(2) 单击"确定"按钮，系统弹出"月末结账完成"对话框。
(3) 单击"确定"返回。结果如图 25-4 所示。

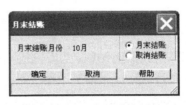

图 25-4

**与总账系统对账操作步骤**

(1) 展开"处理"/"与总账对账"菜单，打开"与总账对账"窗口。
(2) 单击"退出"按钮返回。

**注意**：存货核算期末处理需要在采购管理、销售管理、库存管理系统结账后进行。期末处理之前应检查需要记账的单据是否已全部记账。

5. 应收、应付款系统月末结账

**操作步骤**

（1）展开"其他处理"/"期末处理"/"月末结账"菜单，打开"月末处理"对话框。

（2）双击 10 月的结账标志栏。

（3）单击"下一步"按钮，系统显示各处理类型的处理情况。

（4）在处理情况都是"是"的情况下，单击"确定"按钮，结账后，弹出"月末结账成功"提示对话框。

（5）单击"确定"按钮。系统自动在对应的结账月份的"结账标志"栏中标记"已结账"字样。结果如图 25-5 所示。

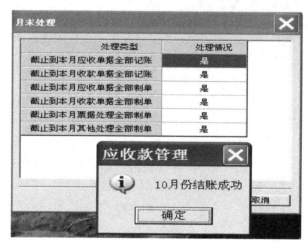

图　25-5

**取消结账**

（1）展开"期末处理"/"取消结账"菜单，打开"取消处理"对话框。

（2）选择"10 月已结账"月份。

（3）单击"确定"按钮，弹出"取消结账成功"提示对话框。

（4）单击"确定"按钮，当月结账标志即被取消。

6. 总账系统月末结账

**操作步骤**

（1）展开"期末"/"结账"菜单，进入"结账"窗口。

（2）单击要结账月份"2009.10"，单击"下一步"按钮。

（3）单击"对账"按钮，系统对要结账的月份进行账账核对。

（4）单击"下一步"按钮，系统显示"10 月工作报告"。

（5）查看工作报告后，单击"下一步"按钮。单击"结账"按钮，若符合结账要求系统将进行结账，否则不予结账。结果如图 25-6 所示。

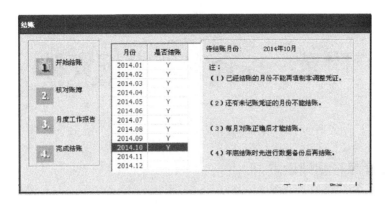

图 25-6

**取消结账** （取消结账后，必须重新结账）

（1）展开"期末"/"结账"菜单，进入"结账"窗口。
（2）单击要取消结账月份"2009.10"。
（3）按"Ctrl + Shift + F6"键激活"取消结账"功能。
（4）输入口令"01"，单击"确定"按钮，取消结账标志。

**想一想**

归纳期末会计事项处理的主要流程，尤其是供、销、存系统与总账系统期末结账的先后顺序。

# 附录　综合实训案例资料

## 一、系统管理与基础设置

（一）建立账套

1. 账套信息

账套号：999，账套名称："深圳昌运有限公司"，启用日期为2014年1月。

2. 单位信息

单位名称："深圳昌运有限公司"，单位简称："昌运"，税号：22002256437218。

3. 核算类型

该企业的记账本位币：人民币，企业类型：工业，行业性质："2007新会计制度"，并预置科目，账套主管"陈明"。

4. 基础信息

存货、客户、供应商均分类，无外币核算。

5. 编码方案

科目编码级次42222，客户和供应商分类编码：22，部门编码级次：22，存货分类编码级次：2233，收发类别编码级次：12，结算方式编码级次：12，其他编码项目保持不变。

6. 数据精度

保持系统默认设置。

7. 财务分工

001 陈明——账套主管。

002 王平——拥有"公共目录设置""公共单据""总账""应收""应付""采购管理""销售管理""库存管理""存货核算"中所有权限。

003 何方——拥有"公共目录设置""出纳管理"中所有权限。

（二）设置基础档案

1. 部门档案

| 部门编码 | 部门名称 | 部门属性 | 部门编码 | 部门名称 | 部门属性 |
|---|---|---|---|---|---|
| 01 | 制造中心 | 研发制造 | 0202 | 业务二部 | 销售管理 |
| 0101 | 一车间 | 生产制造 | 03 | 管理中心 | 综合部门 |
| 0102 | 二车间 | 生产制造 | 0301 | 财务部 | 财务管理 |
| 02 | 营业中心 | 市场营销 | 0302 | 人事部 | 管理部门 |
| 0201 | 业务一部 | 销售管理 | | | |

2. 职员档案

| 职员编号 | 职员名称 | 所属部门 | 职员属性 |
| --- | --- | --- | --- |
| 101 | 王 悦 | 一车间 | 部门经理 |
| 102 | 艾国平 | 一车间 | 经营人员 |
| 103 | 夏小平 | 二车间 | 经营人员 |
| 201 | 丁小欢 | 业务一部 | 部门经理 |
| 202 | 李 一 | 业务二部 | 经营人员 |
| 301 | 陈 明 | 财务部 | 部门经理 |
| 302 | 王 平 | 财务部 | 管理人员 |
| 303 | 何 方 | 财务部 | 管理人员 |
| 304 | 吴思远 | 人事部 | 部门经理 |

3. 客户分类

01 批发、02 零售、03 代销、04 专柜。

4. 供应商分类

01 原材料供应商、02 成品供应商。

5. 客户档案

| 客户编号 | 客户简称 | 所属分类 | 税 号 | 开户银行 | 银行账号 | 发展日期 |
| --- | --- | --- | --- | --- | --- | --- |
| 001 | 联华公司 | 批发 | 310003154 | 工行 | 1121 | 2014-01-01 |
| 002 | 新新公司 | 批发 | 310108777 | 中行 | 2345 | 2014-01-01 |
| 003 | 三利公司 | 专柜 | 315000123 | 建行 | 5678 | 2014-01-01 |
| 004 | 利明公司 | 代销 | 31542453 | 招行 | 6764 | 2014-01-01 |

6. 供应商档案

| 供应商编号 | 供应商简称 | 所属分类 | 税 号 | 发展日期 |
| --- | --- | --- | --- | --- |
| 001 | 兴旺公司 | 原料供应商 | 31082123456 | 2014-01-01 |
| 002 | 达成公司 | 原料供应商 | 312456789564 | 2014-01-01 |
| 003 | 和平公司 | 成品供应商 | 320888465372 | 2014-10-01 |
| 004 | 友爱公司 | 成品供应商 | 540103695431 | 2014-10-01 |

7. 存货分类

01 原材料：0101 主机、0102 芯片、0103 硬盘、0104 显示器、0105 键盘、0106 鼠标；

02 产成品：0201 计算机；

03 外购商品：0301 打印机、0302 传真机；

04 应税劳务。

8. 计量单位

| 计量单位组编码 | 计量单位组名称 | 计量单位组类别 | 计量单位编码 | 计量单位名称 |
|---|---|---|---|---|
| 1 | 无换算 | 无换算 | 101 | 盒 |
|  |  |  | 102 | 台 |
|  |  |  | 103 | 只 |
|  |  |  | 104 | 千米 |

9. 定义存货档案，如下表所示

| 存货编码 | 存货名称 | 计量单位 | 存货分类 | 税率 | 存货属性 | 计划单价 | 参考成本 | 参考售价 | 启用日期 |
|---|---|---|---|---|---|---|---|---|---|
| 001 | PIII 芯片 | 盒 | 0102 | 17 | 外购、生产耗用 |  |  |  | 2014-01-01 |
| 002 | 40GB 硬盘 | 盒 | 0103 | 17 | 外购、生产耗用、销售 |  |  |  | 2014-01-01 |
| 003 | 17in 显示器 | 台 | 0104 | 17 | 外购、生产耗用、销售 |  |  |  | 2014-01-01 |
| 004 | 键盘 | 只 | 0105 | 17 | 外购、生产耗用、销售 |  |  |  | 2014-01-01 |
| 005 | 鼠标 | 只 | 0106 | 17 | 外购、生产耗用、销售 |  |  |  | 2014-01-01 |
| 006 | 计算机 | 台 | 0201 | 17 | 自制、销售 |  |  |  | 2014-01-01 |
| 007 | 1600 K 打印机 | 台 | 0301 | 17 | 外购、销售 |  |  |  | 2014-01-01 |
| 008 | 运输费 | 千米 | 04 | 10 | 外购销售、劳务费用 |  |  |  | 2014-01-01 |

10. 设置会计科目

应收账款、预收账款设为"客户往来"；

应付账款、预付账款设为"供应商往来"；

增加会计科目："待处理流动资产损溢""基本生产成本""应交增值税——进项税""应交增值税——销项税"。

11. 选择凭证类别：记账凭证

12. 定义结算方式

（1）现金结算；（2）支票结算；（3）汇票结算。

13. 定义本企业开户银行

开户银行编码：1，开户行名称：工行樟树分理处，账号为786543219。

14. 定义仓库档案（在采购管理模块设置）

| 仓库编码 | 仓库名称 | 计价方式 |
|---|---|---|
| 001 | 原料仓库 | 移动平均 |
| 002 | 成品仓库 | 移动平均 |
| 003 | 外购品仓库 | 全月平均法 |

15. 定义收发类别（在基础档案中设置）

（1）正常入库（101 采购入库、102 产成品入库、103 调拨入库）；

（2）非正常入库（201 盘盈入库、202 其他入库）；

（3）正常出库（301 销售出库、302 生产领用、303 调拨出库）；

（4）非正常出库（401 盘亏出库、402 其他出库）。

16．定义采购类型为普通采购，入库类别为"采购入库"（在采购管理模块设置）

17．定义销售类型为经销、代销，出库类别均为"销售出库"（在销售管理模块设置）

## 二、期初余额录入

（一）设置基础科目

1．根据存货大类分别设置存货科目（在存货系统中，进入科目设置，选择存货科目）

| 仓　　库 | 存货科目 |
| --- | --- |
| 原材料仓库 | 原材料 1403 |
| 产品仓库 | 库存商品 1405 |
| 外购商品仓库 | 库存商品 1405 |

2．根据收发类别确定各存货的对方科目（在存货系统中进入科目设置，选择存货科目）

| 收发类别 | 对方科目 | 暂估科目 |
| --- | --- | --- |
| 采购入库 | 材料采购 1401 | 材料采购 1401 |
| 产成品入库 | 基本生产成本 500101 | |
| 盘盈入库 | 待处理财产损溢 190101 | |
| 销售出库 | 主营业务成本 6401 | |

3．设置应收系统中的常用科目（在应收系统中，进入初始设置）

基本科目设置：应收科目：1122，预收科目：2203，销售收入 6001，
　　　　　　　应交增值税科目：22210102。

控制科目设置（按客户设置）：应收科目：1122；预收科目 2203。

产品科目设置（按产品设置）：销售收入及销售退回科目：6001，
　　　　　　　　　　　　　　应交增值税科目：22210102。

结算方式设置：现金结算对应 1001，支票结算对应 1002，汇票结算对应 1002。

调整应收系统选项：将坏账处理方式设置为"应收余额百分比法"。

坏账准备设置：提取比例"0.5%"，期初余额 10000，坏账准备科目 1231，对方科目
　　　　　　　6602，其他暂可不设。

4．设置应付系统中的常用科目（在应付系统中，进入初始设置）

基本科目设置：应付科目：2202，预付科目：1123，采购科目：1401，
　　　　　　　应交增值税科目：22210101。

结算方式设置：现金结算对应 1001，支票结算对应 1002，汇票结算对应 1002。

（二）期初余额的录入

1．录入总账系统各科目的期初余额

| 科目名称 | 辅助核算 | 方向 | 期初余额/元 |
|---|---|---|---|
| 应收账款 1122 | 客户往来 | 借 | 25 000 |
| 坏账准备 1231 | | 贷 | 10 000 |
| 材料采购 1401 | | 借 | 80 000 |
| 原材料 1403 | | 借 | 1 004 000 |
| 库存商品 1405 | | 借 | 2 544 000 |
| 应付账款 2201 | 供应商往来 | 贷 | 165 000 |
| 本年利润 4103 | | 贷 | 3 478 000 |

说明：应收账款的单位为联华公司，应付账款的单位为兴旺公司。

2. 期初货到票未到的录入

2013 年 12 月 25 日收到兴旺公司提供的 40GB 硬盘 100 盒，无税单价为 800 元，商品已验收入原料仓库，至今尚未收到发票。

**操作向导：**

（1）启动采购系统，录入采购入库单；

（2）进行期初记账。

3. 2013 年 12 月 28 日业务一部向三利公司出售计算机 10 台，不含税报价为 6 500 元，由成品仓库发货，该发货单尚未开票

**操作向导：**

启动销售系统，录入并审核期初发货单。

4. 进入存货核算系统，录入各仓库期初余额

| 仓库名称 | 存货编码 | 存货名称 | 数量 | 结存单价/元 |
|---|---|---|---|---|
| 原料仓库 | 001 | PIII 芯片 | 700 | 1 200 |
| | 002 | 40GB 硬盘 | 200 | 820 |
| 成品库 | 006 | 计算机 | 380 | 4 800 |
| 外购品仓库 | 007 | 1600K 打印机 | 400 | 1 800 |

**操作向导：**

（1）启动存货系统，录入期初余额；

（2）进行期初记账；

（3）进行对账。

5. 进入库存管理系统，录入各仓库期初库存

| 仓库名称 | 存货编码 | 存货名称 | 数量 |
|---|---|---|---|
| 原料仓库 | 001 | PIII 芯片 | 700 |
| | 002 | 40GB 硬盘 | 200 |
| 成品库 | 006 | 计算机 | 380 |
| 外购品仓库 | 007 | 1600K 打印机 | 400 |

**操作向导：**

（1）启动库存系统，录入并审核期初库存（可通过取数功能录入）；

（2）与存货系统进行对账。

6. 应收款期初余额的录入和对账

应收账款科目的期初余额中涉及联华公司的余额为 25 000 元（以应收单形式录入）。

**操作向导：**

（1）启动应收系统，录入期初余额；

（2）与总账系统进行对账。

7. 应付款期初余额的录入和对账

应付账款科目的期初余额中涉及兴旺公司的余额为 165 000 元（以应付单形式录入）。

**操作向导：**

（1）启动应付系统，录入期初余额；

（2）与总账系统进行对账。

### 三、采购业务

（一）业务一

（1）2014 年 1 月 1 日业务一部丁小欢向兴旺公司询问键盘的价格（无税单价 100 元/只），觉得价格合适，向公司上级主管提出请购要求，请购数量为 600 只。业务员据此填请购单。

（2）2014 年 1 月 2 日上级主管同意向兴旺公司订购键盘 600 只，单价为 100 元，要求到货日期为 2014 年 1 月 3 日。

（3）2014 年 1 月 3 日收到订购的键盘 600 只。填制到货单。

（4）2014 年 1 月 3 日将收到的货物验收入原料仓库。当天收到该笔货物的专用发票。

（5）业务部门将采购发票交给财务部门，财务部门确认此业务所涉及的应付账款和采购成本。

**操作向导：**

（1）在采购系统中，填制并审核请购单。

（2）在采购系统中，填制并审核采购订单。

（3）在采购系统中，填制到货单。

（4）启动库存系统，填制并审核采购入库单。

（5）在采购系统中，填制采购发票，并进行结算。

（6）在采购系统中，采购结算（自动结算）。

（7）在应付系统中，审核采购发票。

（8）在存货系统中，进行入库单记账。

（9）在存货系统中，生成入库凭证。

（10）账表查询。

① 在采购系统中，订单执行情况统计表；

② 在采购系统中，到货明细表；

③ 在采购系统中，入库统计表；

④ 在采购系统中，采购明细表；

⑤ 在库存系统中，库存台账；

⑥ 在存货系统中，收发存汇总表。

（二）业务二

2014 年 1 月 5 日向兴旺公司购买鼠标 600 只，单价为 60 元/只，验收入原料仓库。同时收到专用发票一张，立即以支票形式支付货款。

**操作向导：**

（1）启动库存系统，填制并审核采购入库单；

（2）在采购系统中，填制采购专用发票，并做现结处理；

（3）在采购系统中，采购结算。

（三）业务三

2014年1月6日向兴旺公司购买硬盘400盒，单价为800元/盒，验收入原料仓库。同时收到专用发票一张，另外，在采购的过程中，发生运费200元，税率10%，收到相应的运费发票一张。

**操作向导：**

（1）启动库存系统，填制并审核采购入库单；

（2）在采购系统中，填制采购专用发票；

（3）在采购系统中，填制运费发票；

（4）在采购系统中，采购结算。

（四）业务四

2014年1月6日业务一部丁小欢想购买100只鼠标，提出请购要求，经同意填制并审核请购单。根据资料得知提供鼠标的供应商有两家，分别为兴旺公司和达成公司，他们的报价分别为30元/只、35元/只。通过比价，决定向兴旺公司订购，要求到货日期为2009年1月7日。

**操作向导：**

（1）在采购系统中，定义供应商存货对照表。

（2）在采购系统中，填写供应商存货调价单。

（3）在采购系统中，填制并审核请购单。

（4）在采购系统中，执行请购比价生单功能。

（五）业务五

2014年1月9日收到兴旺公司提供的上月已验收入库的100盒40 GB硬盘的专用发票一张，发票单价为820元。

**操作向导：**

（1）在采购系统中，填制采购发票（可拷贝采购入库单）。

（2）在采购系统中，执行采购结算。

（3）在存货系统中，执行结算成本处理。

（4）在存货系统中，生成凭证（红冲单，蓝冲单）。

（5）在采购系统中，查询暂估入库余额表。

（六）业务六

2014年1月10日收到友爱公司提供的打印机100台，入外购品仓库（发票尚未收到）。由于到了月底发票仍未收到，故确认该批货物的暂估成本为6 500元。

**操作向导：**

（1）在库存系统中，填制并审核采购入库单。

（2）在存货系统中，录入暂估入库成本。

（3）在存货系统中，执行正常单据记账。

（4）在存货系统中，生成凭证（暂估记账）。

## （七）业务七

（1）2014年1月12日收到兴旺公司提供的17英寸显示器，数量为200台，单价为1150元，验收入原料仓库。

（2）2014年1月13日仓库反映有2台显示器有质量问题，要求退回给供应商。

（3）2014年1月13日收到兴旺公司开据的专用发票一张。

**操作向导：**

（1）收到货物时，在库存系统中填制入库单；

（2）退货时，在库存系统中填制红字入库单；

（3）收到发票时，在采购系统中填制采购发票；

（4）在采购系统中，执行采购结算（手工结算）。

## （八）业务八

2014年1月15日从兴旺公司购入的键盘有质量问题，退回2只，单价为100元，同时收到红字专用发票一张。

**操作向导：**

（1）退货时，在库存系统中填制红字入库单。

（2）收到退货发票时，在应付系统中审核采购发票并制单处理。

（3）收到发票时，在采购系统中填制采购发票。

（4）在采购系统中，执行采购结算。

# 四、销售业务

## （一）业务一

（1）2014年1月14日新新公司想购买20台计算机，向业务一部了解价格。业务一部报价为3 300元/台。填制并审核报价单。

（2）2014年1月15日该客户了解情况后，要求订购20台，并要求发货日期为2014年1月16日。

（3）2014年1月16日业务一部从成品库向新新公司发出其所订货物。并据此开据专用销售发票一张。

（4）2014年1月17日业务部门将销售发票交给财务部门，财务部门结转此业务的收入和成本。

**操作向导：**

（1）在销售系统中，填制并审核报价单。

（2）在销售系统中，填制并审核销售订单。

（3）在销售系统中，填制并审核销售发货单。

（4）在销售系统中，调整选项（将新增发票默认"参照发货单生成"）。

（5）在销售系统中，根据发货单填制并复核销售发票。

（6）在应收系统中，审核销售发票并生成销售收入凭证。

（7）在库存系统中，审核销售出库单。

（8）在存货系统中，执行出库单记账。

（9）在存货系统中，生成结转销售成本的凭证。

（10）账表查询。

① 在销售系统中，查询销售订单执行情况统计表；

② 在销售系统中，查询发货统计表；
③ 在销售系统中，查询销售统计表；
④ 在存货系统中，查询出库汇总表"存货系统"。

（二）业务二

（1）2014年1月17日业务二部向新新公司出售1600K打印机5台，报价为2 300元/台，成交价为报价的90%，货物从外购品仓库发出。

（2）2014年1月17日根据上述发货单开据专用发票一张。

**操作向导：**

（1）在销售系统中，填制并审核销售发货单；

（2）在销售系统中，根据发货单填制并复核销售发票。

（三）业务三

（1）2014年1月17日业务一部向新新公司出售计算机20台，报价为6400元/台，货物从成品仓库发出。

（2）2014年1月17日根据上述发货单开据专用发票一张。同时收到客户以支票所支付的全部货款。

**操作向导：**

（1）在销售系统中，填制并审核销售发货单；

（2）在销售系统中，根据发货单填制销售发票，执行现结功能，复核销售发票。

（四）业务四

（1）2014年1月18日业务二部向联华公司出售1600K打印机20台，报价为2 300元，货物从外购品仓库发出。

（2）2014年1月19日客户要求，对上述所发出的商品开两张专用销售发票，第一张发票上所列示的数量为15台，第二张发票上所列示的数量为5台。

**操作向导：**

（1）在销售系统中，填制并审核销售发货单；

（2）在销售系统中，分别根据发货单填制并复核两张销售发票（考虑一下，在填制第二张发票时，系统自动显示的开票数量是否为5台）。

（五）业务五

2014年1月19日业务一部向新新公司出售10台1600 K打印机，报价为2 300元/台，物品从外购品仓库发出。并据此开据专用销售发票一张。

**操作向导：**

（1）在销售系统中，填制并审核销售发票；

（2）在销售系统中，查询销售发货单；

（3）在库存系统中，查询销售出库单。

（六）业务六

2014年1月19日业务一部向新新公司销售商品过程中发生了一笔代垫的安装费500元。

**操作向导：**

（1）在销售系统中，增设费用项目为"安装费"；

（2）在销售系统中，填制并审核代垫费用单。

## (七) 业务七

2014年1月20日业务二部向三利公司出售17英寸显示器20台，由原料仓库发货，报价为1500元/台，同时开据专用发票一张。

**操作向导：**

（1）在销售系统中，调整有关选项（取消"是否销售生单"选项）；
（2）在销售系统中，填制并审核发货单；
（3）在销售系统中，根据发货单填制并复核销售发票；
（4）在库存系统中，填制销售出库单（根据发货单生成销售出库单）。

## (八) 业务八

2014年1月21日业务二部向三利公司出售17英寸显示器20台，由原料仓库发货，报价为1500元/台。开据发票时，客户要求再多买两台，根据客户要求开了22台显示器的专用发票一张。

**操作向导：**

（1）在库存系统中，调整选项（选择"是否超发货单出库"选项）；
（2）在库存系统中或销售系统中，定义存货档案（定义超额出库上限为0.2）；
（3）在销售系统中，填制并审核发货单；
（4）在销售系统中，填制并复核销售发票（注意开票数量应为"22"）；
（5）在库存系统中，填制销售出库单，根据发货单生成销售出库单（选择"按累计出库数调整发货数"）。

## (九) 业务九

（1）2014年1月21日业务二部向三利公司出售计算机200台，由成品仓库发货，报价为6500元/台。由于金额较大，客户要求以分期付款形式购买该商品。经协商分四次付款，并开出相应销售发票。第一次开票的专用发票数量为50台，单价6500元。

（2）2014年1月22日业务部门将该业务所涉及的出库单和销售发票交给财务部门，财务部门据此结转收入和成本。

**操作向导：**

（1）在销售系统中，选中"是否销售生单"选项；
（2）在销售系统中，填制并审核发货单；
（3）开据发票时，在销售系统中根据发货单填制并复核销售发票；
（4）在存货系统中，执行发出商品记账功能，对销售出库单进行记账；
（5）在应收系统中，审核销售发票并生成收入凭证；
（6）在存货系统中，执行发出商品记账功能，对销售发票进行记账；
（7）在存货系统中，生成结转销售成本凭证；
（8）账表查询，在存货系统中，查询发出商品明细账；在销售系统中，查询销售统计表。

## (十) 业务十

（1）2014年1月22日业务二部委托利明公司代为销售计算机50台，售价为2200元/台，货物从成品仓库发出。

（2）2014年1月25日收到利明公司的委托代销清单一张，结算计算机30台，售价为2200元。立即开据销售专用发票给利明公司。

（3）2014年1月26日业务部门将该业务所涉及的出库单和销售发票交给财务部门，

财务部门据此结转收入和成本。

**操作向导：**
（1）在存货系统中，调整委托代销业务的销售成本结转方法为"发出商品"。
（2）发货时：
① 在销售系统中，填制并审核委托代销发货单；
② 在库存系统中，审核销售出库单；
③ 在存货系统中，对发货单进行记账；
④ 在存货系统中，生成出库凭证。
（3）结算开票时：
① 在销售系统中，填制并审核委托代销结算单；
② 在销售系统中，复核销售发票；
③ 在应收系统中，审核销售发票并生成销售凭证。
（4）结转销售成本时：
① 在存货系统中，对发票进行记账；
② 在存货系统中，生成结转成本的凭证。
（5）账表查询：
① 在销售系统中，查询委托代销统计表；
② 在库存系统中，查询委托代销备查簿。

（十一）业务十一

（1）2014年1月26日业务一部售给新新公司的计算机10台，单价为6 500元，从成品仓库发出。
（2）2014年1月27日业务一部售给新新公司的计算机因质量问题，退回1台，单价为6 500元，收回成品仓库。
（3）2014年1月27日开据相应的专用发票一张，数量为9台。

**操作向导：**
（1）发货时，在销售系统中填制并审核发货单；
（2）退货时，在销售系统中填制并审核退货单；
（3）在销售系统中，填制并复核销售发票（选择发货单时应包含红字）。

（十二）业务十二

2014年1月27日委托利明公司销售的计算机退回2台，入成品仓库。由于该货物已经结算，故开据红字专用发票一张。

**操作向导：**
（1）发生退货时，在销售系统中填制并审核委托代销结算退回单；
（2）在销售系统中，复核红字专用销售发票；
（3）在销售系统中，填制并复核委托代销退货单；
（4）账表查询。在库存系统中，查询委托代销备查簿。

## 五、库存管理

（一）业务一（产成品入库）

（1）2014年1月15日成品仓库收到当月加工的20台计算机，作为产成品入库。
（2）2014年1月16日成品仓库收到当月加工的20台计算机，作为产成品入库。

（3）2014年1月17日收到财务部门提供的完工产品成本，其中计算机的总成本144 000元，立即做成本分配。

**操作向导：**
（1）在库存系统中，填制并审核产成品入库单；
（2）在库存系统中，查询收发存汇总表；
（3）在存货系统中，进行产成品成本分配；
（4）在存货系统中，执行单据记账。

（二）业务二（材料领用）

2014年1月15日一车间向原料仓库领用PIII芯片100盒、40GB硬盘100盒，用于生产。

**操作向导：**
在库存系统中，填制并审核材料出库单（建议单据中的单价为空）。

（三）业务三

2014年1月20日将原料仓库中的50只键盘调拨到外购品仓库。

**操作向导：**
（1）在库存系统中，填制并审核调拨单；
（2）在库存系统中，审核其他入库单；
（3）在库存系统中，审核其他出库单；
（4）在存货系统中，执行特殊单据记账。

（四）业务四（盘点业务）

2014年1月29日对原料仓库的所有存货进行盘点。盘点后，发现键盘多出1个。经确认，该键盘的成本为80元/只。

**操作向导：**
（1）盘点前在库存系统中，填制盘点单。
（2）盘点后：
① 在库存系统中，修改盘点单，输入盘点数量，确定盘点金额；
② 在库存系统中，审核盘点单；
③ 在存货系统中，对出入库单进行记账。

## 六、往来业务

（一）客户往来款的处理

1. 应收款的确认

对上述销售业务中所涉及的销售发票进行审核。财务部门据此结转各项收入。

**操作向导：**
（1）在应收系统中，执行"应收单据处理"/"应收单据审核"命令。
（2）根据发票生成凭证。在应收系统中，执行"制单处理"命令，选择发票制单（生成凭证时可做合并制单）。
（3）账表查询。根据信用期限进行单据报警查询，根据信用额度进行信用报警查询。

2. 收款结算

（1）收到预收款。

2014年1月5日收到新新公司以汇票方式支付的预付货款30 000元。财务部门据此生成相应凭证。

**操作向导：**

① 录入收款单。在应收系统中，执行"收款单据处理"/"收款单据录入"命令（注意：款项类型为"预收款"）。

② 审核收款单。在应收系统中，执行"收款单据处理"/"收款单据审核"命令。

③ 根据收款单生成凭证。在应收系统中，执行"制单处理"命令，选择结算单制单。

（2）收到应收款。

2014年1月26日收到利明公司以支票方式支付的货款50 000元，用于冲减其所欠的第一笔货款。

**操作向导：**

① 录入收款单。在应收系统中，执行"收款单据处理"/"收款单据录入"命令（注意：款项类型为"应收款"）。

② 审核收款单。在应收系统中，执行"收款单据处理"/"收款单据审核"命令。

③ 核销应收款。在应收系统中，执行"核销"/"手工核销"命令。

2014年1月26日收到利明公司的500元现金，用于归还其所欠的代垫安装费。

**操作向导：**

① 录入收款单。在应收系统中，执行"收款单据处理"/"收款单据录入"命令（注意：款项类型为"应收款"）。

② 审核收款单。在应收系统中，执行"收款单据处理"/"收款单据审核"命令。

③ 核销应收款。在应收系统中，执行"核销"/"手工核销"命令。

（3）查询业务明细账

3．转账处理

（1）预收冲应收。

2014年1月26日收到新新公司30 000元的预收款冲减其应收账款。

**操作向导：**

在应收系统中，执行"转账"/"预收冲应收"命令。

（2）红票对冲。

将利明公司的一张红字发票与其一张蓝字销售发票进行对冲。

**操作向导：**

在应收系统中，执行"转账"/"红票对冲"/"手工对冲"命令。

4．坏账处理

（1）发生坏账时。

2014年1月27日收到通知：联华公司破产，其所欠款项将无法收回，做坏账处理。

**操作向导：**

在应收系统中，执行"转账"/"坏账处理"/"坏账发生"命令。

（2）计提本年度的坏账准备。

**操作向导：**

在应收系统中，执行"转账"/"坏账处理"/"计提坏账准备"命令。

5．财务核算

将上述业务中未生成凭证的单据生成相应的凭证。

在应收系统中，执行"制单处理"命令。

（1）发票制单；

（2）结算单制单；
（3）转账制单；
（4）现结制单；
（5）坏账处理制单。

（二）供应商往来款的处理

1．应付款的确认

将上述采购业务中所涉及的采购发票进行审核。财务部门据此结转各项收入。

**操作向导：**

（1）在应付系统中，执行"应付单据处理"/"应付单据审核"命令。

（2）根据发票生成凭证。在应付系统中，执行"制单处理"命令，选择发票制单（生成凭证时可做合并制单）。

（3）账表查询。根据信用期限进行单据报警查询，根据信用额度进行信用报警查询。

2．付款结算

（1）2014年1月26日以支票方式支付给兴旺公司货款76 752元。

**操作向导：**

① 录入付款单。在应付系统中，执行"付款单据处理"/"付款单据录入"命令（注意：款项类型为"应付款"）。

② 审核付款单。在应付系统中，执行"付款单据处理"/"付款单据审核"命令。

③ 核销应付款，在应付系统中，执行"核销"/"手工核销"命令。

（2）查询业务明细账

3．转账处理

红票对冲：将兴旺公司的一张红字发票与其一张蓝字销售发票进行对冲。

**操作向导：**

在应付系统中，执行"转账"/"红票对冲"/"自动对冲"命令。

4．财务核算

将上述业务中未生成凭证的单据生成相应的凭证。在应付系统中，执行"制单处理"命令。

（1）发票制单；
（2）结算单制单；
（3）转账制单；
（4）现结制单。

## 七、出入库成本管理

（一）单据记账

将上述各出入库业务中所涉及的入库单、出库单进行记账。

（1）调拨单进行记账（如果实训五中的调拨单未记账，则需要进行此项操作）。

**操作向导：**

在存货系统中，执行"业务核算"/"特殊单据记账"命令。

（2）正常单据记账：将采购、销售业务所涉及的入库单和出库单进行记账。

**操作向导：**

在存货系统中，执行"业务核算"/"正常单据记账"命令。

（二）财务核算

1. 根据上述业务中所涉及的采购入库单编制相应凭证

**操作向导：**

在存货系统中，执行"财务核算"/"生成凭证"命令，选择"采购入库单"生成相应凭证。

2. 查询凭证

**操作向导：**

在存货系统中，执行"财务核算"/"凭证列表"命令。

（三）月末结账

1. 采购系统的月末结账

**操作向导：**

在采购系统中，执行"月末结账"命令。

2. 销售系统的月末结账

**操作向导：**

在销售系统中，执行"月末结账"命令。

3. 库存系统的月末结账

**操作向导：**

在库存系统中，执行"月末结账"命令。

4. 存货系统的月末结账

（1）各仓库的期末处理。

**操作向导：**

在存货系统中，执行"业务核算"/"期末处理"命令。

（2）生成结转销售成本的凭证。

**操作向导：**

在存货系统中，执行"财务核算"/"生成凭证"命令，选择"销售出库单"。

（3）存货系统的月末结账。

**操作向导：**

在存货系统中，执行"业务核算"/"月末结账"命令。

# 参考文献

[1] 张洪瀚,闫少铭. 会计软件操作 [M]. 北京:高等教育出版社,2001.
[2] 孙万军,陈伟清,刘全保. 网络财务软件 V8.X [M]. 北京:中国财政经济出版社,2000.
[3] 孙万军. 财务软件应用技术(用友 ERP-U8 版)[M]. 北京:清华大学出版社,2005.
[4] 何平. 用友 ERP 财务软件培训教程 [M]. 2版. 北京:人民邮电出版社,2005.
[5] 孙百鸣. 会计软件应用技术 [M]. 北京:北京交通大学出版社,2004.